LETRAMENTO RACIAL

uma proposta de reconstrução da democracia brasileira

CONTRACORRENTE

Adilson José Moreira

LETRAMENTO RACIAL

uma proposta de reconstrução da democracia brasileira

SÃO PAULO

2025

CONTRACORRENTE

Alameda Itu, 852 | 1º andar |
CEP 01421 002
www.editoracontracorrente.com.br
contato@editoracontracorrente.com.br

EDITORES
Camila Almeida Janela Valim
Gustavo Marinho de Carvalho
Rafael Valim
Walfrido Warde
Silvio Almeida

EQUIPE EDITORIAL
COORDENAÇÃO DE PROJETO: Erick Facioli
REVISÃO: Fernanda Zandoná
PREPARAÇÃO DE TEXTO E REVISÃO TÉCNICA: Amanda Dorth e Beatriz Duarte Lopes
DIAGRAMAÇÃO: Gisely Fernandes
CAPA: Maikon Nery

EQUIPE DE APOIO
Carla Vasconcelos
Regina Gomes
Nathalia Oliveira

Dados Internacionais de Catalogação na Publicação (CIP)
(Câmara Brasileira do Livro, SP, Brasil)

Moreira, Adilson José
Letramento racial : uma proposta de reconstrução da democracia brasileira / Adilson José Moreira. -- 1. ed. -- São Paulo : Editora Contracorrente, 2024.

Bibliografia.
ISBN 978-65-5396-177-7

1. Antirracismo 2. Desigualdade social 3. Discriminação racial 4. Preconceitos - Aspectos sociais 5. Racismo 6. Relações étnico-raciais 7. Sociologia educacional I. Título.

24-195627 CDD-306.43

Índices para catálogo sistemático:

1. Relações étnico-raciais : Sociologia educacional 306.43
Aline Graziele Benitez - Bibliotecária - CRB-1/3129

@editoracontracorrente_
Editora Contracorrente
@ContraEditora
Editora Contracorrente

Este livro é dedicado a todas as pessoas que lutaram e lutam pela construção de uma sociedade edificada em torno da solidariedade racial.

Você não pode ter medo de dar o primeiro passo para promover mudanças. Falharemos sempre se não tentarmos.

Rosa Parks

Ninguém nasce odiando outra pessoa por causa da cor de sua pele, de sua origem ou de sua religião. As pessoas são ensinadas a odiar e, se podem aprender a odiar, podem ser ensinadas a amar, pois o amor vem mais naturalmente ao coração humano do que o oposto.

Nelson Mandela

SUMÁRIO

PREFÁCIO

"Enquanto houver racismo não haverá democracia"

Wânia Sant'Anna

"É certo que onde faltar a democracia não há Justiça que mereça o nome"

Sepúlveda Pertence

Não há como compreender a democracia dissociada das concepções de igualdade e justiça. Embora os termos sejam, muitas vezes, empregados como equivalentes, a justiça concretiza-se, na realidade, a partir de uma determinada aplicação da igualdade.

Um regime democrático pressupõe o igual direito/poder dos destinatários das decisões políticas de contribuir para a formação de tais decisões, sendo, desse modo, reconhecidos como participantes ativos e capazes de determinar seus próprios destinos, enquanto agentes sociais. A igualdade democrática vincula-se, então, ao direito de o indivíduo desenvolver sua plena capacidade de contribuir para a construção do bem comum, para o aperfeiçoamento da organização social. Nesse sentido, também a liberdade é pressuposto indissociável da democracia, porque a efetiva participação das pessoas no processo sociopolítico depende da possibilidade de decisão autônoma, livre de obstáculos e condicionamentos que as tornem subordinadas, subalternizadas e, portanto, objeto (e não sujeito) de direitos.

Assim, um projeto democrático de sociedade deve ser pautado pela busca de consenso,[1] pela adesão a um conjunto de valores voltados para a cooperação equalizadora entre igualdade e liberdade, valores complementares numa verdadeira democracia. A igualdade, sem a liberdade – tônica do ser humano enquanto indivíduo –, tende ao despotismo; a liberdade, sem a igualdade – tônica do ser humano enquanto ser social –, resulta na repetição de modelos sociais aristocráticos e profundamente desiguais, nos quais a liberdade é privilégio de poucos.

Esse equilíbrio, no entanto, somente pode ser alcançado por meio de um compromisso ético-político entre indivíduos e grupos que se reconheçam reciprocamente como dotados de igual dignidade – como coparticipantes livres e iguais da comunidade política –, remetendo-nos, assim, a uma *solidariedade social*, que envolve também o processo de compartilhamento de identidades.[2] A convivência

---

1 Para Michelangelo Bovero, a função da democracia é produzir decisões envolvendo os interesses da coletividade que sejam tomadas com o máximo possível de consenso e o mínimo possível de imposição. (BOVERO, Michelangelo. "Democracia y derechos fundamentales". *Isonomía*, nº 16, abr. 2002, p. 28).

2 Adeno Addis, denomina de identidade compartilhada um processo que permite a conexão de minorias e maiorias num diálogo institucional contínuo, no qual diferentes grupos culturais e étnicos são capazes de formar redes de comunicação e desenvolver vocabulários comuns de emancipação. Para o autor, nesse processo discursivo – definidor não apenas da identidade compartilhada, mas também da própria justiça –, há três instituições centrais: o sistema educacional, os *medias* e a lei. (ADDIS, Adeno. "On human diversity and the limits of toleration". *American Society for Political and Legal Philosophy*, vol. 39, 1997, pp. 127 e ss.).

interativa e responsável entre os diferentes *núcleos de diversidade*, conjugada à (re)conciliação entre pluralismo e solidariedade, é campo profícuo para o *engajamento dialógico* de grupos subalternizados e grupos hegemônicos na construção de uma sociedade mais livre, justa e igualitária.

Em sociedades estruturadas pelo racismo, esse compromisso ético-político precisa se consolidar em termos de solidariedade racial (interracial e intrarracial). É o que nos ensina o celebrado jurista Adilson Moreira, neste livro que tenho a honra de prefaciar. *Letramento racial: uma proposta de reconstrução da democracia brasileira* é um notável contributo para a pavimentação coletiva de caminhos democráticos para o Brasil.

Ligado aos movimentos negros desde muito jovem, Adilson escolheu cursar Direito com um objetivo muito específico: tornar-se um agente de transformação social, utilizando sua atuação profissional para promover melhores condições de vida para o povo negro. No decorrer do seu curso de graduação na Universidade Federal de Minas Gerais, não teve sequer um/a professor/a negro/a e jamais ouviu qualquer ensinamento sobre discriminação racial ou sobre os motivos pelos quais mais da metade da população brasileira vivia (e ainda vive) em uma situação de subcidadania. Essa lacuna aguçou ainda mais suas inquietações e seu comprometimento, razão pela qual dedicou seus projetos de graduação, mestrado e doutorado aos direitos de grupos subalternizados, especialmente minorias raciais e sexuais. Sua experiência acadêmica na Universidade de Harvard possibilitou-lhe estudar não apenas Direito Constitucional Comparado, mas principalmente Direito Antidiscriminatório e Direito das Relações Raciais, conhecimentos que assentam as bases de suas tão aclamadas publicações.

Hoje considerado um dos mais importantes juristas do país, o professor Adilson José Moreira é Pós-Doutor pela Faculdade de Direito da Universidade de Berkeley e Doutor em Direito Constitucional Comparado pela Faculdade de Direito da Universidade de

Harvard, títulos acadêmicos que se somam às suas vivências como homem negro para produção de obras paradigmáticas na literatura jurídica brasileira.

Com efeito, consciente da discrepância entre o caráter progressista pós-liberal da nossa Constituição Federal de 1988 – cuja filosofia imanente oferece ferramentas para a construção de uma sociedade efetivamente igualitária – e uma disseminada cultura jurídica formalista – de viés liberal/individualista e que emperra as transformações sociais almejadas pelo Constituinte –, Adilson Moreira, com seus escritos, tem contribuído decisivamente para a formação de um sistema de justiça mais engajado com os direitos humanos e o antirracismo, inclusive numa perspectiva interseccional. Sua almejada missão de jovem universitário vem sendo incansavelmente cumprida.

Em *Pensando como um negro: ensaio de hermenêutica jurídica*, a partir do seu pertencimento social, o autor apresenta uma proposta de hermenêutica negra que revela a importância da raça no processo de interpretação jurídica. Suas narrativas pessoais integram a obra como ferramenta para a proposição de parâmetros normativos capazes de concretizar a potência transformadora do princípio da igualdade.

No seu *Tratado de Direito Antidiscriminatório*, Adilson sistematiza temas imprescindíveis para o enfrentamento às discriminações e a promoção da igualdade, analisando as desigualdades sistêmicas a que são submetidos os grupos vulnerabilizados.

Dentre suas contribuições teóricas, em um dos volumes da coleção Feminismos Plurais, o autor explora a relação entre racismo e humor, a partir da análise de dezenas de decisões judiciais. A relevância da obra se evidencia com a recente alteração na legislação brasileira, que passou a prever o "Racismo Recreativo" (título do livro) como tipo penal na Lei n. 7.716/89.

Com este novo compêndio, o jurista completa um ciclo de publicações que tratam de princípios constitucionais básicos, sobrelevando a necessidade de "Letramento Racial" a partir da ideia de *solidariedade cívica*, conceito que deve ser acompanhado de um programa de solidariedade interracial e intrarracial, para que possamos reconstruir a democracia brasileira. Somente assim será possível romper com o pacto da branquitude[3] (e com todos os pactos que lhe são subjacentes).[4] Esse acordo tácito – voltado para a manutenção do poder e dos privilégios acumulados historicamente e que também impera no sistema de justiça brasileiro – impõe silêncios e silenciamentos sobre o racismo, produz visões parciais e racializadas de justiça, de igualdade e de liberdade, convertendo o Direito, em grande medida, em instrumento de manutenção do *status quo*.

O racismo – que se intersecciona com o sexismo, o classismo, a LGBTfobia e outras formas de discriminação –, para além de um problema de ordem moral e jurídica, é também um problema de ordem política, que inviabiliza o avanço do igualitarismo. Ao desprezar talentos e destruir sonhos, ao perpetuar obstáculos para o acesso a direitos fundamentais e condições materiais, o racismo impede que a população negra contribua para o bem-estar coletivo. Com isso, não apenas as pessoas negras, mas toda a sociedade é prejudicada, inclusive em termos de avanços democráticos.

Nesse sentido, ações afirmativas são mecanismos que permitem o florescimento das diversas dimensões do princípio da igualdade, para além do formalismo individualista, desempenhando papel

---

3 Cfr. BENTO, Cida. *Pacto da branquitude*. São Paulo: Companhia das Letras, 2022.

4 RAMOS, Chiara; VAZ, Lívia Sant'Anna. *A justiça é uma mulher negra*. Belo Horizonte: Letramento, 2022, pp. 264 e ss., indicam outros compromissos não declarados que nos quais se desdobra o pacto narcísico da branquitude, impedindo que avancemos na construção de uma *justiça pluriversal*; são eles: pacto de mediocridade, pacto de hipocrisia, pacto de isenção de responsabilidades, pacto de manipulação de sentidos.

crucial no estímulo à diversidade e na inclusão social de grupos subalternizados, sendo capazes, ainda, de alcançar um objetivo talvez menos evidente: a promoção de igual liberdade para todas as pessoas e grupos,[5] em benefício de toda a sociedade. Dessa maneira, o princípio igualitário – colmatado de forma democrática e não unilateral, racializada e hegemônica –, de um lado, valoriza e tutela as diferenças; de outro, reduz as desigualdades com vista ao equilíbrio de forças desejável numa perspectiva de justiça racial, sem a qual não logramos alcançar justiça social. Falar em justiça racial[6] implica admitir a existência e centralidade do racismo como fator determinante de desigualdades, e a consequente necessidade de promoção da igualdade em termos raciais, suprimindo as barreiras que impedem que membros de grupos racializados acessem, individual e coletivamente, direitos, recursos e espaços de poder e decisão.

Mas a consolidação do verdadeiro sentido emancipatório do princípio da igualdade demanda um pacto coletivo pela completa implementação da tríade liberdade-igualdade-fraternidade. Dito de outro modo, trata-se de compreender que o princípio igualitário – para que transcenda um projeto meramente abstracionista que distorce e engessa a realidade social, perpetuando a manutenção de privilégios – exige que seja, enfim, acentuado o princípio da solidariedade. Não no sentido utilitarista de sacrifício e aniquilamento do indivíduo em benefício da coletividade, e sim no sentido de fortalecimento da emancipação de todos os sujeitos de direitos, sob o manto de uma solidariedade concreta que permita o reconhecimento da igualdade na diferença; da igual capacidade e necessidade de intervenção de todos os grupos sociais nas decisões jurídico-políticas e, consequentemente, no gozo equitativo dos direitos fundamentais.

---

5 VAZ, Lívia Sant'Ana. *Cotas raciais*. São Paulo: Jandaíra, 2022, p. 84.

6 Cfr. VAZ, Lívia Sant'Ana. "Justiça Racial". *In*: RIOS, Flávia (Coord.). *Dicionário das Relações Étnico-Raciais*. São Paulo: Perspectiva, 2023.

Nesse ponto, importa recordar a dimensão ética de *ubuntu* que, com seu apelo mobilizador, reforça a importância da construção coletiva e do princípio da solidariedade, fomentando a assunção de responsabilidades convergentes em prol da luta emancipatória de todas as pessoas e contra todas as formas de opressão. Sem deixar de esperançar, é preciso, no entanto, reconhecer que será difícil avançar sem o devido "Letramento racial".

Por isso, convido vocês a mergulharem numa leitura atenta e comprometida desta obra ímpar, com a certeza de que se *eu sou porque nós somos* – igualmente dignas/os, livres e iguais –, seremos capazes de reconstruir a nossa democracia.

LÍVIA SANT'ANNA VAZ

Jurista negra, escritora e promotora de Justiça do MP-BA. Mestra em Direito Público pela Universidade Federal da Bahia e Doutora em Ciências Jurídico Políticas pela Faculdade de Direito da Universidade de Lisboa. Nomeada uma das 100 Pessoas de Descendência Africana mais Influentes do Mundo (Mipad).

AGRADECIMENTOS

Este livro foi escrito durante a minha estadia como professor visitante na Faculdade de Educação da Universidade de Stanford. Sou extremamente grato ao professor emérito David Nathan Planck pelo convite para desenvolver pesquisas naquela prestigiada instituição, período no qual tive oportunidade de estabelecer e expandir os horizontes e propósitos deste trabalho. Meus agradecimentos também se estendem ao professor Martin Carnois e à professora Rachel Lotan pelas oportunidades de discutir temas aqui abordados. Muitos abraços para Cristina Antunes e Julie Marie La Gloria do Lemann Center pela graciosa presença e pela amabilidade constante.

Também sou grato pela extraordinária assistência dos funcionários do sistema de bibliotecas da Universidade de Stanford. Este trabalho também se tornou possível graças ao apoio institucional da Universidade Presbiteriana Mackenzie.

Não posso deixar de expressar minha gratidão às várias pessoas negras com as quais convivi ao longo dos últimos dez anos, especialmente aquelas que compartilharam comigo as dificuldades de promover a sensibilização sobre a necessidade de uma discussão aberta sobre racismo. Essa é uma condição para o início do processo de transformação que nossa sociedade tanto precisa. Esta obra é uma tentativa de solução das dificuldades por elas relatadas no exercício da docência e da militância.

Não poderia deixar de mencionar o nome de intelectuais que têm se debruçado sobre a questão da educação antirracista ao longo das últimas décadas. Este longo ensaio é um desenvolvimento de muitas das teses desenvolvidas nos escritos de Paulo Freyre, bell hooks, Nilma Lino Gomes, Luana Tolentino e Miguel Arroyo. As reflexões aqui elaboradas encontram ampla sustentação nas obras de Abdias do Nascimento, Angela Davis, Alan Freeman, Beatriz Nascimento, Charles Mills, Joel Rufino dos Santos, Lani Guinier, Kimberlé Crenshaw, Lélia Gonzalez e Sueli Carneiro.

Também encontrei inspiração na leitura de autores e autoras contemporâneos envolvidos com a causa negra. Felicitações para Cida Bento, Djamila Ribeiro, Ibram Xavier Kandi, Isabel Wilkinson, Jeferson Tenório, Juliana Teixeira e Kabengele Munanga.

Fui beneficiado com as sugestões de Djefferson Amadeus, Flávio Leão Bastos, Leonardo Mariz, Marco Antônio Souza Alves, Philippe Oliveira de Almeida, Rodrigo Paixão e Tiago Vinícius André dos Santos. Muito obrigado pela leitura e pela generosidade!

Trabalhos intelectuais são também produto da amizade desenvolvida ao longo da sua elaboração; não podemos esquecer que o apoio emocional é algo sempre necessário para o sucesso desses empreendimentos. Abraços para Alessandra Benedito, Alexandre Moreira Nascimento, Ana Carolina Muller Queiroz, Andy Chieh, Danilo Tavares, Eduardo Ariente, Fernanda Yamamoto, Jean Philippe Lieutaud, Karla Oliveira Esquere, Leda Marçal Sales, Mara Marçal Sales, Michael França, Rogério Luiz Filho e Tatiana Hochegreb-Haeble.

Algo trágico ocorreu durante a finalização do processo de editoração deste livro: o falecimento de meu grande amigo Mário André Machado Cabral. Recebi essa notícia com a mesma intensidade que uma facada no peito. Esse grande ser humano acompanhou de perto a elaboração de todas as obras que escrevi ao longo dos últimos cinco anos; suas sugestões e comentários tiveram importância central no aprimoramento da qualidade delas. Foi uma perda inestimável. *Sua ausência será fortemente sentida, meu grande amigo!*

Como sempre, toda a minha gratidão aos meus familiares! Que este livro honre a memória de minha mãe, de meu pai e de toda a ancestralidade!

INTRODUÇÃO

É interessante observar que vivemos em um regime democrático, mas poucas pessoas têm conhecimento profundo de sua dinâmica; um número ainda menor sabe identificar os motivos que impedem o funcionamento adequado dessa forma de organização política. A democracia permite a participação direta ou indireta dos cidadãos e cidadãs na criação de normas que determinam o modo como o poder político será exercido; ela também garante a possibilidade de todos e todas estarem representados nos debates legislativos sobre as prescrições que determinam o conteúdo de nossas liberdades. Por meio de nossos representantes, podemos criar as regras que vão regular nossas vidas no espaço público e no espaço privado. É importante saber que a democracia nos garante direitos, que eles devem ser respeitados por outras pessoas, que eles nos permitem alcançar uma série de objetivos individuais e coletivos. Ser membro de uma comunidade democrática significa viver em um regime político que fornece os meios necessários para podermos dar sentidos e propósitos às nossas ações. Fazer parte de uma sociedade organizada, dessa forma, significa ter acesso a mecanismos institucionais que possibilitam a realização de nossas aspirações. O regime democrático institui os meios para o gozo da liberdade, um princípio que permite o exercício da autonomia individual por meio da determinação da própria vontade. Esse objetivo pode ser atingido quando todas as pessoas possuem os mesmos direitos, quando elas têm acesso aos meios para exercer esses direitos, condição para que possam ser livres. Por esse motivo, a igualdade tem sido vista como um valor de importância central: todos devem ter os mesmos direitos para realizarem seus planos de vida, ideal que designa a possibilidade de os indivíduos poderem ter as condições para terem controle sobre a motivação de suas ações e sobre as condições materiais para alcançar seus objetivos. A liberdade pressupõe que nossas decisões refletem a nossa vontade e que nós teremos acesso aos mecanismos para construirmos nossos projetos de vida, seja do ponto de vista individual, seja do ponto de vista coletivo. Respeitar os direitos dos outros, contribuir para que eles sejam realizados permite que todos e todas tenham a mesma possibilidade de poderem ter controle sobre a própria existência.[7]

Isso significa que os princípios da igualdade e a liberdade estão intrinsecamente ligados a outro preceito especialmente relevante: a *solidariedade*. A democracia está estruturada em torno do reconhecimento da igualdade moral entre todos os indivíduos, motivo pelo qual devemos reconhecer os membros da comunidade política como sujeitos que possuem o mesmo valor. É importante explicitar a natureza dessa dimensão do princípio da igualdade. Segundo consensos dominantes entre autores que escrevem sobre filosofia política, o reconhecimento da igualdade moral entre os cidadãos e cidadãs expressa a constatação de que todos os indivíduos são seres autônomos, são capazes de pautar suas existências a partir das normas que regulam a vida coletiva. Significa reconhecer todas as pessoas como atores sociais competentes. A solidariedade ocorre entre pessoas que se reconhecem como sujeitos morais, pessoas que são capazes de regular suas ações a partir de um consenso sobre as formas corretas de interação social dentro de uma comunidade política. A solidariedade surge, então, como um princípio político e

---

7 *Cf.* GRAY, Tim. *Freedom*. Atlantic Highlands: Humanities Press International, 1991; OPPENHEIM, Felix E. *Dimensions of freedom*: an analysis. Nova York: Saint Martin Press, 1961.

jurídico de imensa relevância para a democracia, porque possibilita a construção de uma sociedade baseada no propósito de realização dos interesses coletivos. Ser solidário significa criar ou contribuir para a criação dos meios para que o outro possa florescer, seja por meio de ações dirigidas a indivíduos específicos, ou por ações políticas voltadas para a construção de um igualitarismo que permite o reconhecimento da igualdade moral de todos e todas, além das condições materiais para que todas as pessoas possam prosperar.[8]

Essas definições de alguns elementos básicos do regime democrático demonstram que a efetividade desse regime político enfrenta grandes dificuldades. Seus objetivos dificilmente serão alcançados sem a existência de um comprometimento ético significativo de todas as pessoas que fazem parte da comunidade política. Isso significa que membros de sociedades democráticas precisam formar um consenso mínimo sobre a necessidade de proteção dos direitos de todos e todas, o que requer o reconhecimento da igualdade moral de todos os indivíduos. Todos eles devem ser vistos como pessoas que também possuem interesses e aspirações cuja realização deve ser alcançada por meio do exercício de direitos. Essa percepção motivou pensadores gregos a enfatizarem a importância de dois fatores necessários para a realização dos objetivos do regime democrático: a formação moral dos indivíduos e o cultivo de uma conexão política baseada na virtude. Os propósitos do regime democrático só podem ser alcançados se os indivíduos priorizam os interesses coletivos em relação aos interesses particulares, uma vez que a democracia oferece as chances para que todos possam alcançar seus propósitos. Por esse motivo, os gregos não admitiam a separação entre *ética* e política; pelo contrário, a participação, na vida política, era o caminho para a realização pessoal, porque a vida democrática era o lugar

---

8 *Cf.* RAWLS, John. *Justiça como equidade*: uma reformulação. São Paulo: Martins Fontes, 2003, pp. 1-34; HABERMAS, Jurgen. *A inclusão do outro*: estudos de teoria política. São Paulo: Unesp, 2018; HONNETH, Axel. *A luta por reconhecimento*: a gramática dos conflitos sociais. São Paulo: Editora 34, 2009.

no qual as pessoas poderiam exercer suas virtudes morais. Essas características são passíveis de serem cultivadas pela utilização da razão como meio de conhecimento do mundo e como critério para a orientação das ações individuais. O exercício da virtude moral é a condição para a efetividade da democracia enquanto regime político, sendo que o cultivo da justiça, a virtude moral soberana, é o requisito para que esse projeto seja realizado da melhor maneira possível. Ser justo significa respeitar os direitos do outro, significa permitir que ele possa ter as mesmas oportunidades para poder se realizar como ser humano.[9]

Vemos, então, que a vida, em um regime democrático, requer também que as pessoas desenvolvam um alto nível de comprometimento político, o que implica a criação e o cultivo do que a filosofia política tem chamado de *solidariedade cívica*. A democracia não pode ser realizada sem que todas as pessoas estejam engajadas em um processo de criação de relações igualitárias, sem a consciência de que o sucesso desse projeto político depende do reconhecimento do outro como um igual, como uma pessoa com a qual eu devo me associar para a criação de um projeto coletivo que permite a realização humana de todas as pessoas. Assim, o pertencimento comum a uma comunidade de iguais deve guiar a ação dos indivíduos, seja nos debates políticos sobre os interesses coletivos, seja nas interações pessoais com os concidadãos. Novamente, o regime democrático não se resume a um conjunto de práticas políticas a serem seguidas pelas pessoas. Ele pressupõe a existência de um compromisso entre os membros da comunidade política com o reconhecimento da igualdade moral entre todas as pessoas, condição primordial para a construção de um consenso entre os indivíduos sobre os destinos comuns. Pautar a prática política a partir de interesses individuais

---

9 *Cf.* JAEGER, Werner. *Paideia, a formação do homem grego*. São Paulo: Martins Fontes, 2013, pp. 594-623; FRAISSE, Jean-Claude. *Philia*: la notion d'amitié dans la philosophie antique. Paris: Vrin, 1974, pp. 14-25.

ou setoriais significa criar obstáculos significativos para o bem-estar coletivo porque as pessoas estarão sempre priorizando interesses particulares em relação a interesses comuns. O regime democrático opera de forma adequada quando as instituições seguem procedimentos que respeitam a igualdade de *status* jurídico entre todas as pessoas, quando elas estão cientes de que viver em um regime de cooperação coletiva implica o reconhecimento da responsabilidade social com o respeito dos direitos de todas as pessoas, quando consensos sociais podem ser construídos a partir do pressuposto de que agentes públicos e privados devem operar para garantir o gozo de direitos por todas as pessoas em função do *status* comum de cidadãos e cidadãs, forma primordial de identidade em sociedades políticas democraticamente organizadas.[10]

A solidariedade se tornou um princípio central de nossa ordem constitucional; nossos doutrinadores e doutrinadoras utilizam uma série de parâmetros para analisar esse preceito cujos significados e dimensões sofreram transformações consideráveis ao longo do desenvolvimento do constitucionalismo moderno. Juristas enfatizam as conexões entre solidariedade e igualdade para examinar seu caráter intersubjetivo; analisam a solidariedade ao lado da liberdade para argumentar que dela depende a possibilidade de autonomia; mencionam as ligações entre solidariedade e dignidade para legitimar decisões que abordam a questão da responsabilidade social que devemos ter em relação uns aos outros. A partir desses pressupostos, a solidariedade também surge na literatura como preceito relevante para a construção de uma cultura republicana na qual as pessoas procuram cooperar para o alcance dos interesses coletivos. A indiferença em relação ao outro não pode fazer parte de uma sociedade democraticamente organizada, motivo pelo qual noções de justiça,

---

10 *Cf*. MANZANEDO, Marcos. "La amistad en la ética nicomaquea de Aristóteles". *Studium: Revista de Filosofia y Teologia*, Madrid, vol. 17, nº 1, 1977, pp. 71-105; REALE, Giovanni. *História da filosofia antiga*: das origens a Sócrates. São Paulo: Loyola, 1993, pp. 247-288.

baseadas na proteção dos interesses individuais, têm sido gradualmente substituídas por uma concepção desse princípio fundamentada na necessidade de distribuição de oportunidades materiais. Essa é uma condição para que as pessoas possam ter maiores chances de atingirem seus propósitos e alcançarem maiores níveis de integração social. Muitos dos que escrevem sobre esse princípio interpretam a comunidade política como um conjunto de atores racionais que podem regular seus atos a partir de princípios que todos reconhecem como legítimos, motivo pelo qual eles devem reconhecer a responsabilidade social como um preceito básico de nossa ordem jurídica e política.[11]

Apesar da imensa relevância da produção teórica sobre esse princípio, observamos que nenhum dos doutrinadores e doutrinadoras que escrevem sobre ele nunca elaboraram quaisquer reflexões sobre os modos a partir dos quais o racismo impede a construção de uma sociedade solidária. Esse preceito constitucional aparece no nosso texto constitucional vinculado com a necessidade de formação de medidas voltadas para a eliminação de práticas discriminatórias, ao lado da necessidade da promoção do desenvolvimento humano, finalidade que pode ser alcançada com a busca do bem-estar coletivo. Entretanto, a discussão sobre a solidariedade está centrada em uma noção restrita de responsabilidade social, uma consequência da ausência de estudos que abordam a teoria constitucional a partir da justiça racial, um princípio que pode ser derivado do compromisso da nossa Carta Magna com a promoção de uma sociedade justa. Apesar desse silêncio, autoras negras e autores negros escreveram inúmeras obras que mostram como o racismo impede o surgimento de solidariedade entre grupos raciais nas sociedades liberais; eles

---

11 Ver, por exemplo, FARIAS, José Fernando de Castro. *A origem do direito da solidariedade*. Rio de Janeiro: Renovar, 1998; NABAIS, José Casalta. "Algumas considerações sobre a solidariedade e a cidadania". *Boletim da Faculdade de Direito de Coimbra*, vol. 75, 1999, pp. 174-245; CARDOSO, Alenilton Da Silva. "Princípio da solidariedade: a confirmação de um novo paradigma". *Revista Direito Mackenzie*, vol. 6, nº 1, 2012, pp. 10-29.

demonstram que a representação dos seres humanos como pessoas essencialmente comprometidas com ideais democráticos encontra pouca correspondência com a realidade social. Pelo contrário, o caráter estrutural e intergeracional do racismo tem dividido nossa sociedade entre um grupo racial que possui uma série de privilégios e outros grupos que enfrentam formas sistemáticas de discriminação. Muitos membros do grupo racial dominante estão sempre empenhados na reprodução de práticas discriminatórias, enquanto vários outros desenvolvem uma série de racionalizações para negar quaisquer conexões entre o *status* privilegiado de pessoas brancas e a situação histórica de opressão vivida por negros e negras. Na verdade, percebemos, ao longo do tempo, o aparecimento de ideologias que procuram negar a relevância social do racismo em uma sociedade na qual grande parte das instituições operam de forma inteiramente racializada. A inexistência de análises sobre as relações entre o princípio constitucional da solidariedade e a noção de justiça racial parece ser mais um exemplo de como uma cultura está acostumada com o silenciamento sobre a questão racial. Surpreendentemente, conservadores e progressistas utilizam as mesmas teses para negar a relevância social desse debate na nossa sociedade, o que representa um déficit democrático significativo. A existência do racismo e a negação de sua relevância comprometem a efetividade de princípios constitucionais estruturantes; quando muito, eles se tornam realidade apenas para pessoas que não sofrem processos de estigmatização que ignoram, por completo, a centralidade da solidariedade cívica na moralidade de nossa ordem política. Apenas elas são vistas como indivíduos que merecem respeitabilidade social e ações solidárias.[12]

---

12 *Cf*. JESUS, Carolina Maria de. *Quarto de despejo*. São Paulo: Ática, 2021; NASCIMENTO, Abdias. *O genocídio do negro*: processo de um racismo mascarado. São Paulo: Perspectiva, 2019; TRINDADE, Luiz Valério. *Discurso de ódio nas redes sociais*. São Paulo: Jandaíra, 2022; MOREIRA, Adilson José. *Pensando como um negro*: ensaio de hermenêutica jurídica. São Paulo: Contracorrente, 2019.

Essa realidade demonstra que o temor dos pensadores gregos sobre os perigos de um regime político, no qual as instituições estatais são controladas por grupos que procuram satisfazer interesses particulares, tinha fundamento. Eles também estavam certos ao pensar que o cultivo de uma moralidade pública, baseada na solidariedade cívica, é uma condição essencial para a preservação dessa forma de organização política. A democracia grega sofreu consequências significativas, porque a cidadania estava restrita a poucas pessoas; a massa de indivíduos que fazia parte das cidades gregas não participava da vida política porque ela, de acordo com o pensamento filosófico da época, não tinha capacidade intelectual necessária para atuar no processo político, pois era naturalmente criada para desempenhar atividades subalternas.[13]

O mesmo problema aparece nas sociedades liberais. A solidariedade cívica é vista como um princípio fundante desse regime, mas ele é dirigido apenas a grupos específicos de pessoas, porque nem todos eles possuem o mesmo nível de apreço social. As democracias modernas são regimes marcados por diversas práticas excludentes, sendo que o racismo é, certamente, o maior motivo de divisões sociais, razão pela qual é também o maior empecilho para a plena realização do regime democrático. É preciso, então, entender exatamente como esse processo ocorre, uma vez que grande parte das pessoas que vivem neste regime está interessada que a democracia se torne uma realidade. Entretanto, a vasta maioria delas não tem conhecimento sobre os modos de operação desse regime de opressão social, muito menos o que precisa ser feito para eliminar suas consequências nefastas para a democracia, regime que pressupõe a igualdade jurídica, a igualdade política e a igualdade moral entre todos os indivíduos.[14]

---

13 *Cf.* ARENDT, Hannah. *A condição humana*. Rio de Janeiro: Forense Universitária, 2009.

14 Para uma análise da história do racismo nas democracias modernas ver sobretudo STOVALL, Tyler. *White freedom*: the racial history of an

A democracia é um regime político baseado na igualdade de direitos; enquanto o racismo impede que as pessoas tenham os mesmos direitos ou que possam exercer esses direitos, a democracia está baseada no cultivo de virtudes morais, o racismo estimula o egoísmo; a democracia requer o fomento da solidariedade humana, o racismo promove a segregação entre as pessoas, a democracia está baseada no debate sobre interesses coletivos, o racismo estimula pessoas brancas a pensar apenas na reprodução de estruturas de poder que as beneficiam; a democracia exige o reconhecimento do outro como um indivíduo que possui o mesmo valor moral, o racismo promove a noção de que certos grupos são inerentemente inferiores; a democracia implica a expansão de mecanismos de participação, pessoas racistas procuram excluir membros de grupos raciais subalternizados de quaisquer formas de participação nas estruturas políticas; a democracia tem sido vista como um espaço para o exercício da virtude moral, o racismo é um sistema de dominação que corrompe moralmente as pessoas por incitar todo tipo de prática discriminatória. A existência do racismo implica, necessariamente, a corrupção da democracia; esse regime político não pode prosperar sem a eliminação desse sistema de hierarquização social.[15]

Penso que este último aspecto é especialmente relevante, porque ele congrega os outros fatores mencionados. A solidariedade cívica tem importância central para o funcionamento adequado do regime

---

idea. Princeton: Princeton University Press, 2021; BALIBAR, Étienne; WALLERSTEIN, Immanuel. *Raça, nação, classe*: as identidades ambíguas. São Paulo: Boitempo, 2021; GOLDGERG, David Theo. *The racial state*. Nova York: Willey-Blackwell, 2001; SILVA, Martiniano José da. *Racismo à brasileira*: raízes históricas. São Paulo: Anita Garibaldi, 2009.

15 Para uma análise do desenvolvimento paralelo das bases teóricas da democracia moderna e o surgimento paralelo do racismo enquanto sistema de dominação ver sobretudo MILLS, Charles. *O contrato racial*. São Paulo: Zahar, 2023; WILKERSON, Isabel. *Casta*: as origens do nosso mal-estar. São Paulo: Zahar, 2021; THEODORO, Mário. *A sociedade desigual*: racismo e branquitude na formação do Brasil. São Paulo: Zahar, 2022.

democrático, porque é uma condição essencial para que as pessoas possam formar consensos coletivos sobre os destinos da sociedade. Por ser um sistema de dominação que procura garantir vantagens competitivas para pessoas brancas, algo incompatível com a lógica democrática, a reprodução do racismo requer a preservação da noção de que membros de grupos raciais subalternizados não são atores sociais competentes. A racialização dos seres humanos opera como um mecanismo que nega o dever do reconhecimento do outro como um igual. Estamos, então, diante do seguinte problema: uma moralidade política baseada no reconhecimento da igual humanidade de todos os membros da comunidade política é substituída por diversos processos de estigmatização, criados com o propósito específico de legitimar práticas discriminatórias. Estes estigmas são constantemente perpetuados e se tornam parte da operação das instituições, passam a moldar o comportamento individual; eles conformam as representações culturais e se tornam parâmetros para a ação de muitos agentes sociais. O racismo possui uma dimensão cultural que é um componente central da reprodução das desigualdades entre grupos raciais em muitas sociedades liberais, sendo que ele não faz parte apenas das ideias e práticas de pessoas abertamente racistas. A cultura racista transforma estereótipos raciais em formas de cognição social que influenciam a percepção coletiva sobre membros de certos grupos e o funcionamento institucional de muitas organizações sociais. Ele motiva e legitima práticas discriminatórias conscientes e inconscientes, uma vez que estereótipos racistas formam um campo representacional por meio do qual muitos indivíduos apreendem a realidade. A ação desses estereótipos, na mente das pessoas, motiva atos abertamente racistas que impactam membros de grupos raciais subalternizados de forma desproporcional, mesmo que não tenham intenção abertamente discriminatória. Essa realidade produz desvantagens que se perpetuam ao longo do tempo, motivo pelo qual pessoas negras enfrentam obstáculos significativos para a ascensão social ao longo de várias gerações, em função da persistência de práticas discriminatórias que, direta ou indiretamente, afetam grupos raciais subalternizados.[16]

Tendo em vista o comprometimento do nosso sistema constitucional, com a criação de uma sociedade baseada nos princípios da justiça social e da solidariedade *cívica*, este livro apresenta o conceito de *letramento racial* como um processo necessário para o aprimoramento da democracia brasileira, uma comunidade política bastante distante do ideal que nosso texto constitucional pretende alcançar.[17] Chamarei de letramento racial um processo por meio do qual pessoas comprometidas com a solidariedade cívica, requisito central para a operação adequada da democracia, desenvolvem a capacidade de identificar como a convergência entre processos históricos, representações culturais, mecanismos institucionais, comportamentos individuais, desvantagem econômica e ausência de representatividade criam obstáculos para a construção de um regime político baseado no tratamento igualitário entre todos os grupos raciais. Ele corresponde, então, a um tipo de *gramática social* capaz de desvelar mecanismos culturais e institucionais responsáveis por disparidades entre grupos raciais, bem como um conjunto de ações necessárias para a promoção da solidariedade cívica entre eles. Essa capacidade se mostra relevante para ações de combate aos fatores responsáveis pela opressão racial. Assim, o letramento racial inclui

---

16 Uma análise dessa dinâmica pode ser encontrada em SANTOS, Gislene Aparecida dos. *A invenção do ser negro*: um percurso das ideias que naturalizaram a inferioridade dos negros. São Paulo: Educ/FAPESP, 2002. Um estudo sobre a psicologia social da discriminação pode ser encontrada em MOREIRA, Adilson José. *Tratado de Direito Antidiscriminatório*. São Paulo: Contracorrente, 2020, pp. 357-387.

17 O artigo terceiro da Constituição Federal determina: "Constituem objetivos fundamentais da República Federativa do Brasil: I – construir uma sociedade livre, justa e solidária; II – garantir o desenvolvimento nacional; III – erradicar a pobreza e a marginalização e reduzir as desigualdades sociais e regionais; IV – promover o bem de todos, sem preconceitos de origem, raça, sexo, cor, idade e quaisquer outras formas de discriminação".

tanto *conhecimento da realidade* quanto *ações* transformadoras: a solidariedade cívica requer que as pessoas estejam aptas a identificar práticas discriminatórias, mas que também estejam dispostas a cooperar para criar mecanismos necessários para a construção de iniciativas capazes de promover a inclusão racial. Ele se torna necessário para o desmantelamento do sistema de desigualdade racial presente na sociedade brasileira, condição para que possamos realmente construir um regime verdadeiramente democrático. Esse processo requer a identificação dos meios a partir dos quais estereótipos raciais legitimam tratamento discriminatório de membros de grupos raciais subalternizados em uma pluralidade de situações. O conhecimento desses mecanismos permite que entendamos os fatores responsáveis pela reprodução de representações culturais de grupos racializados que determinam os lugares e as funções que eles devem ocupar na sociedade brasileira. Essa situação contraria o ideal da autonomia individual que governa nosso sistema constitucional, motivo pelo qual essa reflexão tem importância central para o avanço da democracia entre nossa sociedade.

Por meio da identificação dos mecanismos culturais responsáveis pela estigmatização de identidades raciais e dos processos institucionais produtores de hierarquização entre grupos raciais, o letramento racial opera como um mecanismo que procura eliminar ideias que reiteram a noção de que grupos raciais subalternizados não são atores sociais competentes. Esse fator deve ser entendido como um obstáculo significativo ao cultivo da solidariedade cívica, preceito que deve regular as relações humanas entre membros de uma comunidade democrática. Assim, essa expressão implica, também, um conjunto de ações voltadas à transformação de percepções equivocadas baseadas em representações de grupos racializados na nossa sociedade. Esse processo se mostra necessário para a identificação de práticas sociais que comprometem o *status* material de segmentos que sofrem as consequências históricas da discriminação racial. Isso *é um empecilho para a construção de um sentimento de solidariedade cívica*, porque reproduz a percepção de que a situação dessas pessoas deve ser entendida por alguma característica coletiva e não uma consequência da operação de mecanismos de discriminação racial ao longo do tempo e em diferentes esferas da vida.[18]

O conceito de letramento racial, elaborado nesta obra, parte do pressuposto de que a construção da solidariedade cívica requer uma análise da dimensão pedagógica da democracia enquanto regime de direitos individuais. Isso significa que o racismo será visto, aqui, como um problema de ordem *política*, porque compromete o funcionamento dos pilares do regime democrático. Ao criar empecilhos para a realização dos princípios da liberdade e da igualdade, o racismo compromete o funcionamento das instituições democráticas, uma vez que elas começam a ser desvirtuadas para promover privilégios para o grupo racial dominante. Dessa forma, o letramento racial deve ser visto como um mecanismo de educação para a democracia, um regime político baseado no reconhecimento do pluralismo social como um fator capaz de promover a solidariedade. A constante circulação de estereótipos raciais impede a realização da solidariedade cívica, porque eles reproduzem a noção de que certos grupos raciais são naturalmente inclinados a ocupar posições hierárquicas inferiores, uma percepção que tem sustentado violações maciças de direitos humanos ao longo dos últimos séculos. Mais do que isso, eles legitimam práticas discriminatórios responsáveis pela estratificação

---

18 Esta formulação do conceito de letramento racial está amplamente baseada na discussão desenvolvida por Derrick Bell e Lani Guinier sobre o mesmo tema e pelas reflexões de Glenn Loury sobre estereótipos raciais e exclusão racial. *Cf.* BELL, Derrick. "Learning the Three I's of America's Slave Heritage – Symposium e Heritage – Symposium on the Law of Slavery". *Chicago-Kent Law Review*, vol. 68, nº 3, 1993, pp. 1037-1049; GUINIER, Lani. "From racial liberalism to racial literacy: Brown v. Board of Education and the interest-divergence dilemma". *The Journal of American History*, vol. 91, nº 1, 2004, pp. 92-118; LOURY, Glenn. *The anatomy of racial inequality*. Cambridge: Harvard University Press, 2003.

racial, fato responsável por disparidades que se reproduzem ao longo de diversas gerações.[19]

Ao classificar o letramento racial dessa forma, este livro parte do pressuposto de que esse mecanismo compreende um projeto de transformação que deve informar a operação das nossas instituições políticas, das nossas representações culturais, das nossas práticas pedagógicas e dos meios de comunicação em função do papel primordial que todos esses espaços ocupam no processo de socialização. Mais uma vez, o letramento racial será entendido, aqui, como uma forma de educação cívica, motivo pelo qual ele pressupõe o comprometimento das instâncias, acima mencionadas, com a divulgação de princípios democráticos e jurídicos. Se instituições políticas e culturais podem ter um papel relevante nesse processo, acredito que as escolas devam desempenhar um papel central na construção da solidariedade cívica. Nossas instituições de ensino podem formular currículos que capacitem alunos e alunas para a vida democrática, por meio da compreensão e da discussão de preceitos políticos e jurídicos básicos. O que estamos chamando de letramento racial consiste em um tipo de educação para a vida, implica o compromisso com a construção de uma democracia inclusiva na qual todas as pessoas possam ter os meios para realizarem suas aspirações, o que requer a identificação e a eliminação de falsas representações responsáveis pela reprodução da noção de que elas não são capazes de operar, de forma adequada, no espaço público.

A proposta de letramento racial, que será aqui desenvolvida, consiste, em primeiro lugar, em um conjunto de preceitos que devem ser seguidos na formação de alunos e alunas de primeiro e segundo grau. As escolas são espaços de socialização, de aquisição de conhecimento necessário para o exercício da cidadania, o que inclui conhecimento de como o racismo e outras formas de discriminação

---

19 LOURY, Glenn. *The anatomy of racial inequality*. Cambridge: Harvard University Press, 2003, pp. 35-65.

comprometem a realização da justiça, um ideal que deve ser um fator integrador de conteúdos escolares. O letramento racial de professores e professoras se mostra relevante, porque nossas escolas são espaços hostis para pessoas negras, realidade cuja transformação requer uma modificação radical de como eles são treinados como profissionais.[20]

Trabalharemos com algumas hipóteses ao longo desta obra. A primeira delas está calcada na pressuposição de que o letramento racial implica a formação de uma *consciência racial,* condição para o desenvolvimento de uma *solidariedade* cívica. Essa consciência racial não designa, simplesmente, identidades raciais, mas a dimensão política de um tipo relevante de pertencimento social. Ela pressupõe, primeiro, o reconhecimento da raça como uma construção social que pode ter consequências diversas na vida das pessoas, porque ela designa um critério de diferenciação de status social entre grupos humanos. Esse tipo de categorização está intrinsecamente relacionado com a regulação de poder social, motivo pelo qual o pertencimento racial determina uma pluralidade de experiências. Todas as pessoas são racializadas, todas elas pertencem a grupos raciais que ocupam posições distintas nas hierarquias presentes na nossa sociedade. Por esse motivo, ser branco e ser negro implica lugares e experiências sociais distintas que, muitas vezes, impedem a formação de um sentimento de solidariedade social. Essa consciência racial pressupõe o reconhecimento do outro como um ser moral que deve ter as mesmas condições para funcionar dentro da sociedade de forma adequada. Isso significa que as pessoas precisam estar cientes da incompatibilidade da cultura democrática com níveis inaceitáveis de exclusão. Essa consciência racial, fundamentada na noção de igualdade moral, implica o reconhecimento de que a democracia é um regime político baseado no respeito de uma série de procedimentos que precisam ser observados, de forma que se possa criar uma

20 Seguiremos aqui as reflexões desenvolvidas por KAILIN, Julie. *Antirracist education*: from theory to practice. Lanham: Rowman & Littlefield, 2002.

moralidade pública edificada no respeito pela igualdade de *status* entre todos os grupos sociais. Assim, mais do que um mecanismo de identificação de diferenças sociais, a consciência racial designa uma postura reflexiva que pressupõe a necessidade do reconhecimento da raça como um critério de diferenciação social que precisa ser superado, requisito para a construção de uma democracia solidária. Primeiro, reconhecemos a existência de disparidades baseadas na raça, construímos estratégias de superação de desigualdades raciais, depois, segundamente, apagamos a noção de raça como meio relevante de autocompreensão dos indivíduos.[21]

Terceiro, essa consciência cívica não se resume ao tratamento do outro como um igual, mas do outro como alguém que possui o direito de expressar identidades que são produto da construção coletiva de um povo com traços comuns. Permitir que o outro possa expressar suas formas de identidade, que possuem dimensões benignas, é um requisito para que a construção de uma democracia pluralista se torne possível. Esse projeto político está construído a partir do pressuposto de que as pessoas devem poder ser quem são, sem sofrer sanções por causa disso. Essas identidades devem preservar sua dimensão criativa e não serem reduzidas ao seu aspecto prescritivo, às determinações dos lugares que elas podem ocupar na nossa sociedade. As diferenças não podem ser ponto de partida à criação de assimetrias sociais, que permitem a dominação de um grupo racial sobre o outro.[22] Quarto, a noção de consciência cívica – característica do conceito de letramento racial – também implica a existência de uma consciência da *posicionalidade* do indivíduo nas diferentes hierarquias estruturadas em torno de raça e da relação delas com outras formas de hierarquias baseadas no

---

21 *Cf.* FRASER, Nancy. "Recognition without ethics?" *Theory, Culture and Society*, vol. 18, nº 2-3, 2001, pp. 21-42; HONNETH, Axel. "Recognition and justice: outline of a plural theory of justice". *Acta Sociologica*, vol. 47, nº 4, 2004, pp. 351-364.

22 *Cf.* GUTMAN, Amy. *Identity in democracy*. Princeton: Princeton University Press, 2004.

gênero, na sexualidade e na classe dos indivíduos. Esse aspecto se mostra relevante, porque a operação dos processos de opressão não é, necessariamente, transparente nem para os que os reproduzem, nem para os que são afetados por eles. Muitos podem achar que a experiência de racismo pode ter um caráter homogêneo ou pode ser simplesmente circunstancial, porque não presenciam esse problema com a frequência que outras pessoas enfrentam.[23]

Quinto, o desenvolvimento das dimensões dessa consciência racial, acima citadas, depende também do que tem sido classificado como *realismo racial*, expressão que designa uma postura crítica em relação a narrativas culturais baseadas na existência de uma cultura pública fundada na cordialidade racial. A superação das desigualdades, presentes na nossa sociedade, depende da desconstrução da postura negacionista, defendida por muitas pessoas brancas e instituições controladas por pessoas brancas. A atitude defensiva e evasiva, característica de muitas pessoas brancas, inviabiliza a eliminação das diversas formas de violência racial presentes neste país, motivo pelo qual devemos trabalhar com a hipótese de que o racismo é uma forma de operação normal da sociedade brasileira. Esse realismo racial implica, ainda, uma consciência do funcionamento das práticas discriminatórias que promovem desigualdades entre grupos raciais; a educação antirracista é uma educação para a democracia, fundamentada na importância da operação de normas antidiscriminatórias na nossa sociedade. A consciência cívica, construída em torno de um realismo racial, permite que membros dos diferentes grupos raciais possam construir planos de ação que consideram a contradição entre a realidade da privação de direitos e os princípios que regulam o regime democrático. O realismo racial se mostra, então, necessário para a superação da tradicional postura de negação da relevância social do racismo, perspectiva que tem

---

23 *Cf*. RIBEIRO, Djamila. *Lugar de fala*. São Paulo: Jandaíra, 2018.

impedido avanços na construção de uma democracia substantiva na sociedade brasileira.[24]

Também trabalharemos com a hipótese de que a construção de uma cultura verdadeiramente democrática na nossa sociedade depende do avanço de um tipo de solidariedade cívica que deve englobar a *solidariedade interracial* e a *solidariedade intrarracial*. O que chamaremos de letramento racial deve fornecer elementos para a reconstrução de nossa cultura pública, a partir da necessidade da criação de alianças entre os diversos grupos raciais e étnicos que formam nossa comunidade política. Essas alianças devem procurar atingir um objetivo central: a busca pela maior efetividade do sistema protetivo de direitos presente no nosso sistema jurídico. A construção da solidariedade interracial se mostra necessária para que membros de todos os grupos possam articular meios para que todos os grupos raciais e étnicos possam ter as condições para instituírem e realizarem seus planos de vida. O conhecimento dos fatores responsáveis pela reprodução das hierarquias sociais se mostra, então, necessário para que ele possibilite a transformação dos padrões de interações sociais, de narrativas culturais, de práticas institucionais responsáveis pela reprodução de relações hierárquicas de poder.[25]

Mas a construção da solidariedade cívica depende ainda do avanço de uma solidariedade intrarracial, na medida em que os grupos racializados precisam se mobilizar para eliminar outras formas de dominação que afetam a vida dos seus vários segmentos. Assim, a transformação das condições de vida, na sociedade brasileira, implica

---

24 *Cf*. BELL, Derrick. "Racial realism". *Connecticut Law Review*, vol. 24, nº 2, 1992, pp. 363-379; GONZALEZ, Lélia. *Por um feminismo afro-latino-americano*. São Paulo: Zahar, 2020, pp. 75-95.

25 Ver nesse sentido KING JR., Martin Luther. *A testament of hope*. Nova York: HarperOne, 2003; CARASTATHIS, Anna. "Identity categories as potential coalitions". *Signs*, vol. 38, nº 4, 2013, pp. 941-965; SHELBY, Tommie. *We who are dark*: the philosophical foundations of black solidarity. Cambridge: Harvard University Press, 2007.

também o combate dos processos discriminatórios responsáveis pela criação de grupos ainda mais vulneráveis em função da articulação entre diferentes sistemas de opressão. A solidariedade cívica implica ações concretas para a transformação da situação de opressão vivida por vários grupos de pessoas que sofrem as consequências da ação paralela de sistemas de dominação como o racismo e o sexismo; o racismo e o classismo; o racismo e a homofobia; o racismo e o capacitismo. Resta, então, entender como raça e gênero, raça e sexualidade, raça e classe, raça e corporeidade formam mecanismos que impedem a plena integração social. Ao lado de uma solidariedade cívica que possa unir pessoas de todas as raças em torno do ideal de construção de uma sociedade democrática, devemos, também, construir a solidariedade negra a partir de novas bases, de forma que essa comunidade esteja unida em torno do ideal da luta contra todas as formas de opressão que afetam seus membros.[26]

Embora a construção de uma sociedade igualitária também dependa de mudanças nas condições materiais de existência das pessoas, especialmente de membros de grupos raciais subalternizados, nossa reflexão sobre o letramento racial envolverá, especialmente, o exame da operação de padrões culturais e institucionais. Estou interessado em apontar direções que devem ser seguidas por aquelas pessoas e instituições empenhadas na construção de uma sociedade igualitária, o que depende da identificação de modelos de pensamento que legitimam hierarquias entre grupos raciais. Apesar dessa ênfase, o leitor e a leitora devem estar cientes de que o *status* cultural dos indivíduos, o nível de respeitabilidade atribuído a eles, determina, também, as condições materiais nas quais eles vivem. Não ignorarei o papel que as condições materiais de existência exercem sobre o nível de inserção social deles, mas enfatizarei um aspecto específico

---

26 *Cf.* NASCIMENTO, Abdias. *O quilombismo*. São Paulo: Perspectiva, 2019, pp. 271-312; SHELBY, Tommie. *We who are dark*: the philosophical foundations of black solidarity. Cambridge: Harvard University Press, 2005; AKOTIRENE, Carla. *Interseccionalidade*. São Paulo: Jandaíra, 2018.

dessa discussão: as ações institucionais que podem ser tomadas para mudar procedimentos responsáveis pela reprodução da exclusão.[27] Cinco áreas de reflexão inspirarão minhas análises sobre esse assunto: formulações tradicionais de democracia no pensamento político dominante, noções de solidariedade e cidadania dentro do pensamento político negro, diversos estudos sobre a psicologia social da discriminação, pressupostos da teoria crítica racial e alguns fundamentos da teoria da democracia radical.

O letramento racial também é algo importante para nossa ação como cidadãos preocupados com a criação de um regime político comprometido com a formação de uma realidade social na qual todas as pessoas possam florescer. Veremos que o racismo tem uma dimensão cultural baseada na ideologia da superioridade branca, narrativa que influencia diversas imagens culturais por meio das quais as pessoas formam percepções de como as instituições devem operar, do lugar dos membros dos diversos grupos sociais nas várias hierarquias sociais. Estereótipos raciais estão presentes na linguagem cotidiana, construções que fornecem às pessoas conhecimento do mundo. Os que estão interessados na consolidação de um regime democrático, na sociedade brasileira, precisam estar atentos aos meios a partir dos quais imagens, palavras e ações operam como veículos para a reprodução de sentidos culturais que reproduzem a noção de que negros não são atores sociais competentes. Compreender a forma como o racismo opera na sociedade significa adquirir o conhecimento necessário para o engajamento na luta contra práticas sociais, que impedem a construção da solidariedade interracial. Por ser um aspecto estrutural da sociedade brasileira, o racismo é um sistema de dominação que informa o funcionamento de diversas instituições, mas também as mentes das pessoas, motivo pelo qual

---

27 Para uma análise da relação entre a dimensão cultural e material das desigualdades ver sobretudo SCHEMMEL, Christian. "Why relational egalitarians should care about distributions". *Social Theory and Practice*, vol. 37, nº 3, 2011, pp. 365-390; FRASER, Nancy. "Recognition without ethics?" *Theory, Culture & Society*, vol. 18, nº 2-3, 2001.

todos os indivíduos devem estar engajados no debate sobre os mecanismos que impedem a expansão da democracia. A expansão da solidariedade cívica depende da criação e da ampliação da solidariedade interracial, uma vez que o racismo é o principal problema social brasileiro. Além da dimensão cultural e política, ele também possui uma dimensão econômica, uma vez que práticas racistas, que perduram por séculos, impedem que pessoas negras possam se tornar agentes econômicos integrados, realidade que compromete a sociedade como um todo. Assim, ao lado de argumentos políticos e morais, desenvolverei, também, teses de natureza pragmática.[28]

O letramento racial também se mostra relevante para aqueles indivíduos que representam instituições públicas e privadas, o que inclui os meios de comunicação e instituições políticas. É importante enfatizar a importância do letramento racial para esses atores sociais, uma vez que eles controlam os mecanismos institucionais por meio dos quais as pessoas exercem direitos ou têm a função de garantir o exercício de direitos. O regime democrático não pressupõe apenas o exercício de direitos, ele também implica a organização institucional adequada para o exercício deles. Nesse sentido, o letramento racial se mostra relevante, porque agentes públicos são responsáveis por grande parte de violações de direitos de membros de grupos raciais subalternizados. Muitas dessas violações ocorrem em função da ausência de conhecimento do funcionamento do racismo como sistema de dominação, sendo que, outras vezes, elas ocorrem porque atores públicos se recusam, conscientemente, a reconhecer a questão racial como um fator socialmente relevante na nossa sociedade. A expansão do regime democrático, na nossa sociedade, depende de políticas públicas dirigidas a grupos sociais especialmente vulneráveis, outro

---

28 Sobre o caráter institucional, estrutural e intergeracional do racismo ver MOREIRA, Adilson José. *Tratado de Direito Antidiscriminatório*. São Paulo: Contracorrente, 2020, pp. 455-481; WILKERSON, Isabel. *Caste*: the origins of our discontents. Nova York: Random House, 2020, pp. 99-169; GONZALEZ, Lélia. *Por um feminismo afro-latino-americano*. São Paulo: Zahar, 2020, pp. 75-93.

motivo pelo qual o letramento racial se torna relevante para agentes estatais. Outro ponto importante: as instituições que controlam os meios de comunicação não produzem apenas informação – elas são responsáveis pela maneira como os diferentes grupos humanos são representados. Meios de comunicação são a principal ou a única fonte de conhecimento do mundo para muitas pessoas nas sociedades atuais e isso significa que o modo como eles representam grupos racializados é a principal ou única referência que o público possui sobre eles. Eles fazem com que os membros do grupo racial dominante se tornem uma referência estética e moral; enquanto membros de grupos racializados são frequentemente vistos de forma estereotipada. Tendo em vista o fato de que muitos produtos de entretenimento são distribuídos globalmente, imagens negativas sobre membros de certos grupos se tornam a única referência que muitas pessoas, no mundo inteiro, têm de grupos racializados.[29]

Como afirmado anteriormente, a proposta de letramento racial, formulada neste livro, explora a dimensão pedagógica da democracia enquanto regime político. Parto do pressuposto de que certas instituições podem cumprir um papel importante na produção da solidariedade cívica, condição para que possamos superar, pelo menos em parte, o problema do racismo. Esta proposta recupera, então, a noção de que este regime político demanda um tipo de aprimoramento moral das pessoas, que consiste na educação dos indivíduos para que eles possam ter o conhecimento da lógica democrática, dos propósitos e do conteúdo de direitos, da maneira como o racismo impede o exercício desses elementos de nossa vida política. Se os gregos acreditavam que a democracia dependia do exercício da virtude, este trabalho parte do pressuposto de que um regime político, construído em torno da noção de igualdade de direitos, requer o engajamento das pessoas com o reconhecimento do outro como uma pessoa que possui o mesmo valor moral. Para isso,

29 *Cf.* GRAY, Herman. *Watching race*: Television and the struggle for blackness. Minneapolis: University Of Minnesota Press, 1995.

elas precisam ter um sólido conhecimento de princípios jurídicos e políticos, primeiro passo para que elas possam reconhecer o racismo como um problema para a democracia. Elas precisam, também, desenvolver um sentimento de solidariedade cívica, ponto de partida para que todas as pessoas possam viver em uma sociedade baseada na responsabilidade social da promoção do bem-estar individual e coletivo. Esse objetivo constitucional nunca será alcançado, enquanto o racismo continuar desempenhando o papel que ele tem na nossa sociedade. A superação dele depende do funcionamento do racismo como sistema de dominação social.

Este livro tem a seguinte estrutura. O primeiro capítulo aborda um tema de importância central para a nossa argumentação: o estudo das relações raciais. A análise desse tema nos permitirá entender os pressupostos e as características dos padrões de interação social entre grupos raciais nas sociedades liberais contemporâneas. Observaremos como configurações sociais específicas determinam relações de poder em diferentes momentos históricos, o que se mostra importante para o entendimento de uma série de questões encobertas por narrativas sociais baseadas na noção de neutralidade racial. Esse debate será relevante para introduzirmos nosso assunto principal, um preceito que será entendido como uma gramática social que possui uma dimensão cognitiva e uma dimensão propositiva. Por ser uma proposição de natureza política, o capítulo seguinte estabelece várias conexões entre o conceito de letramento racial com preceitos políticos correlatos, tais como as noções de regime democrático, solidariedade cívica, esfera pública, direitos fundamentais e dignidade humana. Nossa discussão terá continuidade com considerações sobre raça e racismo, ponto de partida para o entendimento das diferentes manifestações que a discriminação racial pode assumir. Essa parte do livro oferecerá elementos para que todos possam compreender os motivos pelos quais podemos pensar as diversas manifestações de discriminação racial como fatores que impedem a realização do princípio constitucional da solidariedade. O conhecimento, apresentado nesses dois capítulos, nos permitirá desenvolver algumas reflexões relevantes sobre o processo de socialização racial, o que consideramos ser importante para entendermos como nossa percepção da realidade depende da posição que ocupamos nas diversas hierarquias raciais. Utilizaremos os conceitos anteriormente abordados para discutirmos como o letramento racial deve ser operacionalizado nas interações cotidianas, nas instituições educacionais e nos meios de comunicação.

Este livro faz parte de um ciclo de publicações que utiliza a justiça racial como ponto de partida para a elaboração de reflexões sobre princípios basilares de nosso sistema constitucional. Ele teve início com o livro *Pensando como um negro: ensaio de hermenêutica jurídica*, texto no qual desenvolvi uma longa análise da igualdade como igualdade de *status* entre grupos raciais. Elaboro, na obra *Mulheres, Raça e Direito. Feminismo Negro Como Política Constitucional Transformadora*, uma profunda discussão sobre a liberdade a partir de uma perspectiva relacional, proposta defendida por feministas negras. O princípio da dignidade humana recebe minha atenção no extenso ensaio *Por Que os Seres Humanos Sofrem? Uma Teoria Psicológica dos Direitos Fundamentais*, escrito no qual afirmo a centralidade da luta contra a discriminação racial como requisito para a integridade psíquica de pessoas negras. Discuto o princípio da cidadania, a partir de uma perspectiva crítica na obra *Raça, Constituição e Justiça: Estratégias de Governança Racial na História do Constitucionalismo Brasileiro*. O tema do letramento racial serve, então, como objeto para um debate sobre a solidariedade, princípio que será entendido como um requisito para a reconstrução da moralidade pública brasileira.

CAPÍTULO I

UM PASSO INICIAL: O ESTUDO DAS RELAÇÕES RACIAIS

Jovino Bento Júnior é um defensor público. Indignado com a implementação de um processo de trainee voltado exclusivamente para negros por uma grande corporação, ele ajuíza uma ação civil pública contra ela. Ele argumenta que o procedimento é discriminatório porque está baseado na cor dos indivíduos; o processo seria então uma violação da exigência constitucional de tratamento igualitário entre todas os indivíduos. O defensor público entende que a utilização da raça como critério de tratamento diferenciado seria uma prática discriminatória contra pessoas brancas. Jovino cita autores negros para sustentar sua tese de que a iniciativa corporativa configura um tipo de discriminação racial. Ele argumenta, seguindo esses estudiosos, que quaisquer pessoas podem praticar o racismo contra quaisquer outras pessoas e que qualquer tipo de racismo é racismo, embora nem ele nem os autores teçam considerações sobre os propósitos ou a posição que essas pessoas ocupam nas diversas hierarquias sociais. O defensor cita decisões judiciais que condenaram a prática do racismo contra pessoas negras para dizer que esta tese também alberga a proteção de trabalhadores de outras raças, razão pela qual elas não podem ter acesso negado a oportunidades profissionais em função desse tipo de pertencimento. Expressando um entendimento de discriminação racial como qualquer restrição de direitos baseados nessa categoria, Jovino qualifica a iniciativa acima citada como algo que promove divisões raciais na nossa sociedade. A leitura da petição inicial indica que ele entende discriminação como algo que possui uma dimensão necessariamente negativa, motivo pelo qual companhias não podem beneficiar negros em processos seletivos. Ele faz uma distinção entre programas de cotas raciais e o programa de trainees exclusivamente para negros porque esses últimos utilizam a raça para praticar um tipo de discriminação direta. Para sustentar essa tese, o defensor recorre ao Estatuto da Igualdade Racial, documento legal que, segundo ele, proíbe a discriminação direta contra pessoas brancas, grupo de trabalhadores prejudicados por medidas dessa natureza. Para ele, a inclusão de pessoas negras deve ocorrer dentro dos padrões legais, sem promover a discriminação de outros trabalhadores, ou seja, pessoas da raça branca. Jovino cita Sérgio Camargo, presidente da Fundação Palmares na época, indivíduo que também classificou o programa em questão como discriminatório. Ele menciona ainda Thomas Sowell, outra conhecida pessoa negra contrária a qualquer tipo de programas de ações afirmativas para sustentar seus argumentos. Em resumo, o defensor público equipara a experiência social de trabalhadores negros a trabalhadores brancos alegando que o programa em questão viola os princípios utilizados para a análise da compatibilidade de classificação racial com o princípio da igualdade. A iniciativa dessa corporação viola o texto constitucional porque a raça não pode ser utilizada para diferenciar indivíduos que se encontram na mesma posição jurídica; o programa não pode ser classificado como necessário porque há outros meios para a promoção de pessoas negras, tais como cotas raciais. Ele assevera que medidas dessa natureza podem ser replicadas por outras instituições, o que comprometeria certas categorias de trabalhadores, sendo que ele nunca menciona que grupo seria esse, mas uma leitura superficial demonstra que ele está preocupado com o impacto que tais iniciativas teriam nas vidas de pessoas brancas. No final da petição inicial, Jovino classifica o programa de trainee para negros como um exemplo de "marketing da lacração", o que seria para ele expressão de ativismo político em favor de grupos minoritários para aumentar as vendas e ações das empresas. Essa fusão do poder econômico com o poder político faz com que empresas se tornem entidades ideológicas responsáveis por divulgação de tendências que comprometem a operação das relações sociais na nossa democracia, exemplo do que ele classifica como racismo reverso.[30]

1.1 Relações raciais e letramento racial

Muitas pessoas hesitam engajar-se em qualquer tipo de debate sobre justiça racial e outras acham que essa discussão carece de sentido por uma série de motivos. Elas acreditam que esse tema não possui o *status* de um debate de natureza política, porque a discriminação racial, quando ocorre, assume apenas a forma de atos individuais e intencionais de algumas pessoas motivadas por representações inadequadas de membros de outros grupos raciais. Por acharem que racismo e preconceito são a mesma coisa, elas classificam o racismo como uma mera expressão comportamental de indivíduos específicos, elas pensam que pessoas de quaisquer grupos raciais podem praticar atos racistas contra pessoas de quaisquer outros grupos raciais. Por ser um problema comportamental, muitos atores sociais acreditam que o racismo opera apenas nas interações individuais; ele não possui uma dimensão institucional ou estrutural. Mesmo quando reconhecem que atores públicos ou privados podem tratar indivíduos de forma indevida em função da raça, eles acreditam que as normas existentes apresentam elementos suficientes para tratar

30 BRASIL DEFENSORIA PÚBLICA DA UNIÃO. Ação Civil Pública No. 0000790-37.2020.5.10.0015. Defensor: Jovino Bento Júnior. 05.10.2020.

esse problema que, segundo eles, possui um aspecto meramente episódico. É também comum a percepção de que o racismo, além de ser esporádico, não tem a mesma virulência que ele possui em outras sociedades, nem que fatos responsáveis pela subordinação racial, ocorridos em momentos passados, possam influenciar as relações sociais no mundo atual. Em função da equiparação entre racismo e preconceito e da crença de que o passado não influencia o presente, inúmeras pessoas acreditam que medidas distributivas ou reparativas baseadas na raça são discriminatórias contra brancos, que elas prejudicam seus beneficiários, porque levantam suspeitas sobre a capacidade deles, que elas introduzem a consciência racial em um país no qual as pessoas não utilizam a raça como parâmetro para a construção da identidade individual ou coletiva. Para muitos indivíduos, o simples fato de negros e brancos terem os mesmos direitos formais significa que eles possuem a mesma experiência social e que devem ser tratados da mesma maneira em todas as situações.[31]

Há aqueles e aquelas que têm dificuldades ou se recusam a identificar as expressões humorísticas, as representações culturais, a ausência de representatividade, a violência policial e os altos níveis de pobreza como exemplos de operação do racismo. Eles e elas alegam que o humor não é uma forma de expressão de hostilidade, que todos são capazes de discernir imagens que são verdadeiras das que são falsas e que o baixo número de pessoas negras em processos decisórios é produto de disparidades econômicas ou expressam padrões culturais dos membros desse grupo. Muitas pessoas brancas dizem

---

31 Para uma análise de atitudes raciais na sociedade brasileira ver GONZALEZ, Lélia. *Por um feminismo afro-latino-americano*. São Paulo: Zahar, 2020, pp. 75-94; TELLES, Edward. *Racismo à brasileira*: uma nova perspectiva sociológica. Rio de Janeiro: Relume-Dumará, 2003, pp. 41-103; NASCIMENTO, Abdias. *O genocídio do negro brasileiro*. São Paulo: Perspectiva, 2016; HASENBALG, Carlos. *Discriminação e desigualdades raciais no Brasil*. Belo Horizonte: Editora da UFMG, 2005, pp. 233-268; SANTOS, Tiago Vinicius André dos. *Desigualdade racial midiática*. Belo Horizonte: Letramento, 2018, pp. 112-141; EAKIN, Marshall C. *Becoming Brazilians*: Race and national identity in twentieth-century Brazil. Cambridge: Cambridge University Press, 2017.

que nunca presenciaram o racismo, o que as leva a pensar que esse não é um problema brasileiro, embora circulem em ambientes sociais que são majoritariamente ou exclusivamente brancos. Disparidades entre pessoas brancas e negras não são percebidas como desigualdades raciais, mas como consequências de mecanismos de desvantagens de classe que impedem a ascensão social de pessoas negras. Muitos brasileiros e brasileiras frequentemente mencionam casos de pessoas negras que conseguiram alcançar grande proeminência como evidência de que o racismo não limita oportunidades sociais, motivo pelo qual todos os indivíduos que vivem na nossa sociedade são capazes de alcançar seus objetivos, independentemente de barreiras raciais ou de classe. É bastante comum a celebração da miscigenação biológica e cultural como expressão de cordialidade racial entre negros e brancos, o que também é apontado por muitos e muitas como um aspecto especialmente relevante da nossa sociabilidade, o que nos diferencia da história de outras sociedades, construídas em torno de um regime histórico de segregação racial. Essas percepções operam como verdadeiras cognições sociais, ou seja, forma de compreensão da realidade e de orientação das ações individuais em uma série de situações, sendo que elas levam um grande número de indivíduos a classificar as iniciativas que beneficiam pessoas negras como violações do princípio da igualdade.[32]

As considerações, tecidas nos parágrafos anteriores, mostram a importância do tema deste livro, uma vez que expressam perspectivas equivocadas sobre nossa realidade social. Nossa discussão sobre letramento racial precisa ter início com considerações sobre

---

32 *Cf.* MOREIRA, Adilson José. *Racismo recreativo*. São Paulo: Jandaíra, 2019; AZEVEDO, Celia Maria Marinho. "Cota racial e jargão policial na universidade: para onde vamos?" *Horizontes Antropológicos*, vol. 11, nº 23, 2005, pp. 222-224; FIGUEIREDO, Ângela; GROSFOGUEL, Ramón. "Racismo à brasileira ou racismo sem racistas: colonialidade do poder e a negação do racismo no espaço universitário". *Sociedade e Cultura*, vol. 12, nº 2, 2009, pp. 223-234; MAGGIE, Yvonne. "Políticas de cotas e o vestibular da UNB ou a marca que cria sociedades divididas". *Horizontes Antropológicos*, vol. 11, nº 23, 2005, pp. 286-291.

como padrões de interações entre grupos raciais são estabelecidos, sobre como eles influenciam a dinâmica da moralidade pública, sobre como eles informam a operação das instituições sociais, sobre como eles formam as percepções e as ações individuais e coletivas. Falar sobre letramento racial significa abordar um tema bastante amplo: *o estudo das relações raciais*. A Sociologia examina uma pluralidade de assuntos, sendo que as relações humanas são um de seus focos fundamentais de análise sistemática. Sociólogos sempre estiveram interessados em identificar modelos de interação entre as várias coletividades que fazem parte de uma sociedade, sendo que eles abordam a importância de uma pluralidade de fatores que determinam os parâmetros, a partir dos quais indivíduos e grupos interagem e as diversas consequências dessas interações na construção das estruturas sociais. O interesse desses estudiosos nas características das conexões entre grupos raciais decorre do fato de que raça é uma categoria central da formação da identidade social das pessoas. Ela determina a posição que elas ocupam na sociedade, ela se torna um meio de construção do entendimento que elas têm de si mesmas e dos outros, motivo pelo qual essa categoria social institui referências para a construção de coletividades e de interações entre elas. A raça tem sido um assunto permanente de interesse desses cientistas, porque representa um dos principais fatores de diferenciação entre coletividades humanas no mundo moderno e um dos principais critérios da regulação moral, política e jurídica das relações humanas nas sociedades ocidentais. Ao estabelecer a raça como critério de distinção entre as pessoas, o projeto colonial europeu a instituiu como requisito para o acesso a direitos, motivo pelo qual as relações entre grupos raciais sempre estiveram mediadas por relações hierárquicas. A raça tem sido, desde o início da modernidade, um critério fundamental de distinção entre grupos humanos: ele adquiriu esse *status* a partir da influência de discursos religiosos, de teorias científicas, de representações culturais, de procedimentos políticos e de normas jurídicas. A noção de letramento racial decorre exatamente da necessidade de compreensão das particularidades dos diversos aspectos desse processo, requisito para que maiores níveis de justiça social possam ser alcançados na sociedade brasileira. Não podemos compreender nossa realidade, de forma adequada, sem o conhecimento dos parâmetros a partir dos quais as relações raciais têm operado na nossa sociedade ao longo da história.[33]

A compreensão do debate sobre letramento racial requer um conhecimento prévio da lógica das relações raciais, sendo que as noções de *poder* e *estratificação* são especialmente relevantes para isso. Padrões de interação entre grupos raciais, na nossa sociedade, têm sido marcados por relações assimétricas de poder, responsáveis pela criação de uma realidade baseada em diferenciações duráveis de *status* entre negros e brancos em todas as dimensões da vida social. Esse fato reflete, então, o poder que membros do grupo racial majoritário possuem em dominar grupos raciais subalternizados por meio do controle sobre a operação de grande parte ou quase todas as instituições sociais. Mais do que manifestação de exclusões motivadas por preconceitos e estereótipos, as disparidades entre grupos raciais decorrem do controle das instituições sociais e da possibilidade de criação de valores culturais que legitimam práticas discriminatórias. Relações raciais devem, então, ser examinadas a partir do contexto das articulações de poder presentes em uma sociedade em um determinado momento histórico; elas precisam ser abordadas a partir das associações entre raça e poder, a partir das maneiras como a raça opera como uma categoria para atribuir lugares sociais a diferentes grupos raciais em uma sociedade.[34]

A aplicação da noção de *poder* ao estudo das relações raciais se mostra relevante para entendermos alguns aspectos das interações

---

33 *Cf.* HANNAFORD, Ivan. *Race*: the history of an idea in the west. Washington: John Hopkins University Press, 1996, pp. 191-277; COX, Oliver Cromwell. *Race*: a study in social dinamics. Nova York: Monthly Review Press, 2000, pp. 114-147; BETHENCOURT, Francisco. *Racismos*: das cruzadas ao século XX. São Paulo: Companhia das Letras, 2018, pp. 339-418.

34 WILSON, William Justus. *Power, racism, and privilege*: race relations in theoretical and sociohistorical perspectives. Nova York: Macmillan Publishing Co, 1973, pp. 4-11.

entre pessoas negras e brancas na nossa sociedade. Esse termo possui uma dimensão ativa que se manifesta pelo exercício efetivo da influência de um indivíduo sobre o comportamento de outro ou de um segmento social sobre o outro. Assim, as ações dos que se encontram em uma situação de subalternidade são moduladas a partir dos interesses daqueles que estão em uma posição hierárquica superior, o que implica a possibilidade de controle de inúmeros aspectos da vida por forças externas. Entretanto, o poder não implica apenas ação efetiva, mas também possibilidade de retaliação. Ele também se expressa pela habilidade de seu exercício em função do lugar ocupado por certos segmentos dentro das hierarquias sociais, motivo pelo qual membros de coletividades subordinadas pautam suas ações de forma que não sofram consequências negativas por não se comportarem de acordo com as expectativas daqueles que ocupam posição de poder. Estamos, então, diante da possibilidade de um indivíduo influenciar as ações de outro, independentemente de ele ter efetivamente que agir para alcançar esse objetivo. Isso se torna possível por causa do controle que os grupos majoritários exercem sobre recursos que permitem o exercício ativo do poder. O controle sobre instituições políticas, culturais, jurídicas, religiosas estabelecem diferenciações de *status* que permitem a mobilização de recursos necessários para a influência de um grupo sobre outro, motivo pelo qual conflitos raciais estão amplamente marcados por acesso a recursos institucionais que permitem maior distribuição de recursos entre indivíduos e grupos. Os que controlam recursos de poder podem recorrer a eles para persuadir outros de forma direta ou indireta, portanto, sem que precisem aplicar sanções aos grupos subordinados. A possibilidade de que a mobilização de recursos institucionais pode influenciar o comportamento do outro expressa a habilidade de exercício de poder. Quanto maior for o âmbito de recursos de poder que um grupo controla, maiores serão as chances de eles poderem reproduzir as relações hierárquicas que os beneficiam, porque membros de outros grupos estão cientes de que o poder se manifesta por meio do controle sobre instituições e procedimentos, instâncias que refletem a identidade ou o interesse dos grupos dominantes.[35]

Esses contextos não são necessariamente marcados por conflitos abertos, uma vez que membros dos grupos subordinados podem engajar em formas de cooperação marcadas por diferentes níveis de antagonismo e ressentimento. Eles podem se sentir compelidos a assimilarem aos padrões culturais estabelecidos pelo grupo racial majoritário, porque não possuem recursos ou oportunidades suficientes para poder questionar sistemas de dominação. Por esse motivo, a percepção da ausência de conflitos raciais abertos na sociedade brasileira não corresponde a uma suposta cordialidade racial, mas sim à percepção da ausência de meios de oposição efetiva contra processos discriminatórios, o que tem sido significativamente modificado ao longo do tempo, especialmente de tempos recentes. É equivocada, então, a afirmação segundo a qual o compromisso com princípios democráticos implica uma igualdade social entre membros de diferentes coletividades. Essas sociedades estão atravessadas por uma variedade significativa de relações de subordinação que se reproduzem ao longo do tempo, motivo pelo qual ações direcionadas a grupos que se encontram em uma situação histórica de desvantagem são necessárias. O compromisso formal com a democracia não significa a existência de uma igualdade concreta entre diferentes segmentos sociais, motivo pelo qual a situação de igualdade jurídica entre negros e brancos não pode ser confundida com igualdade substantiva entre membros dessas duas coletividades, o que tem sido amplamente comprovado ao longo das últimas décadas.[36]

---

35 WILSON, William Justus. *Power, racism, and privilege*: race relations in theoretical and sociohistorical perspectives. Nova York: Macmillan Publishing Co, 1973, pp. 15-17.

36 *Cf.* SANTOS, Ynaê Lopes dos. *Racismo brasileiro*: uma história da formação do país. São Paulo: Todavia, 2022, pp. 171-244; D'ADESKY. Jacques. *Racismos e anti-racismos no Brasil*. Rio de Janeiro: Pallas, 2009, pp. 163-187.

Voltemos a um ponto importante. A dinâmica analisada acima demonstra a fragilidade do argumento segundo o qual a ausência de animosidade entre negros e brancos decorre de uma suposta cordialidade racial, característica de nossa cultura pública. Embora as sociedades modernas tenham desenvolvido uma cultura pública baseada em valores democráticos, a dominação racial tem sido parte integrante da dinâmica interna de quase todas elas. Relações raciais nas democracias modernas possuem um caráter notoriamente assimétrico em função das diferenças de poder entre os vários grupos raciais nela presentes. Essas interações são amplamente marcadas pela mobilização de recursos institucionais para praticar e legitimar relações de dominação, como também para fomentar uma cultura na qual a concentração de poder nas mãos de pessoas brancas cria obstáculos significativos para a oposição a essa situação. Observamos, na modernidade, quatro manifestações do exercício do poder de dominação racial: a escravização de seres humanos, o que permite o enriquecimento de um grupo em função da exploração econômica; a colonização de um território por um grupo racial estrangeiro por meio da dominação militar dos povos originários; processos de segregação construídos a partir de diferenciação de *status* político e jurídico entre membros de grupos raciais distintos; a celebração da miscigenação como estratégia discursiva para impedir a mobilização política em torno da questão da justiça racial.[37]

Todos esses processos são mediados por um tipo específico de ideologia social: o *racismo*. Baseado na pressuposição da superioridade de pessoas racializadas como brancas, essa ideologia legitima ações discriminatórias ao construir membros dessa comunidade

---

37 *Cf*. BETHENCOURT, Francisco. *Racismos*: das cruzadas ao século XX. São Paulo: Companhia das Letras, 2018; FREDRICKSON, George M. *Racism, a short history*. Princeton: Princeton University Press, 2002; KENDI, Ibram X. *Stamped from the beginning*: the definitive history of racist ideas in America. Nova York: Nation Books, 2016; PALMA, Rogério. *Racismo e Liberdade*: relações inter-raciais e a construção da subcidadania negra. São Paulo: Alameda, 2021.

como necessariamente superiores, motivo pelo qual brancos devem ter acesso privilegiado ou exclusivo a oportunidades sociais, objetivo alcançado com a discriminação sistemática de membros de outros segmentos raciais. Como veremos adiante de forma detalhada, o racismo está baseado na premissa segundo a qual traços fenotípicos designam qualidades morais que se reproduzem de uma geração para outra em função do pertencimento racial. A crença nesse essencialismo institui diferenças de valoração entre grupos populacionais que possuem características específicas, sendo que esses traços designam os lugares sociais que seres humanos podem ocupar na sociedade. Essa ideologia institui meios para a justificação da diferença de *status* entre os diversos grupos humanos, o que será o ponto de partida para a atribuição de respeitabilidade social, acesso a oportunidades sociais e a possibilidade de exercício de direitos. Entretanto, é importante observar que o racismo é uma ideologia dinâmica, ela se modifica na medida em que é questionada, ele também pode assumir a forma de sua própria negação. Negar o racismo é uma maneira de invisibilizar os meios a partir dos quais o controle sobre recursos sociais por um grupo racial específico permite a reprodução do poder nas mãos de seus membros, possibilidade construída a partir da representação do grupo racial dominante como um segmento essencialmente comprometido com a igualdade racial. Vemos, então, que o poder de um grupo dominante não se resume ao controle da força; ele também inclui a possibilidade de criação de sentidos culturais que legitimam sistemas de estratificação.[38]

Outro aspecto, especialmente importante, precisa ser analisado, uma vez que tem relevância central para entendermos como disparidades entre diversas coletividades são criadas e reproduzidas mesmo em sociedades democráticas. A *estratificação racial* é uma consequência direta da existência das relações assimétricas de poder

---

38 *Cf.* WILSON, William Justus. *Power, racism, and privilegie*: race relations in theoretical and sociohistorical perspectives. Nova York: Macmillan Publishing Co, 1973, pp. 18-22.

entre grupos raciais. Ela se manifesta pela utilização da raça como critério de determinação de *status*, de acesso a posições e recursos materiais, a oportunidades, de gozo de prestígio, de influência e de respeitabilidade. Esse termo designa o resultado de diversos processos que produzem disparidades duradouras entre segmentos sociais, o que resulta na criação de uma sociedade segmentada e hierarquizada. Formas sistêmicas de desvantagem criam obstáculos para a mobilidade social, implicam a ausência de respeitabilidade social em função da crença de que a condição na qual as pessoas se encontram decorre de uma inferioridade constitutiva. Elas também restringem as chances de criação de vínculos de solidariedade com os que estão nessa situação, porque são vistos como indivíduos que não vivem de acordo com normas e oportunidades supostamente abertas a todos. A estratificação racial significa e exclusão da participação nos espaços de poder, motivo pelo qual coletividades subalternizadas encontram grande dificuldade para transformar a situação na qual vivem.[39]

A estratificação racial estabelece diferenciações entre grupos humanos que assumem uma dimensão vertical e uma dimensão horizontal. A primeira está relacionada com o fato de que o controle sobre as diferentes instituições públicas e privadas permite que membros do grupo racial dominante possam garantir vantagens competitivas para pessoas brancas e impor desvantagens competitivas para membros de outros grupos raciais. Isso ocorre por meio da criação de normas procedimentais que direta ou indiretamente beneficiam pessoas brancas e prejudicam pessoas negras, mesmo quando elas não utilizem a raça como um critério de tratamento diferenciado. Essas assimetrias podem ocorrer pela preferência por pessoas vistas como mais competentes pelo simples pertencimento racial. Entretanto, diferenças históricas de *status* entre negros e brancos poderão ter

---

39 *Cf*. SIDANIUS, Jim; PRATTO, Felicia. *Social dominance*. Cambridge: Cambridge University Press, 1999, pp. 31-59; WILSON, William Justus. *Power, racism, and privilegie*: race relations in theoretical and sociohistorical perspectives. Nova York: Macmillan Publishing Co, 1973, pp. 47-71.

um impacto desproporcional entre esses grupos, embora as normas sejam racialmente neutras. A segunda está associada a um elemento comum às diferentes versões de teorias racistas: a premissa segundo a qual todos os membros do grupo racial dominante são superiores a todos os membros dos grupos raciais subalternizados, motivo pelo qual os primeiros devem ter acesso privilegiado ou exclusivo a oportunidades sociais. Ser branco significa ter prerrogativas naturais em função do gozo de maior respeitabilidade social, fato responsável pela criação de animosidade contra aqueles que se insurgem contra a ordem estabelecida, ou cujas habilidades desestabilizam crenças sobre a superioridade natural de pessoas brancas. Elas são vistas como um perigo para a existência do sistema de dominação presente na sociedade porque, de uma forma ou de outra, questionam o fato de que pessoas brancas são os únicos indivíduos que podem ser considerados como atores sociais competentes.[40]

A literatura sobre o tema identifica duas formas possíveis de estratificação. Uma delas pode ocorrer em um regime no qual todas ou quase todas as pessoas, tendo as mesmas oportunidades, estão igualmente aptas a competir por oportunidades; as funções que elas desempenham dependem, então, do interesse e das habilidades que elas possuem. Estamos, então, diante de uma forma de organização social na qual a posição dos sujeitos resulta de escolhas individuais, mas que possui um alto nível de mobilidade, porque as gerações seguintes poderão ascender socialmente em função das possibilidades disponíveis para todos. Um número significativo de atores sociais classifica nossa realidade como decorrência desse processo, razão pela qual são contrários a medidas racialmente conscientes. Entretanto, a estratificação pode ocorrer por meio da atribuição de lugares e funções a partir de algum critério que, supostamente,

---

40 *Cf.* BERRY, Brewton; TISCHLER, Henry. *Race and ethnic relations.* 4ª ed. Boston: Houghton Mifflin Company, 1978, pp. 195-200; BLUMER, Herbert. "Race prejudice as a sense of group position". *The Pacific Sociological Review*, vol. 1, nº 1, 1958, pp. 2-7; BANTON, Michael. *Racial theories.* 2ª ed. Cambridge: Cambridge University Press, 1994.

designa diferenças essenciais ou lugares naturais entre diferentes grupos. Muitos membros da comunidade política não têm chances de competição por oportunidades, porque elas estão fechadas a pessoas que possuem certos traços aos quais são atribuídos sentidos negativos, o caso da raça dos indivíduos. Mecanismos de estratificação almejam grupos de pessoas que possuem traços comuns, esses traços são alvos de processos de estigmatização a partir dos quais se consolida uma cultura pública que encontra fundamento na noção de que os que possuem esses traços não são atores sociais competentes, motivos pelos quais devem ocupar funções subordinadas. Os processos de estratificação operam por meio da institucionalização de ações discriminatórias praticadas e legitimadas por instituições políticas, culturais, educacionais, econômicas e religiosas.[41]

Nenhuma sociedade contemporânea corresponde a um ou a outro desses tipos ideais. Na verdade, observamos a articulação de sistemas sociais que operam a partir desses dois pressupostos, sendo que a raça determina os indivíduos que poderão competir em termos de certa igualdade, quanto não estão atravessados por outros fatores de diferenciação social. Enquanto a raça beneficia os membros do grupo dominante, ela, de forma sistemática, afeta negativamente as chances de outros grupos conseguirem competir por oportunidades em função da crença de que não são atores sociais competentes. Essas sociedades também abrem espaço para mobilidade de alguns membros dos segmentos raciais subalternizados, embora eles sejam exceções de um sistema que opera largamente em torno de um sistema de privilégios raciais. Os sistemas de estratificação assumem diferentes formas em diferentes momentos históricos em diferentes sociedades. A estratificação sempre opera para resolver as disputas por recursos sociais escassos, motivo pelo qual a divisão social, a

---

41 *Cf.* WILSON, William Justus. *Power, racism, and privilegie*: race relations in theoretical and sociohistorical perspectives. Nova York: Macmillan Publishing Co, 1973, pp. 47-52; KITANO, Harry H. L. *Race relations*. 5ª ed. Upper Saddle River: Prentice Hall, 1997, pp. 39-50.

partir de *status* diferenciado, permite a legitimação da ordem política. Essa distinção justifica uma série de discriminações que operam para legitimar e reproduzir a estratificação ao longo do tempo, motivo pelo qual disparidades sociais possuem um caráter duradouro. Enquanto pessoas brancas não enfrentam obstáculos baseados na raça, os que fazem parte de grupos raciais subalternizados enfrentam esses problemas geração após geração. *Esse é então um dos motivos centrais pelos quais medidas voltadas diretamente para pessoas negras não podem ser vistas como mecanismos discriminatórios porque não expressam animosidade em relação a um grupo social. Elas são apenas medidas que procuram remediar a situação de coletividades que enfrentam dificuldades estruturais para poderem ascender a posição de prestígio.*[42]

A vasta literatura sobre relações raciais identifica outros parâmetros para a análise desse tema. Certos autores procuram identificar padrões de interação entre grupos raciais, a partir da motivação dos agentes envolvidos nesse processo. Alguns teóricos partem do pressuposto de que relações humanas são produto de escolhas individuais. Elas representam os seres humanos essencialmente como agentes que estão em busca de objetivos pessoais, motivo pelo qual devemos prestar atenção nas suas motivações e propósitos, nos aspectos conscientes que determinam modelos de interação social. Muitas pessoas que pertencem ao grupo racial dominante acreditam que a raça não significa uma barreira ao alcance de objetivos individuais, percepção que reflete a posição que elas ocupam nas hierarquias raciais, uma vez que, sendo brancas, o racismo não as afeta. Elas, então, afirmam que as instituições sociais operam de forma adequada e que possíveis atos discriminatórios refletem apenas o comportamento de indivíduos específicos. Elas não percebem

---

42 BERRY, Brewton; TISCHLER, Henry. *Race and ethic relations*. 4ª ed. Boston: Houghton Mifflin Company, 1978, pp. 195-200; MARGER, Martin N. *Race and Ethnic relations*: American and global perspectives. 9ª ed. Belmont: Wadsworth, 2012, pp. 27-36.

negros necessariamente como diferentes ou inferiores, porque não utilizam a raça como critério para a determinação de suas interações sociais. Essas pessoas estão comprometidas com formas de justiça, mas argumentam que esse ideal pode ser alcançado com medidas gerais capazes de atingir todas as pessoas, uma vez que a identidade racial não implica desvantagem para ninguém; isso só ocorre quando um agente específico discrimina o outro de forma indevida.[43]

Outros atores sociais, mesmo que neguem a relevância do racismo, estão certos de que ser branco produz uma série de benefícios sociais, motivo pelo qual contribuem para a reprodução das relações de poder que as beneficiam. Tendo em vista o fato de que estereótipos e preconceitos motivam ações em relação aos outros, elas lançam mão de ideologias que procuram justificar práticas responsáveis pela criação de vantagens para alguns grupos raciais e desvantagens para outros. Para os autores que defendem essa perspectiva, a identidade racial está associada a hierarquias de *status* social que alguns grupos procuram garantir e que outros segmentos procuram desestabilizar para que possam viver em uma sociedade igualitária. Sentimentos de desprezo, de animosidade e de oposição decorrem da percepção que um indivíduo tem do outro, especialmente na forma como esse outro pode impedir o acesso a objetivos pessoais e coletivos em uma dada sociedade. Por esse motivo, demandas de minorias raciais podem ser vistas como uma ameaça à ordem social vigente; enquanto membros de grupos raciais subalternizados a enxergam como essencial para o alcance de maiores níveis de justiça racial. Estes últimos entendem a experiência social como um processo permanente de exclusão, pois observam que o grupo racial majoritário sempre se articula para reproduzir sistemas de dominação, por meio do controle de quase todas as instituições políticas. Se pessoas brancas afirmam a irrelevância do racismo por convicção ou por estratégia, muitas pessoas

---

43 *Cf.* KITANO, Harry H. L. *Race relations*. 5ª ed. Upper Saddle River: Prentice Hall, 1997, pp. 7-15; CARR, Leslie G. *"Color-blind" racism*. Thousand Oaks: Sage, 1997, pp. 140-175.

negras apontam sua natureza estrutural em função do controle de praticamente todas as instituições sociais por pessoas do primeiro grupo.[44]

Outra perspectiva enfatiza a importância da influência das instituições sociais na formação dos padrões de interação entre grupos raciais. Eles argumentam que a identidade racial é desenvolvida dentro das instituições, instâncias que desempenham um papel central na formação do desenvolvimento da identidade racial das pessoas. Essa identidade designa o *status* que elas ocuparão nas instituições que regulam a vida social, o que faz com que elas desenvolvam uma relação de posse com esse lugar que ocupam. Essas instâncias estabelecem os parâmetros a partir dos quais membros de diferentes grupos raciais interagem uns com os outros. As relações entre eles assumem uma forma ou outra em função da cultura institucional, a partir do tipo de *status* que eles ocupam, da posição política que eles exercem, dos interesses econômicos dos vários grupos racializados. O comportamento de um grupo em relação ao outro será amplamente determinado por meio da forma como instituições direcionam benefícios e oportunidades para um grupo ou para outro. As pessoas vivem dentro de instituições e as normas que regulam o *status* das pessoas dentro delas determinará a maneira como elas tratarão indivíduos de outras raças. Dessa forma, a cultura institucional é o fator primordial na formação do tipo de comportamento dos indivíduos em uma direção ou outra. Como as instituições determinam os vários papéis que as pessoas ocupam na sociedade, o tipo de atitude das pessoas em relação aos membros de outros grupos raciais dependerá da maneira como o *status* racial facilitará ou impedirá o desempenho dessas funções. É certo que instituições são espaços de embate político, mas elas também são controladas por aqueles que

---

44 KITANO, Harry H. L. *Race relations*. 5ª ed. Upper Saddle River: Prentice Hall, 1997, pp. 7/8. Uma análise clássica da dinâmica psicológica do preconceito pode ser encontrada em ALPORT, Gordon W. *The nature of prejudice*. 2ª ed. Nova York: Basic Books, 1979.

detêm o poder, o que depende da conformação da operação delas a partir de seus interesses e ideologias.[45]

As duas posições anteriores sugerem, então, que as relações raciais dependem grandemente da posição que os indivíduos ocupam dentro da sociedade. Alguns deles podem pensar que a raça não tem nenhuma relevância, podem perceber progressos nas relações raciais, podem classificar certas medidas como fatores eficazes contra práticas discriminatórias. Outros podem ter uma percepção inteiramente oposta. Eles estão certos de que práticas discriminatórias impedem o progresso individual, eles não percebem nenhum progresso efetivo das relações raciais e pensam que medidas antirracistas não são suficientes para a eliminação dos efeitos de práticas discriminatórias. Estamos aqui diante de uma posição que prioriza a perspectiva individual como critério determinante para a percepção das relações raciais. As diferenças de percepção da relevância da discriminação racial dependem de uma pluralidade de fatores. Ela terá uma inclinação ou outra em função da identidade racial das pessoas e do nível de conhecimento da dinâmica social, pois isso indicará o quanto o *status* social da pessoa será afetado pelo racismo. Ela será influenciada pela classe social do indivíduo, uma vez que esse fator torna as pessoas mais ou menos vulneráveis; ela será afetada pelas ideologias sociais sobre relações raciais que vigoram em uma sociedade, formas de pensamento que influenciam a percepção das relações entre grupos humanos. A ausência de conhecimento da dinâmica do racismo faz com que muitos membros do grupo racial dominante acreditem que ele seja um problema de natureza circunstancial e comportamental, posição que deixa de considerar sua dimensão institucional e sistêmica. Como o racismo não impede o alcance de seus objetivos pessoais, muitas pessoas brancas acreditam que as instituições operam de maneira adequada; eles também podem acreditar que as possíveis disparidades entre grupos raciais decorrem de outros

---

45 BARNDT, Joseph. *Understanding and dismantling racism*. Minneapolis: Fortress Press, 2007, pp. 143-155.

fatores e não da presença de práticas discriminatórias baseadas na raça das pessoas.[46]

Observamos, então, que a posição dos indivíduos será amplamente marcada pela percepção que eles possuem da operação das instituições sociais. Muitos deles acreditam que as instituições democráticas operam de acordo com procedimentos e princípios que governam uma moralidade pública igualitária, crença reforçada pelo fato de que eles não sofrem desvantagens arbitrárias, o que eles presumem ser a forma de operação normal de sociedades liberais. Como eles pensam que todos recebem as mesmas oportunidades, os mesmos procedimentos devem ser aplicados a todas as pessoas, motivo pelo qual discordam de medidas voltadas para grupos sociais específicos. *Embora a defesa da igualdade de procedimentos seja relevante para a proteção de direitos, ela não pode ser vista como algo suficiente para a proteção e inclusão de grupos que enfrentam formas sistêmicas de desvantagens.* A celebração da solidariedade, como princípio constitucional basilar do nosso sistema constitucional, requer a implementação de ações voltadas para a eliminação das consequências das disparidades provocadas por disparidades sociais, inclusive disparidades raciais.[47]

Devemos ter em mente que a raça designa uma série de fatores que orientam as relações entre os diversos grupos raciais. Por ser uma categoria utilizada para estabelecer divisões sociais, a raça opera como um signo cultural das características e funções dos membros das diferentes coletividades. Uma vez que ela é um critério para estabelecer hierarquias de poder, ela desperta certos sentimentos nas pessoas. Ela serve para identificar os lugares que membros de

---

46 KITANO, Harry H. L. *Race relations*. 5ª ed. Upper Saddle River: Prentice Hall, 1997, pp. 8/9; SCHUCMAN, Lia Vainer (Coord.). *Branquitude*: diálogos sobre racismo e antirracismo. São Paulo: Fósforo, 2023.

47 Para uma análise e crítica dessa concepção de igualdade procedimental ver MOREIRA, Adilson José. *Pensando como um negro*: ensaio de hermenêutica jurídica. São Paulo: Contracorrente, 2019.

diferentes coletividades devem ocupar, o *nível de respeitabilidade social* que elas podem ter, o que elas podem almejar como indivíduos. A raça faz sentido apenas em sociedades multiculturais que passaram por um processo de subalternização de um grupo racial, motivo pelo qual ela passa a designar o *status* social das pessoas, elemento em torno do qual são construídos uma série de padrões de interações sociais. Essa categoria estrutura relações raciais, porque orienta o comportamento dos indivíduos, influencia a percepção sobre o outro, institui parâmetros para ordenação social. Isso significa que as relações de poder, por ela instituídas, permitirão maior ou menor nível de agência individual de acordo com o pertencimento racial; enquanto os membros do grupo racial dominante possuem acesso ao gozo de direitos, os que são racialmente inferiorizados estão limitados a desempenhar funções que a sociedade espera deles em função da identidade racial.[48]

É importante introduzir uma categoria especialmente relevante para o tema que estamos analisando: a noção de *dominação racial*. A expressão dominação racial indica o fato de que o grupo racial majoritário, por meio do controle de praticamente todas as instituições públicas e privadas, pode ativamente utilizar esse poder para criar e reproduzir hierarquias entre grupos raciais. Seus membros possuem o poder institucional que assume a forma de *poder simbólico* ao institucionalizarem formas de classificação utilizadas para distinguir grupos humanos a partir da raça, o que ocorre concomitantemente com a atribuição de características positivas aos que pertencem a eles e características negativas aos que fazem parte de outros grupos. O poder institucional necessário para a dominação racial também assume a forma de *poder político*, porque permite que pessoas brancas, por meio do controle das instituições estatais, garantam pleno gozo de direitos aos que pertencem a esse grupo e impede que pessoas racializadas como inferiores possam ter os

48 BANTON, Michael. *Race relations*. Nova York: Basic Books, 1967, pp. 57-60.

mesmos direitos. O poder institucional permite a dominação racial quando se manifesta por meio do *poder social* de impedir o pleno pertencimento de pessoas negras nos espaços de deliberação, quando nega as chances de elas poderem se associar ou estar nos espaços nos quais pessoas brancas circulam. A dominação racial opera quando o poder institucional expressa também o *poder econômico* de garantir vantagens materiais para membros do grupo racial dominante; enquanto mantém pessoas negras em uma situação de desvantagem permanente.[49]

A dominação racial ocorre em sociedades que utilizam a raça como parâmetro para a atribuição de *status* entre as pessoas; ela é um elemento organizador das representações culturais presente em muitas sociedades, operando como um processo constante de criação de sentidos que motivam ações de indivíduos e grupos de indivíduos enquanto agentes privados ou agentes institucionais. Sistemas de classificação racial existem em inúmeras sociedades e eles se consolidam enquanto forma de distinção social quando institucionalizados por meios de normas jurídicas, culturais ou políticas. Entretanto, é importante observar que a dominação racial, o controle sobre as instituições básicas da sociedade por meio do qual um grupo obtém vantagens à custa da subordinação de outros, procura ser invisibilizada pelos membros do grupo racial dominante. Esses atores sociais utilizam estratégias conhecidas para atingir esse propósito como a redução do racismo a comportamentos individuais; a caracterização da eliminação de distinções raciais legalmente sancionadas com progresso racial efetivo; a menção do sucesso de algumas pessoas negras como evidência de que não há barreiras raciais; a caracterização do racismo como algo que assume a mesma forma em todas as sociedades e em todos os momentos históricos. Esses argumentos

49 DESMOND, Matthew; EMIRBAYER, Mustafa. *Racial domination, racial progress*: the sociology of race in America. Nova York: McGraw-Hill, 2009, pp. 30-37; DESMOND, Matthew; EMIRBAYER, Mustafa. "What is racial domination?" *Du Bois Review*, vol. 6, nº 2, 2009, pp. 344-346.

são utilizados para encobrir o fato de que a continuidade do controle de instituições por pessoas brancas permite que elas possam reproduzir mecanismos de dominação que não dependem de formas de discriminação abertamente direcionadas a negros. A ausência de pessoas negras em posições que as permitam participar dos processos de deliberação indica que sempre há a possibilidade de criar novos mecanismos para garantir a permanência de benefícios nas mãos de pessoas brancas.[50]

Os argumentos apresentados contra as medidas de inclusão racial mencionados no início deste capítulo requerem *a análise de outro tópico essencial* dos estudos das relações raciais. Alguns estudos identificam ciclos de interações raciais, análise que muitos consideram relevante para o exame de como padrões contemporâneos de interação entre grupos raciais e as disparidades entre eles foram estabelecidos ao longo da história. Eles partem do pressuposto de que as relações entre grupos raciais podem ser divididas entre estágios que obedecem a uma lógica particular, sendo que elementos de todos eles formam as diretrizes que regulam o momento presente. Teríamos, então, um primeiro estágio de contato entre grupos raciais ocorrido em função de processos que podem incluir a colonização ou a imigração. O primeiro caso geralmente motiva o aparecimento de ordens sociais baseadas na estratificação racial, uma vez que o colonizador almeja implementar uma forma de regime de exploração econômica, que opera por meio da invasão, da dispersão, da segregação, da escravização ou da eliminação das populações locais. Essa situação espelha o caso de inúmeras sociedades modernas que se constituíram em torno do projeto colonial europeu, empreendimento responsável pelo aparecimento do racismo como uma forma de dominação na qual a categorização racial determina os lugares que as pessoas ocuparão na sociedade. Embora sociedades baseadas na escravização de seres humanos tenham acabado, a lógica do sistema escravocrata não deixa

---

50 DESMOND, Matthew; EMIRBAYER, Mustafa. "What is racial domination?" *Du Bois Review*, vol. 6, nº 2, 2009, pp. 341-344.

de influenciar a moralidade pública, nem as práticas institucionais delas. Muitas nações criaram mecanismos jurídicos e práticas culturais para manter a subordinação de coletividades anteriormente escravizadas, fato responsável pela criação de subordinação social que perdura ao longo do tempo. Esses indivíduos possuem pouco acesso aos espaços de poder, pessoas brancas utilizam o poder sobre as instituições sociais para impedir transformações nas relações hierárquicas, muitas das representações culturais, baseadas na suposta inferioridade constitutiva de grupos escravizados, permanecem pautando a percepção deles enquanto atores sociais. A igualdade de direitos formais não significa uma equiparação social entre os vários grupos raciais, motivo pelo qual a situação de subordinação racial perdura ao longo do tempo. Esse tipo de ordem racial tende a persistir por um longo período em função do controle que o grupo racial dominante exerce sobre todas as instâncias de poder nessas sociedades. Uma ordem racial, baseada na dominação de um grupo sobre o outro, estabelece outros critérios para afirmar a diferença de *status* entre grupos raciais como distinções baseadas no nível educacional, nas práticas religiosas, nas práticas profissionais, formas de organização familiar, entre outras. De qualquer forma, os que pertencem aos grupos raciais subalternizados sempre se articulam para modificar a relação de dominação por meio de revoltas políticas ou modificações jurídicas.[51]

O contato entre grupos raciais que vivem em um mesmo território baseado na assimetria de *status* pode gerar um tipo de ordem racial baseada no *paternalismo*, antes e depois da eliminação da escravização. Ele institui uma série de aspectos que definem as relações humanas entre diferentes coletividades: a instituição de claras divisões de *status*, a segregação espacial, a criação de regras de etiqueta marcadas pela deferência em relação aos membros do

---

51 *Cf.* HOETINK, H. *Slavery and race relations in the Americas*. Nova York: Harper, 1973; IANNI, Octavio. *Raças e classes sociais no Brasil*. Rio de Janeiro: Civilização Brasileira, 1972.

grupo racial dominante, a representação de segmentos subalternizados como pessoas infantilizadas e incapazes de desenvolver quaisquer atividades sem a supervisão do grupo dominante. As interações entre os membros desses grupos funcionam de acordo com um modelo das relações entre senhor-serviçal. Pessoas brancas criam uma série de representações para justificar as diferenças de *status* entre os grupos; relações sexuais entre os membros masculinos do grupo dominante podem ocorrer com as mulheres dos grupos subordinados, mas as relações entre mulheres do grupo racial dominante e os homens dos grupos subordinados são fonte de grande censura social, quando não proibidas. Partes significativas dos membros do grupo subalternizado podem internalizar toda essa estrutura de dominação e acreditar que ela pode ser classificada como justa. O paternalismo é uma forma preponderante de relações raciais em regimes coloniais, em sociedades baseadas em sistemas oficiais de segregação racial, em sociedades que construíram uma cultura de negação de racismo, o caso da nação brasileira.[52]

Relações raciais envolvem, frequentemente, relações hierárquicas de poder, o que promove uma ordem social baseada em *conflitos raciais*. Hierarquias de poder envolvem o processo de dominação de um grupo pelo outro, o que motiva os que estão em uma situação de subordinação a se engajarem em um processo de mobilização para a desestabilização dessa realidade. Embora membros dos segmentos sociais possam discordar sobre as formas como essa luta deva ser conduzida, eles criam redes de solidariedade para reverter a situação na qual vivem. Essa reação depende do nível de dominação presente em uma sociedade e em um dado momento histórico. Ela pode assumir a forma de revolta armada que procura transformar a organização política baseada na completa dominação de um grupo racial sobre

---

52 KITANO, Harry H. L. *Race relations*. 5ª ed. Upper Saddle River: Prentice Hall, 1997, pp. 20/21; BERGHE, Pierre L. van den. *Race and racism*: a comparative perspective. Nova York: Willey & Sons, 1978, pp. 27/28; SCHWARCZ, Lilia Moritz. *Sobre o autoritarismo brasileiro*. São Paulo: Companhia das Letras, 2019, pp. 27-136.

o outro, ela pode motivar as lideranças a buscarem a transformação de normas jurídicas que instituem formas de *status* diferenciado entre grupos, ela pode também envolver mobilização contra práticas discriminatórias presentes mesmo em sociedades nas quais existe a igualdade jurídica entre grupos raciais. Conflitos raciais estão, então, sempre presentes em sociedades nas quais existem padrões de dominação racial que impedem o mesmo nível de *status* entre os diversos grupos raciais, realidade de muitas nações contemporâneas, nas quais a igualdade formal não resultou na transformação de práticas sociais baseadas na circulação de estereótipos derrogatórios sobre membros de grupos raciais subalternizados. Ideologias racistas baseadas na suposta inferioridade biológica, intelectual, moral ou sexual de grupos raciais subalternizados não deixam de circular em função da eliminação de regimes legais de subordinação. Eles continuam regulando o comportamento de agentes públicos e privados, motivo pelo qual os conflitos raciais se tornam permanentes em sociedades que não se comprometeram a construir uma cultura pública baseada na igualdade entre todos os grupos raciais.[53]

Relações raciais podem assumir outro padrão similar ao que acabamos de analisar. Elas podem estar estruturadas a partir de uma lógica de *competitividade* entre grupos raciais que vivem em sociedades industrializadas e urbanizadas, comunidades baseadas em sofisticadas divisões de trabalho. É certo que a raça ainda opera como um fator de distinção de respeitabilidade e de oportunidades, mas diferenças de classe social se tornam mais salientes do que a dinâmica baseada em relações senhoriais. Há diferenças de classe entre todos os grupos raciais e as possibilidades de ascensão social depende de outros fatores, especialmente de oportunidades educacionais. Observamos uma sobreposição entre grupos raciais e classes sociais, embora aqueles e aquelas racializados como brancos

53 *Cf*. WILSON, William Justus. *Power, racism, and privilegie*: race relations in the theoretical and sociohistorical perspectives. Nova York: Macmillan Publishing Co, 1973, pp. 47-70.

continuem obtendo vantagens em diversas áreas da vida social. A experiência comum de subordinação econômica não cria, necessariamente, uma consciência de classe; muitas pessoas brancas ainda fazem escolhas políticas que, aparentemente, beneficiam membros do próprio grupo racial, indivíduos que podem se basear na raça como um meio de ascensão social, possibilidade dificultada a minorias raciais. O requisito de alta qualificação profissional, para o acesso a altos cargos, continua prejudicando minorias raciais, segmentos que não conseguem acumular e transmitir riqueza de uma geração para outra, um problema que não afeta pessoas brancas de classes mais baixas que podem obter os benefícios esperados na formação profissional, embora também enfrentem as barreiras de classe.[54]

Outra manifestação de articulação de ordens raciais é a *aculturação*, termo que indica um processo de aprendizagem cultural, especialmente por aqueles que possuem o *status* de imigrantes. O aprendizado da cultura prevalente implica um processo de perda de referências simbólicas e a introjeção dos valores da cultura dominante como referência central para as pessoas poderem adquirir algum nível de respeitabilidade, o que raramente ocorrerá de forma completa. A aculturação ocorre quando os novos membros da sociedade adquirem formas similares de pensar, sentir e agir ao que sempre existiu na nova realidade social na qual se encontram. Essa aculturação pode assumir uma forma de igualdade de *status* quando tradições culturais de vários grupos se articulam para criar um processo comum de alteração de padrões de dois ou mais grupos. Mas pode ocorrer por meio de competitividade, quando baseada em relações hierárquicas entre grupos raciais, situação na qual os grupos subordinados são obrigados a absorver a cultura do grupo dominante para poderem conseguir ter algum nível de integração social, o que ocorre por meio da perda de suas referências culturais originárias em função da sua representação como inferior. A aceitação de imigrantes depende da

---

54 BERGHE, Pierre L. van den. *Race and racism*: a comparative perspective. Nova York: Willey & Sons, 1978, pp. 29-31.

maneira como eles moldam suas atividades e identidades a partir da cultura prevalente. As chances de eles conseguirem algum nível de inserção social depende, largamente, da absorção dos valores dominantes, uma vez que eles são os parâmetros a partir dos quais eles serão julgados.[55]

O fenômeno da aculturação pode ser seguido de um processo de *assimilação* no qual a cultura dominante procura incorporar traços dos grupos subalternizados de forma a promover a unidade social. De qualquer forma, a proeminência da cultura do grupo racial dominante ainda opera como um valor superior a todas as outras, motivo pelo qual imigrantes ou coletividades anteriormente escravizadas *são frequentemente submetidos a um processo de dupla consciência*, no qual precisam restringir suas identidades culturais ao espaço privado para poderem alcançar maiores níveis de integração ao novo espaço no qual circulam. O processo de assimilação cultural permite o acesso ao gozo gradativo de direitos, o que possibilita a participação em processos políticos, o que pode mudar o *status* dos membros do grupo ao longo tempo, embora continuem enfrentando dificuldades para poderem ter as mesmas formas de *status* que membros do grupo racial dominante possuem. Haveria, depois, um processo de ajustamento entre as várias coletividades, na medida em que as pessoas procuram se comportar de acordo com a cultura que representa a realidade criada pelo contato entre esses grupos, o que seria seguido de um processo de assimilação dos diversos grupos raciais por meio de uma cultura dominante que expressa as identidades de todos eles. A assimilação promove um tipo específico de ordem racial: a homogeneização do corpo social. Ela pode ter uma dimensão cultural por envolver a construção de uma nova ordem que congrega traços de diferentes tradições, o que permite a formação de comportamentos e valores similares; ela pode,

---

55 *Cf.* BANTON, Michael. *Race relations*. Nova York: Basic Books, 1967, pp. 69-71; BERRY, Brewton; TISCHLER, Henry. *Race and ethnic relations*. 4ª ed. Boston: Houghton Mifflin Company, 1978, pp. 257-285.

também, possuir uma dimensão estrutural quando o maior nível de contato social deixa de existir no espaço privado para ocorrer, também, em espaços institucionais nos quais ocorrem processos de deliberação. Embora a aculturação e a assimilação promovam um tipo de unidade cultural entre todos os segmentos raciais, a prevalência de uma ordem cultural de um grupo sobre o outro sustenta distinções de *status* entre eles.[56]

O *pluralismo* é outro modelo de ordenação racial. Estamos, aqui, diante de uma realidade na qual diferentes grupos raciais convivem em uma mesma sociedade, mas não sob uma expectativa uniforme de comportamentos e de culturas, nem sob um regime de diferenciação ou de dominação. Eles podem viver em um mesmo espaço social, embora mantenham contato social restrito; a pressão por integração e assimilação é também menor dentro dessa realidade. Esse modelo pluralista afirma a necessidade de manutenção das identidades culturais, das relações sociais entre pessoas do mesmo grupo racial e a permanência da necessidade de afirmação da identidade cultural. As várias coletividades formam diferentes setores sociais com interesses coletivos distintos, sem uma prevalência cultural de um grupo sobre outro. Pode existir uma cultura dominante, mas não a ponto de obliterar culturas originárias. As relações sociais, dentro dessa realidade, ainda continuam sendo permeadas por preconceitos e estereótipos, mas a pressão, por conformidade com o grupo dominante, é rejeitada e a defesa da autenticidade cultural defendida. Esse modelo pluralista engloba, então, formas de interação entre os indivíduos e modos de operação das instituições. Essa ordem social pode ser entendida, então, a partir da integração: as distinções raciais não são inteiramente eliminadas, mas elas não são utilizadas para determinar as formas de *status* que as pessoas ocuparão na

---

56 BANTON, Michael. *Race relations*. Nova York: Basic Books, 1967, pp. 70/71; MARGER, Martin N. *Race and ethnic relations*: American and global perspectives. Belmont: Wadsworth, 2012, pp. 81-83; NASCIMENTO, Abdias. *O quilombismo*: documentos para uma militância pan-africanista. São Paulo: Perspectiva, 2019, pp. 107-177.

sociedade. Pessoas de diferentes coletividades podem interagir no espaço público, podem estabelecer relações de cooperação dentro dessa esfera, podem manter relações amistosas no espaço privado, ou podem, ainda, se relacionar apenas com pessoas do próprio grupo racial neste âmbito da vida. Igualdade de direitos políticos e sociais pode ser alcançada, o que atribui menor valor ao pertencimento racial para determinar a participação das pessoas nos processos de deliberação. A raça ainda pode beneficiar alguns grupos em relação a outros, mas não determina, necessariamente, o *status* coletivo de todos os membros de um grupo racial ao longo do tempo.[57]

Estamos, aqui, diante de um modelo de relações raciais identificado com o reconhecimento da presença de uma pluralidade de culturas dentro de um mesmo espaço territorial e a necessidade de coexistência entre elas, o que não pode ocorrer a partir de tradicionais ideias da superioridade de uma em relação à outra. O contato entre elas implica uma influência recíproca, cria meios para maiores níveis de entendimento entre os diversos grupos culturais. Mais do que isso, permite que as pessoas possam desenvolver referências identitárias, a partir das expressões culturais de seus grupos, o que se mostra relevante em sociedades que procuram estabelecer uma cultura dominante como referência universal. O fenômeno do *multiculturalismo* surge, então, como uma crítica ao etnocentrismo, à presunção da existência de valores culturais tidos como universais, mas que expressam o interesse na preservação de referências culturais hegemônicas responsáveis pela criação de hierarquias de valores, que devem guiar as relações sociais e políticas em uma dada sociedade. No lugar de uma cultura universal, há uma procura do reconhecimento das diferenças culturais, da importância do diálogo entre culturas, necessário para que a predominância de uma cultura

57 MARGER, Martin N. *Race and ethnic relations*: American and global perspectives. Belmont: Wadsworth, 2012, pp. 91-96; BANTON, Michael. *Race relations*. Nova York: Basic Books, 1967, pp. 72-74.

sobre a outra não continue validando relações hierárquicas de poder nas sociedades contemporâneas.[58]

O estudo das relações raciais comporta ainda análises sobre a dinâmica interna dos grupos que enfrentam processos de subalternização. Ela varia de acomodação a essa situação ao conflito aberto, sendo que os dois processos podem existir ao mesmo tempo, tendo em vista a variação de comportamentos dentro dos grupos raciais subalternizados. Membros desses segmentos sociais utilizam inúmeras estratégias para enfrentar as indignidades cotidianas do racismo. Eles procuram amparo entre os membros da própria coletividade, nas suas tradições culturais e nas suas manifestações religiosas. Embora possam demonstrar resignação em relação à situação na qual se encontram, muitas vezes de forma estratégica, eles procuram criar mecanismos de resistência contra as manifestações cotidianas do racismo, mesmo quando elas não assumem a forma de conflito aberto contra práticas discriminatórias do grupo racial dominante. Muitos procuram criar soluções amistosas, como o esquecimento de processos de opressão responsáveis pela situação de subordinação na qual eles se encontram; vários outros procuram adotar a cultura do grupo dominante, defendem plataformas políticas que contêm medidas que não mencionam o tema da justiça racial, mas voltadas para a promoção da integração de todos os membros da comunidade política. Certos membros desses grupos podem internalizar o racismo e desenvolver repugnância por si mesmos, pela identidade racial e por outras pessoas que pertencem à mesma comunidade. Eles podem procurar estabelecer relações de amizade ou afetivas com pessoas do grupo racial dominante como meio para afirmar sua humanidade ou para ter prole mais próxima do ideal estético dominante. Alguns podem investir na assimilação como meio de integração; enquanto

58 SANTOS, Boaventura de Sousa. *Reconhecer para libertar*: os caminhos do cosmopolitismo multicultural. Rio de Janeiro: Civilização Brasileira, 2003, pp. 26-40.

outros podem defender a distinção cultural como um meio necessário para a manutenção da identidade individual e coletiva.[59]

Assim, as relações entre membros do grupo racial dominante e dos grupos raciais subalternizados podem assumir a forma de questionamento aberto de mecanismos discriminatórios. Esse processo tem início com a articulação política dos que sofrem desvantagens sistêmicas, por meio de lideranças que procuraram desmantelar o sistema de opressão no qual vivem a partir de diversas maneiras. Temos, em primeiro lugar, o surgimento de uma ideologia libertária que questiona a legalidade e a moralidade do sistema de subordinação racial, o que, frequentemente, assume a forma de nacionalismos negros, o que permitirá a conscientização dos membros do grupo em torno de ideais emancipatórios. Um segundo passo desse processo corresponde à luta pela modificação das normas jurídicas que sustentam o regime de dominação racial, momento no qual forças de oposição se mostram significativas. Os passos anteriores dificilmente terão efeito se não houver uma pressão pela modificação das normas culturais que legitimam o processo de subordinação racial, motivo pelo qual grupos subalternizados questionam os estereótipos e as ideologias que sustentam representações culturais de membros de grupos raciais subalternizados como indivíduos que não possuem o mesmo nível de humanidade. A luta contra sistemas de opressão racial pode assumir a forma de conflito aberto, o que inclui protestos

---

59 *Cf.* MARGER, Martin N. *Race and ethnic relations*: American and global perspectives. Belmont: Wadsworth, 2012, pp. 379-402; GORDON, Lewis R. *Fear of black consciousness*. Nova York: Farrar, Straus and Giroux, 2022; MEMMI, Albert. *Retrato do colonizado precedido do retrato do colonizador*. Rio de Janeiro: Civilização Brasileira, 2007; MOURA, Clóvis. *Brasil*: as raízes do protesto negro. São Paulo: Dandara, 2023; FANON, Frantz. *Pele negra, máscaras brancas*. São Paulo: Ubu, 2020; ALTMAN, Neil; TIEMANN, Johanna. "Racism as manic defense". *In*: LEVINE, Michael P.; PATAKI, Tamas (Coord.). *Racism in mind*. Ithaca: Cornell University Press, 2004, pp. 127-142.

públicos contra o racismo, desobediência em massa de normas racistas, insurreições contra a ordem estabelecida.[60]

É importante observar que nenhuma dessas perspectivas expressa a realidade de uma mesma sociedade, em todas as situações ou em todos os momentos históricos. Podemos observar que algumas dessas expressões podem coexistir em diferentes espaços, em diferentes situações, em diferentes momentos e estágios de desenvolvimento social. Assim, expressões de paternalismo podem ocorrer na operação de instituições sociais mesmo em períodos de integração; a defesa da assimilação pode ser defendida em discursos políticos ou em produções midiáticas quando se almeja o pluralismo; o questionamento das hierarquias raciais pode ser uma pauta de partidos políticos ou de organizações estudantis em sociedades reguladas pela aculturação. Uma nova realidade histórica pode promover a mobilização de grupos raciais subalternizados contra formas sistêmicas de opressão; os vários membros de uma ordem racial podem modificar suas formas de interação pessoal na medida em que desenvolvem maior consciência do funcionamento dos processos de subordinação racial. Então, padrões de relações raciais podem variar de um contexto institucional para outro, podem assumir novas formas nas transições históricas, podem mudar nas diferentes situações nas quais membros de grupos raciais distintos interagem.[61]

---

60 *Cf.* ADESKY, Jacques. *Racismos e antirracismos no Brasil*. Rio de Janeiro: Pallas, 2009; KAÇULA, Tadeu. *A imprensa negra na década de 1930*: a Frente Negra e o jornal A Voz da Raça. São Paulo: Liber Arts, 2023; GORDON, Lewis B. *Fear of black consciousness*. Nova York: Farrar, Strauss and Giroux, 2022; FREDRICKSON, George N. *Black liberation*: a comparative history of black ideologies int the United States and South Africa. Oxford: Oxford University Press, 1995.

61 *Cf.* DESMOND, Matthew; EMIRBAYER, Mustafa. *Racial domination, racial progress*: the sociology of race in America. Nova York: McGraw Hill, 2009, pp. 1-49; WILSON, William Justus. *Power, racism, and privilege*: race relations in theoretical and sociohistorical perspectives. Nova York: Macmillan Publishing Co, 1973, pp. 47-70.

Embora esse fato torne a discussão sobre letramento racial ainda mais complexa, ele apresenta referências importantes para entendermos um aspecto importante da operação do racismo na nossa sociedade. Relações raciais são determinadas por fatores culturais, econômicos, políticos, religiosos e históricos. Elas não ocorrem apenas a partir de deliberações individuais, mas obedecem a padrões de interação que expressam a cultura de instituições, os valores culturais dos vários segmentos, os interesses econômicos desses grupos, seus mecanismos de articulação política, suas compreensões de como a sociedade deve ser estruturada. Dessa forma, modelos de relações raciais espelham as particularidades de contextos sociais e históricos específicos, sendo que elas assumirão uma forma ou outra em função da dinâmica das estruturas de poder e da contestação do funcionamento delas. Precisamos, então, levar em consideração o fato de que a análise das relações raciais não pode ser reduzida ao exame de relações interpessoais entre pessoas de diferentes grupos raciais em situações específicas, uma vez que suas várias dimensões ocorrem dentro de contextos que envolvem questões das mais variadas ordens. Não podemos falar sobre relações raciais sem considerar as estruturas sociais nas quais membros de diferentes grupos raciais estão situados, a situação de vantagem ou desvantagem que eles possuem em função da posição deles dentro das hierarquias de poder que ocupam nos diversos setores da vida social.[62]

A sociedade brasileira vive, hoje, uma série de conflitos. Um deles está relacionado com a tensão entre um projeto constitucional

---

62 Um exame do caráter sistêmico do racismo pode ser encontrado em FEAGIN, Joe. *Systemic racism*: a theory of opression. Nova York: Routledge, 2006. Para uma análise do caráter sistêmico do racismo na sociedade brasileira, a partir de um ponto de vista histórico, ver CARNEIRO, Sueli. *Dispositivo da racialidade*: a construção do outro como não ser como fundamento do ser. São Paulo: Zahar, 2022; SANTOS, Ynaê Lopes dos. *Racismo brasileiro*: uma história da formação do país. São Paulo: Todavia, 2022; THEODORO, Mário. *A sociedade desigual*: racismo e branquitude na formação do Brasil. São Paulo: Zahar, 2022.

de transformação social voltado para a emancipação de grupos tradicionalmente discriminados e a persistência de padrões de relações raciais baseadas nas dinâmicas do paternalismo, da assimilação e da competição. Esse projeto constitucional emancipatório pode ser interpretado como produto da mobilização persistente de grupos raciais subalternizados para a transformação dessa realidade em padrão de relações raciais baseadas nos parâmetros do pluralismo e do multiculturalismo. O que estamos chamando de letramento racial designa um processo que assume a forma de transformação das práticas culturais e institucionais responsáveis pela reprodução de mecanismos discriminatórios. Ele representa, de um lado, uma reação de membros de grupos minoritários contra uma ordem social permeada por práticas discriminatórias que reproduzem ordens raciais incompatíveis com os preceitos da ordem democrática. De outro, ele encontra fundamento no compromisso de membros de diferentes grupos raciais com os ideais democráticos que regulam democracias liberais. Ele expressa o entendimento de que as interações entre grupos raciais não podem estar pautadas por uma lógica de subordinação de um grupo em relação a outro, uma realidade incompatível com os princípios que regulam o regime democrático. Relações entre grupos raciais devem observar os vários princípios jurídicos, morais e políticos que sustentam a lógica democrática, motivo pelo qual o letramento racial se mostra importante, uma vez que ele procura apontar os vários mecanismos que impedem a criação de uma ordem social baseada em valores democráticos.[63]

A análise das noções de poder, estratificação, dominação e hierarquização, bem como da dinâmica dos padrões de relações raciais, oferece elementos para entendermos a lógica de uma série

63 *Cf.* GOMES, Nilma Lino. *O movimento negro educador*: saberes construídos nas lutas por emancipação. Petrópolis: Vozes, 2017; BUTLER, Kim D. *Freedoms given, freedoms won*: Afro-Brazilians in post-abolition São Paulo and Salvador. New Brunswick: Rutgers University Press, 2000; MOREIRA, Adilson José. *Pensando como um negro*: ensaio de hermenêutica jurídica. São Paulo: Contracorrente, 2019.

de processos sociais correntes na nossa sociedade. A situação de subordinação da população negra *é produto* de uma longa história marcada pela ação consciente de muitos membros do grupo racial dominante interessados na preservação das relações hierárquicas de poder presentes na nossa sociedade. Essa situação decorre do fato de que a raça opera como um marcador cultural que determina o nível de respeitabilidade social que a pessoa terá ao longo de sua vida. A raça implica preferências por pessoas brancas e desconfiança por pessoas negras, motivo pelo qual as primeiras são sistematicamente beneficiadas por práticas racistas, independentemente da sua anuência com o sistema de discriminação presente na nossa sociedade. A violência institucional, sofrida por pessoas negras nas mais diferentes esferas da vida, expressa a permanência de uma cultura pública baseada na presunção de diferenças raciais naturais entre grupos humanos, o que reproduz a situação de subalternidade dessas pessoas ao longo da história. A oposição a medidas reparatórias encontra fundamento em uma herança cultural que encontra fundamento na noção de subordinação, na ideia de que as hierarquias sociais não podem ser questionadas, de que membros de grupos raciais subalternizados não podem fazer parte dos processos deliberativos. Isso explica, por exemplo, as agressões sofridas por pessoas negras, que ocupam cargos políticos: estes agressores reagem a superação de uma lógica senhorial em função da qual brancos devem, necessariamente, ocupar espaços proeminentes para que as hierarquias sejam preservadas. Fenômenos como o encarceramento em massa da população negra demonstram como estereótipos racistas prejudicam membros desse grupo: são vítimas de falsas acusações por policiais, são acusados de crimes apenas por morarem em áreas periféricas, são desproporcionalmente afetados por normas que, embora não mencionem a raça, prejudicam pessoas negras, uma vez que são alvos preferenciais de práticas policiais discriminatórias.[64]

---

64 *Cf.* BORGES, Juliana. *Encarceramento em massa*. São Paulo: Jandaíra, 2018; FLAUZINA, Ana Luiza Pinheiro. *Corpo negro caído no chão*. São Paulo: Contraponto, 2008; PINTO, Fabiana; DECOTHÉ, Marcelle;

1.2 Relações raciais no Brasil: a mitologia da democracia racial

Um importante tema do estudo das relações raciais está relacionado aos aspectos epistemológicos que regulam essas análises. Um conceito especialmente relevante é a noção de *epistemologia da ignorância*, termo que expressa o fato de que a produção do conhecimento da realidade está amplamente relacionada com a posição que um indivíduo ocupa dentro das hierarquias sociais. Isso significa que estudos sobre relações raciais espelham, em grande parte, as ideologias que certos grupos sociais elaboram para defender o *status* social que eles ocupam. Por esse motivo, muitas pessoas brancas não são capazes de analisar, adequadamente, a realidade social que elas criaram, porque são socializadas a partir de narrativas que procuram legitimar relações de dominação. Muitas delas ativamente negam a existência de quaisquer conexões entre o *status* racial privilegiado de pessoas brancas e o *status* social subordinado de outros grupos raciais, o que está presente na argumentação do defensor público, mencionada no início deste capítulo. Somos ensinados a perceber a realidade de forma equivocada para reproduzirmos discursos sociais que negam a responsabilidade de práticas discriminatórias na produção de desvantagens sociais sistêmicas. A academia tem desempenhado um papel central na produção de discursos que pregam a transcendência racial em uma sociedade na qual a raça determina quase todos os aspectos da vida dos indivíduos. Essa epistemologia da ignorância faz com que pessoas brancas olhem para a realidade a partir de perspectivas que foram criadas por acadêmicos brancos e que se tornaram parâmetros a partir dos quais as pessoas são socializadas. Essas narrativas raciais organizam o olhar para o mundo de forma que conexões entre aspectos históricos, econômicos, políticos e jurídicos sejam invisibilizadas; elas fazem com que as relações históricas e morais sejam vistas a partir de uma ótica que impede o

---

COSTA, Luna. *A violência política contra as mulheres negras*. Rio de Janeiro: Instituto Marielle Franco, 2020.

reconhecimento de qualquer tipo de responsabilidade pelos dados da realidade social, mesmo porque eles são articulados de tal forma que a própria existência dele não seja conhecida.[65]

O estudo sobre relações raciais tem sido desenvolvido a partir de alguns pressupostos responsáveis pela formação dessa epistemologia da ignorância. Observamos que a evasão é uma de suas características centrais, pois estamos diante de um tema que acadêmicos procuram ignorar, classificar como irrelevante para a compreensão da dinâmica social ou criar cânones que se tornam os parâmetros a partir dos quais as pessoas interpretam esse tema. Assim, mesmo quando esse tópico é abordado, ele segue uma lógica baseada na neutralidade política de forma a impedir mobilização em torno desse tema. Muitos autores também procuram criar recursos retóricos para encobrir formas como discursos sociais encobrem práticas discriminatórias e suas consequências. Um exemplo desse processo é a identificação de disparidades raciais como disparidades de classe, o que pode ser visto como um exemplo do processo por meio do qual acadêmicos brancos, tradicionalmente, criam mecanismos para impedir o reconhecimento da discriminação racial como um tema que merece atenção institucional. Esse discurso social que procura invisibilizar os meios a partir dos quais práticas institucionais são encobertas também estabelece uma forma específica de comparação: as relações raciais devem sempre ser pensadas a partir da noção do progresso em relação a períodos históricos anteriores. No lugar do questionamento das formas como disparidades raciais operam no momento presente, acadêmicos sempre afirmam que a situação presente demonstra um avanço nas condições de existência decorrentes de avanços na moralidade pública sobre a questão racial. É importante observar que esse discurso também se torna responsável pelo desenvolvimento de uma cultura pública, que procura inverter a realidade social, eximindo pessoas brancas de qualquer tipo de responsabilidade social. Negros se tornam, então, responsáveis pela

65 MILLS, Charles. *O contrato racial*. São Paulo: Zahar, 2023, pp. 41-79.

situação na qual se encontram, motivo pelo qual a inserção social não deve ser responsabilidade social. Além desses processos, observamos, ainda, a persistente tentativa de analisar práticas racistas fora do contexto social e histórico social, no qual ocorre de forma que a discussão sobre ela não permita o reconhecimento de seu caráter estrutural e intergeracional. Essa estratégia discursiva é acompanhada de uma análise reducionista do racismo que o identifica como meras predisposições individuais; as pessoas racistas são tratadas como vilãs, mas elas são sempre individualizadas. O sistema que produz esses comportamentos nunca é objeto de análise. Dentro dessa narrativa racial, grupos raciais subalternizados devem ser o objeto de estudo das relações raciais e não os membros do grupo racial dominante.[66]

O debate sobre letramento racial decorre da necessidade de as pessoas terem conhecimento das formas a partir das quais diversas práticas sociais promovem e reproduzem hierarquias entre grupos raciais nas sociedades contemporâneas. Uma proposta dessa natureza parte do pressuposto de que interpretações tradicionais de hierarquias raciais não oferecem elementos necessários para o conhecimento da realidade ou encobrem a operação de mecanismos discriminatórios. Elas pressupõem uma ausência de conhecimento ou um conhecimento deturpado desse aspecto da realidade, duas manifestações de um mesmo problema, que tem consequências significativas para aqueles que sofrem desvantagens sociais sistemáticas decorrentes do racismo. O letramento racial se mostra relevante exatamente porque os parâmetros a partir dos quais as pessoas interpretam a realidade, determinam também a percepção da necessidade de ações sociais para a solução dos problemas decorrentes de disparidades raciais. Membros das elites intelectuais brancas brasileiras desenvolveram, ao longo do tempo, uma ideologia bastante particular para interpretar

---

66 STEINBERG, Stephen. *Race relations*: a critique. Stanford: Stanford University Press, 2007, pp. 41-67; MOREIRA, Adilson José. *Pensando como um negro*: ensaio de hermenêutica jurídica. São Paulo: Contracorrente, 2019, pp. 83-109.

as relações raciais na nossa sociedade: *a narrativa da democracia racial*. Apesar de toda a contestação social, ela ainda exerce imensa influência na forma como grande parte da população brasileira, especialmente a população branca, interpreta as relações raciais na nossa sociedade. Essa narrativa cultural tem uma natureza estratégica, porque representa a imposição à toda sociedade, uma compreensão da nossa dinâmica social, processo responsável pelo apagamento ou desqualificação de quaisquer outros discursos que contrastam com essa forma de compreensão de como brancos e negros se relacionam. Os que questionam a validade desse discurso são vistos como pessoas perigosas, suas teses sobre a realidade brasileira são questionadas, quando não enfrentam retaliação sistemática pelo questionamento da narrativa da cordialidade racial.[67]

A ideologia da democracia racial tem alguns aspectos que precisam ser detalhadamente analisados para que possamos compreender os motivos pelos quais ela tem sido diagnosticada como um discurso que procura encobrir os modos de operação de hierarquias raciais. Um primeiro esclarecimento se mostra necessário: a mitologia da democracia racial não é apenas uma descrição das relações raciais na sociedade brasileira. Mais do que isso, ela incorpora uma forma específica de operação das instituições sociais, ela pressupõe uma moralidade pública que opera a partir de determinadas características, ela está construída sobre representações sociais sobre raça e racismo, ela pressupõe correlações próximas entre raça e nação. Assim, a narrativa da democracia racial compreende uma dimensão política, uma dimensão social, uma dimensão institucional e uma dimensão cultural, sendo que elas são a base para a construção do liberalismo racial brasileiro. É importante, então, que analisemos os

---

67 Para uma análise das origens históricas dessa narrativa racial ver sobretudo NASCIMENTO, Abdias. *O genocídio do negro brasileiro*: processo de um racismo mascarado. São Paulo: Perspectiva, 2016; AZEVEDO, Thales. *Democracia racial*. Petrópolis: Vozes, 1975; HASENBALG, Carlos. *Discriminação e desigualdades raciais no Brasil*. Belo Horizonte: Editora da UFMG, 2005, pp. 233-273.

vários aspectos dessa ideologia que determina os modos a partir dos quais as pessoas interpretam as relações raciais na nossa sociedade. Esse exame será relevante para que, depois, possamos determinar os sentidos e propósitos do que chamaremos, nesta obra, de letramento racial, proposição cujo desenvolvimento depende de uma compreensão da lógica das relações raciais na nossa sociedade, ao longo das últimas oito ou nove décadas.

O liberalismo racial brasileiro tem uma característica principal: a negação da relevância da raça como um fator de diferenciação social no nosso país, motivo pelo qual ela pode ser designada com um padrão de relações raciais baseadas na lógica da assimilação. A ideia de que a miscigenação racial opera como um fator de redução e eliminação de conflitos entre negros e brancos é a premissa central desse discurso cultural. Dentro dessa narrativa cultural, a miscigenação surge como evidência da transcendência da questão racial na nossa sociedade; transcendência que teria permitido a criação de uma moralidade pública baseada na existência de relações cordiais entre grupos raciais. Se a raça não possui importância no espaço privado, ela também não se mostra relevante no espaço público. A superação da questão racial demonstra, então, que a sociedade brasileira criou condições ideais para a operação de princípios básicos do liberalismo, notoriamente a noção de que todas as pessoas estão igualmente situadas, motivo pelo qual devem ser tratadas da mesma forma, um dos pressupostos da argumentação desenvolvida pelo defensor Jovino. Essa suposta transcendência da questão racial, na sociedade brasileira, demonstra a superioridade moral dos brasileiros em relação a outros povos que institucionalizaram sistemas de dominação racial. A raça não opera como um fator de diferenciação social entre os brasileiros, porque eles não a utilizam como critério para a formação da identidade individual. Pelo contrário, eles se reconhecem como pessoas miscigenadas, independentemente da aparência fenotípica que possam ter. Ao contrário de outras sociedades nas quais a raça opera como fator primordial de identificação individual, a miscigenação é o elemento que opera como parâmetro identificatório para os brasileiros. A representação de uma identidade nacional miscigenada opera, então, como um parâmetro para a construção de referenciais identificatórios individuais e coletivos, tese que nos permite classificar essa narrativa racial como expressão de uma ideologia social que celebra o assimilacionismo como princípios de relações raciais.[68]

A representação da nossa nação como uma democracia racial implica uma glorificação da miscigenação não apenas como um fato biológico, mas como um processo cultural de relevância muito significativa. De acordo com essa premissa, a raça não figura como referência para a articulação identitária coletiva de nenhum grupo social brasileiro. Por esse motivo, a negritude ou a branquitude deixam de ser parâmetros para a autocompreensão das pessoas, porque o hibridismo passa a ser a referência para esse processo. A miscigenação, enquanto processo biológico, fundamenta o hibridismo como expressão cultural. O suposto reconhecimento de contribuições de diferentes grupos raciais torna as manifestações culturais deles como um repertório cultural comum, o que permite a criação de uma esfera pública baseada na transcendência racial. Oposições entre grupos raciais que possuem identidades distintas são superadas pela construção de uma cultura que é produto do encontro de diferentes tradições que, ao se encontrarem, ofereceram as bases para a construção de uma moralidade pública construída a partir da celebração da relevância social de todos os grupos raciais presentes na sociedade brasileira.[69]

---

68 *Cf.* MOYA, Thais Santos; SILVÉRIO, Valter Roberto. "Ação afirmativa e raça no Brasil contemporâneo: um debate sobre a definição simbólica da nação". *Sociedade e Cultura*, vol. 12, nº 2, 2009, pp. 235-250; EAKIN, Marshall. *Becoming Brazilians*: Race and national identity in twentieth-centrury Brazil. Cambridge: Cambridge University Press, 2017, pp. 43-97; FRY, Peter. "Politics, nationality, and the meanings of 'race' in Brazil". *Daedalus*, vol. 129, nº 2, 2000, pp. 83-118.

69 Ver sobretudo FREIRE, Gilberto Freyre. *Casa grande e senzala*. São Paulo: Global Editora, 2006; HOFBAUER, Andreas. *História de*

A representação da nossa nação como uma democracia racial também está baseada sobre a pressuposição de que disparidades entre negros e brancos não são produto de práticas discriminatórias, mas sim de disparidades de classe. Seus defensores e propagadores argumentam que as diferenças de *status* entre grupos raciais não podem ser atribuídas ao racismo porque esse tipo de prática não existe na nossa nação, uma vez que o racismo, segundo eles, consiste em um sistema oficial de tratamento desigual entre grupos raciais. Por serem produto de disparidades de classe, a existência de possíveis animosidades contra negros são sempre explicadas a partir da associação entre raça e classe; pessoas negras são discriminadas porque são pobres, não por causa da raça. Esse conceito aparece, dentro dessa narrativa, como um elemento que designa a classe social dos indivíduos, motivo pelo qual acusações de racismo não possuem fundamento na sociedade brasileira. Os defensores dessa ideologia sempre mencionam a ascensão social de pessoas negras como evidência da irrelevância da raça na nossa sociedade; assim, o sucesso profissional de uma pessoa negra significa que nenhuma delas enfrenta obstáculos para ascender socialmente em função da raça. Mas a ideologia da democracia racial também está construída sobre premissas do paternalismo, porque estabelece uma etiqueta social em função da qual negros não questionam o sistema de dominação racial, eles são obrigados a adotarem uma ética baseada em uma suposta cordialidade racial, construída em torno da noção de que brancos são naturalmente destinados a exercer funções de comando e negros devem exercer funções subordinadas. Entretanto, essa lógica permanece encoberta sobre a noção de que disparidades de classe explicam todas as diferenças entre negros e brancos. O clientelismo e patrimonialismo, característicos das relações sociais

---

branqueamento ou o negro em questão. São Paulo: FAPESP, 2009. Para uma análise da dimensão ideológica da narrativa da democracia racial ver SALES JÚNIOR, Ronaldo Laurentino. *Raça e justiça*: o mito da democracia racial e o racismo institucional no fluxo de justiça. Recife: Editora Massangana, 2009.

no Brasil, também contribuem para que a norma da cordialidade encubra padrões de dependência entre grupos raciais ao longo do tempo. Quaisquer pessoas que desafiem essa ordem são vistas como perigosas e são socialmente desacreditadas.[70]

O debate recente sobre a constitucionalidade de medidas redistributivas que procuram promover maiores níveis de integração social de grupos raciais subalternizados na nossa sociedade demonstra a persistência de sua influência no debate público. Opositores dessas medidas recorrem às premissas acima mencionadas para criticar essas medidas por meio da classificação delas como uma ameaça à ordem social brasileira. Embora seja hoje uma posição minoritária, a leitura de muitas decisões judiciais que declararam a ilegalidade de ações afirmativas demonstra que membros do sistema judiciário brasileiro, instituição composta quase exclusivamente por pessoas brancas de classes abastadas, recorrem ao liberalismo racial para justificar suas decisões. Eles argumentam que a raça não pode ser utilizada como um critério de diferenciação entre as pessoas, porque ela não possui relevância na nossa sociedade; eles afirmam que disparidades entre negros e brancos são produto de disparidades econômicas; eles criticam essas medidas porque elas, supostamente, promovem a racialização de uma sociedade que transcendeu a questão racial. Segundo eles, a miscigenação mostra a irrelevância da raça na nossa sociedade, motivo pelo qual negros e brancos devem ser considerados como pessoas que estão igualmente situadas. Se elas estão igualdade situadas, medidas governamentais, baseadas na raça como critério de diferenciação social, são inconstitucionais. Mais do que isso, segundo seus opositores, ela introduz um problema

---

70 SALES JÚNIOR, Ronaldo Laurentino. *Raça e justiça*: o mito da democracia racial e o racismo institucional no fluxo de justiça. Recife: Editora Massangana, 2009, pp. 50-55; GUIMARÃES, Antônio Sérgio Alfredo. *Modernidades negras*: a formação racial brasileira, 1930-1970. São Paulo: Editora 34, 2021, pp. 91-133.

especialmente grave no Brasil: elas ensinam as pessoas a utilizarem a raça para classificar umas às outras.[71]

Como tem sido amplamente argumentado, o liberalismo racial brasileiro opera como um parâmetro de leitura das relações raciais na nossa sociedade. Essa realidade se mostra problemática por uma série de motivos. Primeiro, essa ideologia envolve padrões de pensamento, discurso e comportamentos que procuram impedir a mobilização política em torno da questão racial nas diferentes esferas da vida social, seja no plano político, no mundo acadêmico, na esfera jurídica ou nas produções culturais. Segundo, essa narrativa legitima uma realidade social baseada em dois processos que operam de forma concomitante: a defesa da insignificância da raça na sociedade brasileira e a existência de estruturas de poder que possuem uma natureza inteiramente racializada. Terceiro, essa ideologia racial pode ser classificada como uma manifestação racista, porque ela se apresenta como uma negação da relevância do racismo em uma das sociedades mais racialmente desiguais do mundo. A negação do racismo possui, então, uma natureza inteiramente estratégica, porque ela coexiste com o caráter sistêmico e estrutural desse problema na sociedade brasileira. Quarto, esse discurso propaga falsas compreensões da dinâmica racial por meio da defesa da assimilação e da miscigenação como exemplos de transcendência racial, sem dar conta da forma como a identidade racial branca opera como uma norma cultural e organizacional na nossa nação. Quinto, a falsa representação da nossa sociedade como uma democracia racial é, continuamente, utilizada como uma estratégia de poder para impedir a mobilização em torno da criação de práticas antirracistas, da celebração de identidades raciais específicas, contra a necessidade de implementação de práticas distributivas. Sexto, essa prática discursiva

---

71 *Cf.* MOREIRA, Adilson José. "Direito, poder, ideologia: discurso jurídico como narrativa racial". *Direito e Práxis*, vol. 8, nº 2, 2017, pp. 830-868; FRY, Peter *et al.* (Coord.). *Divisões perigosas*. Rio de Janeiro: Civilização Brasileira, 2007.

serve para invisibilizar a forma como o pertencimento racial designa desvantagens permanentes para alguns e vantagens sistemáticas para outros. Quaisquer críticas à operação desse sistema hierárquico são imediatamente classificadas como uma violação de uma suposta moralidade pública construída em torno da igualdade de tratamento entre grupos raciais, motivo pelo qual seus propositores devem ser desqualificados.[72]

Instituições governamentais têm recorrido à essa narrativa cultural para pautar o debate sobre relações raciais na nossa sociedade. A defesa da assimilação, como lógica das relações raciais, esteve no centro do discurso oficial do regime militar, sendo que essa institucionalização permitiu a construção de uma narrativa que, ainda hoje, influencia o processo de socialização de brasileiros e brasileiras até o presente momento. A oficialização desse discurso opera ao lado do paternalismo, tipo de relações raciais que procura preservar não apenas as relações hierárquicas, mas também uma forma de sociabilidade na qual membros dos grupos raciais subalternizados, além de estarem sob a vigilância completa dos que pertencem ao grupo racial dominante, não questionam o funcionamento da realidade. Mas a liberalização política causou um abandono progressivo e intenso desse tipo de inteligibilidade de relações raciais entre negros e brancos em nossa sociedade Um novo padrão de interações raciais procura se impor em função de alguns fatores: a rearticulação dos movimentos sociais, a valorização da cultura negra, o questionamento das bases ideológicas da narrativa racial vigente. Hoje, vivemos em um momento no qual se procura implementar um padrão de interações raciais de caráter multicultural, realidade na qual não

---

72 *Cf.* PAULA, Marilene de; HERINGER, Rosana. *Caminhos convergentes*: Estado e sociedade na superação das desigualdades raciais no Brasil. Rio de Janeiro: Action Aid, 2009; CARVALHO, José Jorge de. *Inclusão étnica e racial no Brasil*: a questão das cotas no ensino superior. São Paulo: Attar Editorial, 2006; MOREIRA, Adilson José. *Pensando como um negro*: ensaio de hermenêutica jurídica. São Paulo: Contracorrente, 2019, pp. 195-213.

há presunções sobre superioridade de uma cultura sobre a outra, na qual não se procura a assimilação como garantia de inserção, na qual se luta pela representatividade nos diferentes espaços sociais.

Diversos estudos, realizados ao longo das últimas cinco décadas, apontam os diversos problemas dessa narrativa racial, especialmente como ela tem sido utilizada, de forma estratégica, para encobrir os padrões efetivos que governam as relações raciais na sociedade brasileira. O primeiro campo de críticas é dirigido à glorificação da miscigenação como evidência da superação da relação da raça no espaço público e no espaço privado. Esse processo deve ser atribuído à violência sexual sistemática praticada por homens brancos contra mulheres negras, sendo que esse problema, também, afetou homens negros durante o tempo da escravização.[73] Trabalhos acadêmicos também demonstram que a raça é o fato determinante para a subordinação econômica da população negra, uma vez que disparidades de renda estão presentes em todas as classes sociais entre pessoas negras e brancas de todas os níveis de escolaridade.[74] Como apontado anteriormente, temos um dos maiores níveis de violência racial em todo o mundo, outra evidência da completa ausência de correspondência da noção de cordialidade racial na nossa sociedade.[75] Problemas como o racismo religioso também demonstram que a rejeição da cultura negra, a negritude, continua sendo fortemente estigmatizada em uma sociedade na qual quase todas as produções

---

73 *Cf.* AIDOO, Lamonte. *Slavery unseen*: sex, power, and violence in Brazilian history. Durham: Duke University Press, 2018; TREVISAN, João Silvério. *Devassos no paraíso*: a homossexualidade no Brasil, da colônia à atualidade. 4ª ed. Rio de Janeiro: Objetiva, 2018.

74 *Cf.* TELLES, Edward. *Racismo à brasileira*: uma nova perspectiva sociológica. Rio de Janeiro: Relume-Dumará, 2003; HASENBALG, Carlos. *Discriminação e desigualdades raciais no Brasil*. Belo Horizonte: Editora da UFMG, 2005.

75 *Cf.* NOGUEIRA, Sidnei. *Intolerância religiosa*. São Paulo: Jandaíra, 2020; SILVA, Denis Ferreira da. "Facts of blackness: Brazil is not quite the United States... and racial politics in Brazil". *Social Identities*, vol. 4, nº 2, 1998, pp. 201-234.

culturais celebram o arianismo como padrão de aparência. Diversos estudos surgidos ao longo das últimas décadas apontam os privilégios associados ao fato de ser branco e como pessoas brancas se articulam para poderem criar e preservar vantagens competitivas em relação a membros de outros grupos raciais.[76] Os níveis de segregação racial, nas nossas grandes sociedades, são também evidentes, outro exemplo de como a narrativa da democracia racial não têm correspondência com nossa realidade social.[77]

As análises elaboradas neste capítulo demonstraram que a interpretação de normas constitucionais, que o debate sobre a legalidade de medidas protetivas, que discussões sobre a relevância social da raça não podem ser reduzidas a considerações sobre o *status* jurídico entre membros dos diferentes grupos raciais. As teses, utilizadas na ação civil pública mencionada, são um exemplo de uma narrativa baseada na negação e na evasão, estratégias amplamente utilizadas por membros do grupo racial dominante para preservar hierarquias de poder. Esse tipo de discurso procura encobrir os propósitos emancipatórios do nosso texto constitucional, um documento legal construído em torno do princípio da solidariedade cívica, e em torno da necessidade de cooperação coletiva para a realização dos propósitos políticos do nosso sistema jurídico. Nosso texto constitucional estabelece um compromisso com a eliminação de práticas discriminatórias que impedem a inclusão de grupos tradicionalmente discriminados, objetivo cujo alcance depende de medidas que podem ser implementadas por diversos atores sociais, inclusive por agentes

---

76 *Cf.* BENTO, Cida. *O pacto narcísico da branquitude*. São Paulo: Companhia das Letras, 2020; MOREIRA, Adilson José. *Pensando como um negro*: ensaio de hermenêutica jurídica. São Paulo: Contracorrente, 2019, pp. 109-119; SCHUCMAN, Lia Vainer. *Entre o encardido, o branco e o branquíssimo*: branquitude, hierarquia e poder na cidade de São Paulo. São Paulo: Annablume, 2014.

77 *Cf.* CARRIL, Lourdes. *Quilombo, favela e periferia*: a longa busca da cidadania. São Paulo: Annablume, 2006; BERTH, Joice. *Se a cidade fosse nossa*. Rio de Janeiro: Paz & Terra, 2023.

privados. Os direitos fundamentais não estabelecem objetivos apenas para atores públicos, eles também instituem propósitos para agentes privados, entre eles o engajamento na construção de uma sociedade justa. Portanto, agentes públicos e privados precisam estar cientes dos diversos fatores sociais responsáveis pela reprodução de mecanismos discriminatórios, fatores que estão baseados em ideologias sociais que se consolidam ao longo do tempo, ideologias que são produto da lógica das relações raciais que se estabelecem ao longo do tempo. É importante conhecer esses padrões de pensamento, porque eles determinam atitudes individuais e coletivas em uma pluralidade de situações; eles são exatamente os fatores que precisamos desconstruir em um processo do que chamamos de letramento racial. Interpretar normas constitucionais sem referência a esses processos sociais é apenas mais uma estratégia utilizada por membros do grupo racial dominante para impedir o avanço da justiça racial na nossa sociedade. Esse processo não pode ocorrer sem a consideração do contexto sociológico ao qual elas se dirigem e esse contexto não pode ser uma representação ideológica que não possui correspondência com a realidade.

CAPÍTULO II

LETRAMENTO RACIAL: DEFINIÇÕES E PROPÓSITOS

O que estamos chamando de letramento racial, neste trabalho, decorre da necessidade de combatermos a influência nociva do discurso da transcendência racial no nosso processo de socialização. Isso se mostra necessário porque o racismo constitui um obstáculo significativo ao alcance da justiça em quaisquer democracias, especialmente naquelas que elaboraram ideologias sociais que negam a relevância dessa prática. Não há possibilidade de construção de uma sociedade racialmente justa sem o reconhecimento da existência desse problema e sem o conhecimento das suas formas de operação. Por esse motivo, o letramento racial precisa ser visto como um ponto de partida para a construção de um consenso social sobre a necessidade de superação de práticas discriminatórias contra grupos raciais subalternizados, o que depende da compreensão e do comprometimento com a eliminação dessas formas arbitrárias de tratamento diferenciado. Embora o racismo seja um sistema de dominação social cuja superação depende de transformações estruturais na nossa sociedade, a construção de um aparato teórico, que permite a transformação cognitiva de diversos atores sociais, é algo necessário para que esse propósito seja alcançado. Passaremos, então, a definir o conceito e a discutir seus pressupostos centrais.

O que estamos chamando de *letramento racial* tem sido definido como um tipo de perspectiva analítica que permite a compreensão das dinâmicas sociais articuladas em torno das relações entre raça e poder. O entendimento adequado desse processo requer a análise da raça como um tipo de construção social por meio da qual grupos dominantes conseguem instituir relações hierárquicas que produzem benefícios sistemáticos para eles, especialmente a partir da imposição de desvantagens permanentes a outros grupos raciais. O conceito de letramento racial trabalha com a noção de racialização, termo que designa os meios a partir dos quais significados sociais são atribuídos a traços fenotípicos para designar a posição que grupos humanos ocuparão dentro das hierarquias sociais em função do pertencimento racial. É importante compreender, então, que a raça opera como um mecanismo de governança social, como um critério que estabelecerá o funcionamento de instituições sociais e dos sistemas nos quais estas instituições sociais estão baseadas. Nesse sentido, o racismo deve ser visto como um sistema de organização social baseado na diferenciação de funções e atribuições baseado no pertencimento racial. Ele opera como um meio de distribuição de poder dentro das sociedades humanas. Dessa forma, o letramento racial designa um tipo de gramática que permite a decodificação da operação desse sistema de dominação social para que as pessoas possam encontrar os meios para seu combate.[78]

A noção de letramento racial se afasta da leitura da raça como uma mera categoria biológica, um dos pontos centrais do liberalismo racial brasileiro. O conhecimento da dinâmica das relações raciais requer a classificação da raça como um parâmetro para a

---

78 *Cf.* MARTINOT, Steve. *The rule of racialization*: Class, identity, governance. Philadelphia: Temple University Press, 2003; SKIDMORE, Thomas. *Black into white*: race and nationality in Brazilian thought. Durham: Duke University Press, 1993.

compreensão dos meios a partir dos quais ela influencia os processos de socialização, a estruturação psicológica dos indivíduos, a operação das diversas instituições sociais e a formação da cultura pública. O letramento racial procura elucidar os mecanismos sociais utilizados para que diferenciações raciais possam ser absorvidas como parâmetros legítimos para a distribuição de oportunidades materiais e para a atribuição de respeitabilidade social. Por ser um tipo de gramática social voltada para a compreensão de processos sociais complexos, o letramento racial considera, também, as relações próximas entre racismo e outros sistemas de dominação. Interessa, então, entender como raça e classe se relacionam para promover a marginalização econômica de pessoas negras; é importante compreender os meios a partir dos quais raça e gênero se interconectam, para produzir a vulnerabilidade de mulheres negras, assim como a análise entre raça e sexualidade se mostra necessária para entendermos como padrões de relações raciais também afetam o *status* de minorias sexuais. Se o liberalismo racial classifica a raça como uma categoria desprovida de relevância social, os que procuram promover o letramento racial procuram conscientizar as pessoas da centralidade dela como um critério de organização do poder social nas sociedades contemporâneas.[79]

O letramento racial não se resume a um tipo de conhecimento intelectual de certos aspectos da dinâmica social; ele pressupõe diversas formas de engajamento social necessárias para o combate dos mecanismos que procuram concentrar formas de poder nas mãos dos membros do grupo racial dominante. Assim, o letramento racial conduz a um tipo de moralidade pública que reforça o comprometimento com preceitos centrais do regime democrático, notoriamente com a construção de uma cultura pública baseada no reconhecimento da igualdade moral entre todos os membros da

---

79 *Cf.* MOREIRA, Adilson José. "Direito, poder, ideologia: discurso jurídico como narrativa cultural". *Direito & Práxis*, vol. 8, nº 2, 2017, pp. 831-867; BROWN, Keffrelyn D. "Why we can't wait: advancing racial literacy and a critical sociocultural knowledge of race for teaching and curriculum". *Race, Gender & Class*, vol. 24, nº 1-2, 2017, pp. 81-96.

comunidade política. Dessa forma, a noção de letramento racial é um método de natureza dinâmica no qual a raça opera como um parâmetro para o conhecimento e diagnóstico das dinâmicas específicas das relações de poder entre grupos raciais em uma determinada sociedade. A construção de uma democracia solidária pode ser vista como o objetivo central desse processo: saber identificar os mecanismos que promovem disparidades raciais permite, também, a formação de ações individuais e coletivas capazes de promover a inclusão de grupos sociais vulneráveis. Dessa forma, o letramento racial guarda relações próximas com a noção de solidariedade cívica, porque ele possui também uma dimensão propositiva, ele também está centrado na necessidade de formação de um tipo de moralidade pública baseada no reconhecimento da igualdade moral entre todas os grupos raciais.[80]

O conceito de letramento racial afirma a relevância do conhecimento sociocultural como um mecanismo central para uma compreensão adequada da realidade. Ele pressupõe uma postura crítica em relação a discursos tradicionais de explicação da realidade social que procuram mascarar a dinâmica das relações de poder. O letramento racial produz conflito emocional e conflitos cognitivos, porque ele cria os meios para as pessoas perceberem a forma como práticas discriminatórias operam de forma persistente dentro de sociedade que afirma o comprometimento com valores democráticos, como a igualdade e a meritocracia. Apesar desses problemas, esse tipo de conhecimento se mostra relevante em função do potencial de promover transformações pessoais que podem provocar mudanças coletivas. Essa conscientização tem o potencial de permitir ações mais efetivas para a inclusão social de grupos raciais subalternizados, uma vez que opera como algo que procura promover transformações de

---

80 *Cf*. CARDOSO, Alenilton da Silva. *Princípio da solidariedade*: o paradigma ético do Direito Contemporâneo. São Paulo: Juarez de Oliveira, 2010, pp. 128-135; BRUNKHORST, Hauke. *Solidarity*: from civic friendship to a global legal community. Cambridge: MIT Press, 2005.

padrões de pensamento e de comportamentos coletivos que contribuem para a perpetuação de hierarquias raciais por não reconhecerem que certas ações contribuem para a reprodução de desvantagens raciais.[81]

Falar sobre letramento racial significa reconhecer o aspecto procedimental e substantivo do racismo como mecanismo de dominação social. Uma compreensão adequada das disparidades raciais na nossa sociedade exige que entendamos como normas institucionais reproduzem, de forma direta ou indireta, desvantagens sistêmicas para grupos raciais subalternizados, mesmo quando esse não é o objetivo direto delas, tema que será abordado nos próximos capítulos. O letramento racial também permite que entendamos as particularidades dos diferentes projetos de dominação racial, criados ao longo de nossa história e como muitos de seus pressupostos ainda influenciam ações de agentes públicos e privados. Esse termo pode ser entendido, então, como um tipo de gramática social porque abre espaço para as pessoas poderem compreender os elementos do conteúdo de discursos ideológicos que reproduzem ou encobrem o racismo no seu aspecto procedimental ou substantivo, significa ter conhecimento de um aparato teórico que seja capaz de apontar as consequências da circulação de estereótipos raciais, bem como os motivos porque eles representam falsas generalizações sobre membros de determinados grupos sociais. Assim, ser racialmente letrado também significa ter ciência dos procedimentos adotados por membros do grupo racial hegemônico para reproduzir os mecanismos institucionais responsáveis pelas hierarquias sociais presentes na nossa sociedade. Ser racialmente letrado também permite a identificação dos modos como membros de minorias raciais também reproduzem esses mesmos mecanismos institucionais e culturais. Esse conhecimento

---

81 Cf. KENDI, Ibram X. *How to be an antiracist*. Nova York: One World, 2019, pp. 24-35; COLE, Kirsten; VERWAYNE, Diandra. "Becoming upended. Teaching and learning about race and racism with young children and their families". *Young Children*, vol. 73, nº 2, 2018, pp. 34-43.

se mostra necessário para que as pessoas saibam como esse sistema de dominação é reproduzido nas interações interpessoais e no plano institucional, além da sua reprodução nas imagens culturais sobre membros de grupos raciais subalternizados.[82]

Esse exercício de análise dos mecanismos se mostra relevante para que os indivíduos possam ter meios para entender os processos que impedem a construção de uma sociedade racialmente justa no nosso país. Uma sociedade que opera dessa maneira oferece os meios para que as pessoas possam ter os recursos para poderem desenvolver as capacidades necessárias para operarem como agentes nas diferentes esferas da vida. O racismo deve ser pensado, então, como um problema de natureza *política*, porque compromete a operação das instituições sociais, instituições que têm o dever constitucional de construir uma realidade social baseada na promessa de garantia de liberdade e compromisso com a justiça. O racismo impede a construção da solidariedade cívica entre as pessoas, cria obstáculos para a sedimentação de uma democracia participativa, promove a pobreza de grupos raciais subalternizados, fatores responsáveis por altos níveis de insegurança social para todos os indivíduos. A criação de uma ordem verdadeiramente democrática requer a compreensão dos meios a partir dos quais a integração racial impede a construção de uma verdadeira democracia na nossa sociedade, uma democracia que precisa eliminar relações hierárquicas cujos resultados se propagam ao longo do tempo, criando desigualdades duráveis entre grupos raciais, o que não pode ocorrer dentro de um regime democrático.[83]

---

82 *Cf.* RIBEIRO, Djamila. *Pequeno manual antirracista*. São Paulo: Companhia das Letras, 2019; KENDI, Ibram X. *How to be an antiracist*. Nova York: One World, 2019, pp. 35-45.

83 *Cf.* VAN DIJK, Teun Andreas. *Discurso antirracista no Brasil*: da abolição às ações afirmativas. São Paulo: Contexto, 2021; DEUS, Zélia Amador de. *Caminhos trilhados na luta antirracista*. Belo Horizonte: Autêntica, 2020; NASCIMENTO, Abdias. *O quilombismo: documentos*

Seguindo a explicação de Derick Bell, argumento que o termo letramento racial envolve três aspectos centrais: *informação*, *interpretação* e *inspiração*. Informação, dentro desta perspectiva, significa ter conhecimento da significação das consequências do racismo na história da sociedade brasileira. Informação não se resume a ter conhecimento de fatos, mas ter ciência do papel desses fatos na construção das disparidades entre grupos raciais. Informação significa ter conhecimento adequado da operação dos mecanismos que, ao longo da história, *têm impedido que negros possam ascender socialmente. Esse conhecimento tem grande importância porque ele permite que as pessoas possam identificar e conhecer a operação dos mecanismos discriminatórios responsáveis por disparidades raciais. Não estamos falando do conhecimento como um tipo de atividade cognitiva, mas dos significados e relevância dos processos que explicam a operação das estruturas sociais.* A informação se mostra especialmente relevante na construção de estratégias antirracistas porque o conhecimento fornece os instrumentos intelectuais para as pessoas poderem ler a realidade a partir de uma perspectiva específica. É importante que as fontes de informação sejam cuidadosamente escolhidas para que não reflitam posições ideológicas que impedem o conhecimento adequado da realidade, uma vez que membros do grupo racial dominante sempre procuraram formular narrativas culturais a partir das quais toda a realidade social deve ser abordada.[84]

A interpretação corresponde, aqui, a um tipo de gramática intelectual que nos permite olhar para a realidade e identificar os processos implicados nos vários fenômenos sociais relacionados com a questão racial. Estamos diante de uma tarefa especialmente importante da noção de letramento racial, porque ele está associado

---

para uma militância pan-africanista. São Paulo: Perspectiva, 2019, pp. 271-307.

84 BELL, Derrick. "Learning the Three I's of America's Slave Heritage". *Chicago-Kent Law Review*, vol. 68, nº 3, 1993, pp. 1038-1040.

com a possibilidade de as pessoas poderem identificar e interpretar as correlações entre fenômenos atuais e legado histórico; estamos falando de uma habilidade desenvolvida a partir da compreensão dos meios a partir dos quais a operação das instituições sociais estão baseadas em práticas que permitem a concentração de poder nas mãos dos membros dos grupos dominantes. A interpretação se mostra relevante para que os indivíduos compreendam o lugar que ocupam dentro desse processo, que não estamos falando de algo que ocorre apenas no plano institucional, uma vez que todas as pessoas estão implicadas nesse processo. O conhecimento permite um tipo específico de interpretação especialmente relevante para o letramento racial: a identificação dos mecanismos que permitem uma mudança constante da dinâmica das ideologias raciais e práticas institucionais assumem novas formas para reproduzir relações hierárquicas de poder. O que Derrick Bell chama de interpretação implica o conhecimento da origem das práticas sociais, o reconhecimento de como práticas passadas afetam o momento presente, a lógica dos processos responsáveis pela preservação de disparidades sociais, notoriamente os diversos tipos de práticas discriminatórias sofridas por grupos raciais subalternizados. Saber interpretar a realidade social permite que as pessoas compreendam que a situação de desvantagem, que afeta milhões de pessoas, está associada a processos de natureza institucional e estrutural que transcendem a vontade dos indivíduos.[85]

A noção de inspiração está relacionada com a ideia segundo a qual, mesmo sendo o racismo um sistema de dominação difícil de ser debelado, a luta pela justiça racial não deve ser abandonada. É certo que o racismo tem um caráter estrutural, mas podemos entender suas origens históricas, seus modos de funcionamento, identificar seus procedimentos e lutar contra suas várias manifestações. Esse projeto não pode ser vencido com apelos superficiais à empatia,

---

85 BELL, Derrick. "Learning the three I's of America's slave heritage". *Chicago-Kent Law Review*, vol. 68, nº 3, 1993, pp. 1040-1043.

não pode ser eliminado por meio da pregação de valores religiosos, não pode ser debelado sem o estabelecimento de limites jurídicos e políticos concretos às práticas racistas. A noção de inspiração encontra fundamentação na expectativa de que as pessoas, que vivem em uma comunidade democrática, devem tratar o outro como um igual, que elas devem ter um compromisso com a luta pela eliminação dos processos que impedem a realização dos ideais democráticos, especialmente aqueles responsáveis pela subordinação de grupos humanos, algo contrário à moralidade pública. O reconhecimento do outro como um igual deve ser uma inspiração para a luta contra todas as formas de discriminação racial.[86]

O conceito de letramento racial deve ser visto, então, como um processo que envolve uma postura interpretativa capaz de conduzir a formas específicas de compreensão da realidade, mas também de produzir um repertório de práticas sociais direcionadas ao combate do racismo e seus efeitos sistêmicos. Uma vez que o racismo não é um mero fato histórico, mas um sistema de operação normal de grande parte das democracias liberais, o projeto de construção de uma sociedade antirracista precisa instituir práticas transformadoras direcionadas à promoção da integração de grupos raciais subalternizados. A transformação social não pode ser alcançada com o mero desaparecimento de práticas racistas institucionalizadas, uma vez que elas criam hierarquias sociais responsáveis pela concentração de poder nas mãos dos grupos majoritários, realidade que se reproduz mesmo na ausência de práticas abertamente racistas. Sistemas de desvantagem social produzem consequências que perduram no tempo, especialmente a estratificação, o que representa a dificuldade de eles conseguirem ter acesso aos meios necessários para ascensão social. Por esse motivo, o conhecimento das disparidades raciais deve ser precedido de análises dos meios a partir dos quais sistemas de

86 BELL, Derrick. "Learning the three I's of America's slave heritage". *Chicago-Kent Law Review*, vol. 68, nº 3, 1993, pp. 1043-1050.

dominação social, mecanismos de estratificação, formas de legitimação cultural de práticas que criam desvantagens.[87]

O letramento racial também implica o reconhecimento da importância da raça na socialização dos membros dos diferentes grupos raciais, processos que seguem lógicas muito distintas, tendo em vista a valoração social do pertencimento racial. O racismo é um processo cultural construído em torno da criação de identidades raciais diferentes, por meio dos quais as pessoas internalizam valores e possuem experiências sociais bastante diferentes. A posição que a pessoa ocupa dentro da sociedade determina o nível de respeitabilidade social, o acesso a oportunidades materiais, as chances de tratamento cordial nas diferentes interações sociais. A identidade racial desperta reações imediatas nas pessoas, sendo que elas podem ser de natureza negativa ou positiva; ela indica o tipo de *status* que os indivíduos ocupam e o nível de credibilidade que será acordada a eles. Isso significa que ser branco traz uma série de benefícios materiais e simbólicos a pessoas brancas, o que ocorre às expensas dos membros de outros grupos raciais. Identidades raciais são produzidas por processos de racialização, mecanismo que marca a experiência de pessoas brancas e negras. É então relevante ter consciência de que a raça não é algo que designa apenas a condição de grupos oprimidos: pessoas brancas também são racializadas por meio de um processo que as situa dentro de um lugar social específico.[88]

O letramento racial também pressupõe o domínio de uma gramática social que permite às pessoas discutirem uma série de aspectos relacionados com a questão racial, perspectiva de compreensão da

---

87 *Cf.* GUINIER, Lani. "From racial liberalism to racial literacy: Brown v. Board of Education and the interest-divergence dilemma". *The Journal of American History*, vol. 91, nº 1, 2004, pp. 92-117.

88 *Cf.* CLARKE, Simon; GARNER, Steve. *White identities*: a critical sociological approach. Nova York: Pluto Press, 2010; DIANGELO, Robin. *White fragility*: Why it's so hard for white people to talk about racism. Boston: Beacon Press, 2018.

realidade que possui algumas características centrais. Primeiro, ela apresenta uma série de parâmetros para a discussão sobre raça e sobre racismo, o que inclui o conhecimento dos vários significados e utilizações desse critério de tratamento diferenciado nos processos de estratificação e dominação racial, bem como dos diversos aspectos do racismo enquanto ideologia de legitimação desse processo. Segundo, essa gramática racial deve oferecer elementos para que os indivíduos saibam identificar os meios a partir dos quais raça interage com outros sistemas de dominação para instituir padrões de dominação que afetam os diversos segmentos da população negra de forma distinta. Terceiro, o conceito de letramento racial deve fornecer parâmetros para que as pessoas possam interpretar códigos raciais e práticas racializadas que reproduzem hierarquias raciais de forma invisível, mas bastante eficaz. Em resumo, o conceito de letramento racial designa um tipo de gramática social que permite aos indivíduos identificar os fatores responsáveis pela reprodução de desvantagens sociais, um tipo de realidade incompatível com uma cultura constitucional comprometida com a construção de uma democracia igualitária.[89]

É importante enfatizar que o conceito que estamos discutindo não está restrito ao conhecimento dos mecanismos responsáveis pela reprodução do racismo. Ele também pressupõe a necessidade de uma série de ações de membros de todos os grupos raciais para que essa realidade seja transformada. Um aspecto central do constitucionalismo moderno se mostra relevante neste momento: a noção de libertação. Esse movimento jurídico está centrado na construção de uma sociedade na qual todas as pessoas possam agir de forma autônoma, na qual todos os indivíduos tenham os meios para poderem alcançar seus propósitos individuais. Esse objetivo central da nossa cultura política requer o comprometimento de todas as

89 *Cf.* GUINIER, Lani. "From racial liberalism to racial literacy: Brown v. Board of Education and the interest-divergence dilemma". *The Journal of American History*, vol. 91, nº 1, 2004, pp. 113-122.

pessoas com a eliminação de todas as formas de dominação. Os que querem construir uma sociedade efetivamente democrática devem estar engajados nas lutas contra todo tipo de práticas excludentes que implicam a limitação da liberdade individual e coletiva, motivo pelo qual o letramento racial deve ser visto como o ponto de partida para ações individuais e coletivas que sejam capazes de transformar a realidade social. Isso só pode ocorrer com a confrontação das estruturas de poder, especificamente aquelas cridas e reproduzidas para manter vantagens sociais nas mãos de pessoas brancas. Essa postura ativa deve ser adotada por indivíduos na organização de seus comportamentos e por instituições na formulação de suas práticas e modos de operação. Dessa forma, a prática da solidariedade tem um papel central no processo de letramento racial, uma vez que ela possibilita não apenas a construção de relações raciais baseadas na respeitabilidade social, mas também ações concretas que possam permitir o gozo de maiores níveis de bem-estar coletivo, o que só pode ocorrer dentro de uma realidade democrática.[90]

Se o primeiro capítulo ofereceu parâmetros para compreendermos os aspectos ideológicos dos diferentes projetos de organização racial da nossa sociedade ao longo da história, este capítulo aborda um tema central para a construção de uma democracia solidária: as diretrizes que devemos seguir para que possamos ter conhecimento dos fatores que criam obstáculos para a criação de uma prática igualitária que possa expandir a democracia substantiva, o que depende da afirmação de um outro tipo de solidariedade interracial. Esse aspecto enfatiza o aspecto político de nossa consciência racial, termo que não designa simplesmente a consciência de nossa identidade racial, mas sim dos fatores a partir dos quais somos situados em diferentes hierarquias incompatíveis com a lógica democrática, o que requer ações para que essa realidade possa ser superada. A

---

90 KAUFMAN, Cynthia. *Ideas for action*: Relevant theory for radical change. 2ª ed. Oakland: PM Press, 2016, pp. 7-35.

promessa constitucional da libertação humana implica a existência de uma cultura igualitária que motiva práticas coletivas emancipatórias. A realização do projeto transformador, presente no nosso texto constitucional, exige o abandono de narrativas ideológicas sobre relações raciais que almejam encobrir o compromisso político com a construção de uma democracia substantiva e solidária na nossa sociedade, uma organização política livre de hierarquias raciais.

CAPÍTULO III

A OPERAÇÃO DA LÓGICA DEMOCRÁTICA

Ana Lúcia Martins é uma vereadora negra que está cumprindo seu primeiro mandato. Sua carreira política tem enfrentado dificuldades significativas na forma de ataques racistas. Eles ocorrem em função da sua defesa de pautas de igualdade racial e sua oposição a manifestações racistas em eventos públicos. Essas ofensas racistas não vêm apenas de desconhecidos, elas partem também de colegas da própria casa legislativa, pessoas incomodadas com a presença de pessoas negras em espaços tradicionalmente ocupados por homens brancos. Ameaças de morte e a morte efetiva de pessoas negras nos espaços políticos se tornaram eventos recorrentes na vida política nacional com a maior presença de pessoas negras com agendas inclusivas. Renato Freitas sofre perseguições persistentes por denunciar a violência policial e esquemas de corrupção de seus colegas brancos, pessoas que se articularam para suspender seu mandato, até agora sem sucesso. Erika Malunguinho e Erika Hilton também são hostilizadas por serem negras e por defenderem medidas voltadas para a inclusão de grupos subalternizados, especialmente minorias raciais e sexuais. Alguns indivíduos chegaram a invadir as casas legislativas nas quais elas trabalhavam para fazer ameaças contra essas mulheres negras. Esses indivíduos são homens brancos heterossexuais que procuram retaliar quaisquer propostas políticas que possam desestabilizar o sistema de dominação racial presente na sociedade brasileira. Essa lógica pode ser depreendida do discurso de Valter Nagelstein, um vereador branco que alertava para os possíveis perigos da maior presença de pessoas negras e de esquerda no cenário político, pessoas que, segundo ele, não estão naturalmente preparadas para desempenharem essas funções. Essa situação é realmente problemática quando consideramos o fato de que ela representa uma tentativa de impedir que pessoas negras possam exercer direitos políticos, possam ter representantes que defendem uma pauta de justiça racial nas nossas casas legislativas. Essas ameaças racistas podem ser vistas como um desvirtuamento do projeto democrático presente no nosso texto constitucional: a construção de uma democracia participativa e substantiva. Todas dessas iniciativas são voltadas contra pessoas que procuram promover a inclusão de pessoas negras, evidência de que muitas pessoas brancas atuam para a preservação do sistema de dominação racial, uma lógica social na qual pessoas negras não podem questionar a operação dos processos responsáveis pela produção de desvantagens sistemáticas. É notória a articulação de vários setores da sociedade brasileira para bloquear políticas estatais que possam promover maiores níveis de integração social de pessoas negras, um dos motivos da crescente influência de partidos de extrema direita construídos em torno de ideologias que tentam manter a situação de exclusão na qual pessoas negras e indígenas vivem. Atores sociais que defendem essa agenda reacionária classificam medidas de integração social como privilégios indevidos, como violação dos direitos de pessoas brancas, como um desrespeito ao mandamento constitucional do tratamento igualitário entre todas as pessoas em todas as situações, argumentos que escondem a tentativa de preservação de hierarquias raciais.

3.1 Considerações básicas sobre a operação do regime democrático

A democracia é um regime político baseado no exercício coletivo do poder. Todas as pessoas podem participar, de forma direta ou indireta, na formação das normas que regerão a vida social. Esse direito decorre de um aspecto central dessa forma de organização política: a igualdade do exercício de direitos entre pessoas que possuem o *status* de cidadãs. A igualdade jurídica e a igualdade política consagram a cidadania como uma identidade comum entre todas as pessoas. Ela é um tipo de *status* atribuído a todos os indivíduos em função do pertencimento deles à comunidade política, forma de identidade que opera, também, como um fator importante de socialização nas sociedades democráticas. As pessoas desenvolvem a expectativa de que elas serão tratadas igualmente em todas as situações, a não ser que um interesse coletivo relevante justifique algum tipo de tratamento diferenciado. Assim, mais do que um tipo de *status* que garante direitos, a cidadania representa uma instância de socialização a partir da qual os seres humanos formulam aspectos relevantes da própria identidade e criam expectativas sobre como eles serão tratadas por agentes públicos e agentes privados. A cidadania cumpre um papel relevante dentro do regime democrático, porque possibilita o exercício de um tipo relevante de agência pessoal: a participação nos processos de deliberação responsáveis pela criação das normas que regem as relações entre indivíduos, as que regulam a operação das instituições estatais, as que determinam as relações entre instituições governamentais e aqueles e aquelas a elas vinculados nas diferentes esferas da vida social.[91]

A democracia consiste, então, em um regime de governo que possibilita o exercício da liberdade, um ideal cuja realização se torna possível dentro de uma realidade política regulada por normas

91 *Cf.* RIESENBERG, Peter. *Citizenship in the western tradition*: Plato to Rosseau. Chappel Hill: University of North Carolina Press, 1992._

jurídicas. Ser livre não significa poder fazer tudo o que se quer, ser livre significa poder operar dentro de limites legais e morais estabelecidos pelas normas jurídicas, mecanismos de organização que expressam o acordo político entre cidadãos e cidadãs. A cidadania surge, então, como uma possibilidade de realização da liberdade, porque cria as condições para que os membros da comunidade política participem dos processos responsáveis pela formação das normas que determinam os meios, o conteúdo e o âmbito de proteção das liberdades individuais. Embora muitas pessoas não tenham conhecimento da complexidade desse processo, elas reconhecem, na liberdade, um valor central para a construção da identidade social: viver dentro de um regime democrático significa poder ter controle sobre os propósitos das nossas ações e sobre as condições que permitem o alcance dos nossos objetivos individuais. Essa possibilidade torna a democracia um regime político no qual as pessoas podem realizar uma série de propósitos, motivo pelo qual a cidadania tem importância central no processo de socialização política: ser um cidadão, ser uma cidadã significa tomar, como referência para a construção da identidade pessoal, a noção de que teremos os meios para podermos atribuir propósitos e sentidos às nossas ações. Assim, a democracia, ao estabelecer regras para a regulação do poder político, institui também referências culturais para a construção da identidade individual, referências que possuem um caráter normativo. Por esse motivo, desenvolvemos a expectativa de que devemos ser tratados, nas nossas interações sociais, como indivíduos que possuem expectativas sociais que devem ser garantidas por instituições sociais diversas, tendo em vista nosso *status* comum, como sujeitos de direito. Também esperamos ser tratados como iguais, porque ser cidadão significa, entre outras coisas, obter respeitabilidade social, um bem classificado como necessidade humana fundamental.[92]

---

92 *Cf.* ACKERMAN, Bruce. *We the people*: the civil rights revolution. Cambridge: Harvard University Press, 2014; HONNETH, Axel. *O direito da liberdade*. São Paulo: Martins Fontes, 2015.

A democracia é um regime político baseado em um tipo específico de moralidade, um conjunto de preceitos que não se identifica com os valores que regulam ações individuais na esfera privada, mesmo que sejam produto de consenso entre muitas pessoas. A moralidade democrática está centrada na afirmação de um conjunto de preceitos jurídicos e políticos que estabelecem parâmetros para a ação de agentes públicos e privados em uma pluralidade de situações. Os princípios da igualdade e da liberdade são referências importantes para a regulação das relações entre indivíduos: eles devem reconhecer uns aos outros como seres que possuem o mesmo valor moral, razão pela qual eles devem ter os mesmos direitos. A cidadania parte do pressuposto de que todas as pessoas são agentes sociais competentes, conceito que designa a realidade de indivíduos que são capazes de tomar decisões a partir de um processo de deliberação sobre suas escolhas a partir de critérios racionais. Essa capacidade humana opera como um pressuposto para o tratamento dos indivíduos: todos eles possuem essa mesma característica, motivo pelo qual devemos garantir os mesmos direitos para que eles possam realizar seus objetivos pessoais, para que eles possam também contribuir para o debate sobre os destinos da coletividade a partir da participação política. A moralidade pública democrática está, então, baseada na premissa segundo a qual o exercício igualitário de direitos permite que todos e todas possam atingir suas aspirações, propósito cujo alcance depende da existência de uma realidade política na qual as pessoas encontrem os meios para poderem desenvolver as habilidades necessárias. Mas ela também está construída em torno da ideia de que todos e todas são igualmente capazes de desempenhar funções sociais com a mesma competência. Assim, a igualdade de direitos permite o exercício da liberdade, permite a proteção de âmbitos de ação individual a partir dos quais os seres humanos podem construir seus planos de vida e contribuir para o avanço da sociedade.[93]

---

93 *Cf.* RAWLS, John. "The idea of public reason revisited". *University of Chicago Law Review*, vol. 64, nº 3, 1997, pp. 765-808; HABERMAS,

Os propósitos acima mencionados indicam que as instituições públicas precisam também operar a partir de alguns preceitos. Primeiro, elas devem criar meios para garantir e fomentar a participação dos indivíduos. Mais do que um *status* jurídico que garante direitos individuais, a cidadania pressupõe também a participação ativa das pessoas nos negócios públicos. Essa dimensão ativa da cidadania indica que instituições devem instituir canais para a participação política, uma vez que a moralidade pública opera a partir da noção de responsabilidade estatal. Quanto maiores forem as chances de as pessoas poderem participar na formação dos propósitos das instituições, maiores serão as chances de avanços democráticos, uma vez que essas instituições estarão mais aptas a responderem demandas de direitos elaboradas por diferentes setores da sociedade. A participação política surge, então, como um elemento central da lógica democrática porque opera como um preceito importante de como as instituições devem operar, uma vez que, dentro do regime democrático, objetivos institucionais não têm como propósito a realização de interesses das próprias instituições ou das pessoas que as dirigem. Os objetivos institucionais são legalmente determinados, sendo que eles estão invariavelmente relacionados com diferentes aspectos da realização de direitos.[94]

A participação política se mostra relevante em função de um aspecto particular das sociedades atuais. As democracias liberais contemporâneas são sociedades pluralistas, são sociedades compostas por uma quantidade significativa de grupos que possuem concepções de vida bastante distintas. Essa situação torna esse aspecto relevante para que representantes de diferentes segmentos sociais

---

Jurgen. *A inclusão do outro*: estudo de Teoria política. São Paulo: Unesp, 2018.

94 Para uma discussão desse aspecto no pensamento político contemporâneo ver HABERMAS, Jurgen. *The inclusion of the Other*: Studies in political theory. Cambridge: MIT Press, 1998, pp. 239-290; ELY, John Hart. *Democracy and distrust*: a theory of judicial review. Cambridge: Harvard University Press, 1980.

sejam adequadamente representados nos processos deliberativos. O controle de instituições políticas por segmentos sociais específicos significa um déficit democrático, porque esses indivíduos frequentemente o utilizam para garantir vantagens indevidas para membros do próprio grupo. Mais do que garantir a participação nos processos deliberativos, é importante permitir que todas as coletividades tenham a devida representação neles. Embora nem todas as demandas de direitos possam ser atendidas, algumas delas podem ser contrárias aos interesses democráticos, o regime democrático deve garantir, pelo menos, a possibilidade de representantes de diferentes grupos apresentarem reivindicações compatíveis com os princípios do regime democrático. Por exemplo, grupos subalternizados devem ter os meios para poderem apresentar suas pautas de demandas, para que as instituições sociais possam identificar as práticas responsáveis pela situação de desvantagem estrutural na qual seus membros se encontram, uma vez que essa realidade é incompatível com a moralidade democrática.[95]

A dimensão participativa da democracia demonstra a relevância de direitos políticos dentro dessa forma de organização social. A democracia nasceu com o propósito de garantir a participação de todos os cidadãos no processo político, motivo pelo qual esse *status* deve ser adequadamente protegido. Surgiram, ao longo do tempo, uma série de direitos voltados para a proteção dessa possibilidade. As pessoas podem participar, direta ou indiretamente, do processo decisório por meio do direito de voto; elas podem também alcançar o mesmo objetivo, por meio da candidatura a cargos públicos. Elas podem criar associações políticas por meio das quais elas articulam seus interesses individuais e coletivos; elas podem organizar manifestações para poderem expressar discordâncias legítimas sobre ações

95 Uma análise dos temas relacionados com o pluralismo de grupos e de valores nas democracias liberais pode ser encontrada em RAWLS, John. *Politcal liberalism*. Nova York: Columbia University Press, 2002. Para um exame do caráter agonístico das democracias liberais ver MOUFFE, Chantal. *The return of the political*. Nova York: Sage, 2020.

governamentais; elas podem expressar posições políticas relevantes para a condução do processo político democrático. Os direitos políticos são mecanismos que permitem a criação e regulação do que cientistas políticos chamam de esfera pública, a instância social no qual a vida política ocorre. Alguns elementos caracterizam a esfera pública. Ela é o espaço no qual os cidadãos debatem os interesses coletivos; ela é regulada por uma série de normas que possuem uma dimensão pública, todos os seus membros as conhecem e todos eles devem operar segundo elas. A esfera pública é regulada por uma moralidade específica, um conjunto de princípios políticos e jurídicos que determinam a maneira como as pessoas devem tratar umas às outras e as regras que devem regular a operação das instituições. A esfera pública, lugar no qual se desenvolve a política, está estruturada em torno de uma série de procedimentos, cuja observância garante legitimidade às decisões políticas. Esse é um espaço que opera a partir dos interesses coletivos, motivo pelo qual interesses privados não podem guiar a ação das pessoas envolvidas no processo deliberativo. Os valores que constituem a moralidade pública, são, então, os preceitos que legitimam os procedimentos utilizados no processo deliberativo; eles são os preceitos que permitem a criação de consenso social em torno de temas sobre os quais há dissenso social. Apesar dessa possibilidade, os princípios da igualdade e da liberdade permanecem como elementos básicos a partir dos quais questões sociais são discutidas.[96]

É por isso que alguns autores classificam direitos fundamentais como normas constitucionais construídas para garantir certas formas de *status* individual dentro da ordem pública. Uma delas corresponde exatamente à possibilidade de participação política, motivo pelo qual a literatura afirma que os direitos fundamentais procuram garantir o *status ativus* dos indivíduos, termo que faz referência aos

---

96 TAYLOR, Charles. *Argumentos filosóficos*. São Paulo: Loyola, 2000, pp. 275-304; FERREE, M. M. *et al.* "Four models of the public sphere in modern democracies". *Theory and Society*, vol. 31, nº 3, 2002, pp. 289-324.

direitos relacionados com a garantia de direitos políticos. Direitos fundamentais também implicam um *status negativus*, porque eles expressam um conjunto de liberdades que protegem os indivíduos contra intervenções indevidas de agentes estatais. A possibilidade de ação autônoma requer a existência de âmbitos de ação que garantam os meios para as pessoas poderem construir planos de vida em torno do gozo dessas liberdades. Direitos fundamentais também implicam um *status positivus* na medida em que também assumem a forma de direitos que procuram garantir níveis mínimos de garantia material para as pessoas. O exercício da autonomia não pode ocorrer dentro de uma situação de completa privação, uma vez que as pessoas precisam também ter controle sobre as condições de ação. A democracia também estabelece responsabilidades individuais, motivo pelo qual os direitos fundamentais também implicam um *status* passivo, o que designa uma série de obrigações que os indivíduos devem responder por serem membros de uma comunidade política. Essas várias formas de *status*, decorrentes do gozo de direitos fundamentais, demonstra, então, que eles substantivam um tipo de identidade normativa dos indivíduos que estabelece parâmetros para a autocompreensão deles. Em função disso, podemos dizer que a consciência do *status* de cidadão constitui um aspecto central do processo de socialização dos indivíduos.[97]

A moralidade pública está estruturalmente relacionada aos preceitos que regulam a ordem constitucional de uma determinada sociedade em momentos históricos específicos. É importante observar a relação estrutural entre constitucionalismo e democracia para que possamos entender a lógica da operação do regime democrático. Normas constitucionais têm uma função relevante: elas estabelecem um regime político, as regras de funcionamento das instituições estatais, os parâmetros de organização do processo político, a regulação da vida econômica, além de uma pluralidade de direitos fundamentais.

---

97 DIMOULIS, Dimitri; MARTINS, Leonardo. *Teoria geral dos direitos fundamentais*. São Paulo: Revista dos Tribunais, 2021, pp. 69-72.

Todas essas normas são articuladas a partir de uma determinada lógica que expressa o entendimento das funções estatais em um momento histórico específico. Assim, durante algum tempo, os regimes democráticos operavam a partir de um conjunto de regras voltadas especificamente para o estabelecimento de limites ao poder estatal, de forma que os indivíduos pudessem ser protegidos contra atos arbitrários de agentes privados. A democracia estaria garantida com as normas que regulam a ação estatal, regime entendido no alvorecer do constitucionalismo como um regime representativo baseado na garantia de direitos civis e políticos. As relações entre constitucionalismo e democracia mudaram na medida em que grupos sociais observam que a mera garantia de igualdade formal e uma postura estatal negativa não eram suficientes para promover a emancipação humana. Surgiram, então, novas categorias de normas constitucionais que atribuem outras funções às instituições estatais. São preceitos que procuram garantir segurança material mínima para as pessoas, são diretrizes que estabelecem objetivos estatais, sendo que uma delas é a criação de justiça econômica. A democracia deixa de ser vista apenas como um regime representativo para se tornar um regime político comprometido com a criação de igualdade material entre as pessoas. Essas inovações foram relevantes, mas uma nova forma de racionalidade passa a governar as relações entre constitucionalismo e democracia com a superação do constitucionalismo social. Os protestos de diversos segmentos sociais contra formas sistemáticas de discriminação promoveram uma reformulação do tipo de racionalidade constitucional. A dignidade humana se tornou um valor central da ordem constitucional. O Estado aparece, agora, como um agente de transformação social, a democracia é, agora, pensada como um regime político comprometido com a participação da pluralidade de segmentos no processo decisório, com a abertura institucional para que essa participação seja realizada.[98]

---

98 *Cf.* CARVALHO NETTO, Menelick. *Teoria da constituição e direitos constitucional*: escritos selecionados. Belo Horizonte: Conhecimento Editora, 2021, pp. 53-89; SARLET, Ingo Wolfgang. *A eficácia dos*

O desenvolvimento do constitucionalismo revela um aspecto relevante da moralidade pública que regula o regime democrático: o papel central da justiça como fator que empresta racionalidade à ordem constitucional e ao regime democrático. Os diferentes ciclos constitucionais foram responsáveis pelo surgimento de diferentes dimensões de justiça, sendo que todas elas representam elementos que abrem espaço para a possibilidade de construção de um consenso entre os membros da comunidade política sobre uma pluralidade de questões sociais. A noção de justiça, associada ao constitucionalismo liberal, encontra fundamento na obrigação de tratamento igualitário entre todas as pessoas, o que implica uma concepção simétrica de justiça: pessoas igualmente situadas devem ser tratadas da mesma forma. Fazer justiça significa, especialmente, aplicar as mesmas regras a todas as pessoas que se encontram nas mesmas situações. A justiça passa, então, a ser pensada como equidade de tratamento, o que pressupõe a noção de procedimento. Ser justo significa submeter as pessoas às mesmas regras, significa seguir o princípio da paridade de tratamento entre os indivíduos, entes que são vistos como indivíduos que possuem o mesmo *status* jurídico. A universalidade desse tipo de pertencimento exige, então, uma equiparação dos procedimentos utilizados pelas instituições sociais a pessoas que se encontram na mesma situação.[99]

O constitucionalismo social expande as concepções do justo. Ao lado das noções de equidade e de procedimentos, surge o ideal de justiça substantiva, conceito decorrente do princípio da igualdade material. Estamos em um momento no qual as sociedades liberais reconhecem que disparidades econômicas produzem desigualdades

---

direitos fundamentais. 12ª ed. Porto Alegre: Livraria do Advogado, 2015.

99 *Cf.* BOBBIO, Norberto. *Igualdade e liberdade*. Petrópolis: Vozes, 1999, pp. 11-46; SCHEFFLER, Samuel. "What is Egalitarianism?" *Philosophy and Public Affairs*, vol. 31, nº 1, 2003, pp. 5-39; TUSSMAN, Joseph; TENBROEK, Jacobus. "The equal protection of the laws". *California Law Review*, vol. 37, nº 3, 1949, pp. 341-381.

duráveis entre grupos sociais, motivo pelo qual as instituições estatais devem operar para corrigir esse problema. Se as pessoas que estão igualmente situadas devem ser tratadas da mesma forma, as que estão desigualmente situadas devem ser tratadas de forma desigual. Fazer justiça significa, então, estabelecer medidas estatais para corrigir a situação de desigualdade persistente, o que situa grupos de pessoas em uma condição de vulnerabilidade. As instituições estatais não operam apenas para proteger uma zona de liberdade individual, elas atuam também para remediar situações que propagam desigualdades, motivo pelo qual elas devem estar investidas em políticas distributivas. A noção de emancipação coletiva passa a ser um aspecto importante das reflexões sobre justiça, conceito que será pensado agora como a necessidade de condições institucionais para que as pessoas possam ter os meios materiais para alcançarem seus propósitos. Essa realidade garante a igualdade de oportunidades: as pessoas possuem as mesmas oportunidades, razão pela qual elas devem ser recompensadas pelos seus esforços, depois de terem os meios para alcançar seus objetivos.[100]

A cultura constitucional contemporânea trabalha com concepções bastante complexas de justiça, uma vez que ela também reconhece uma pluralidade de formas de igualdade. As noções de justiça como equidade, de justiça procedimental, de justiça distributiva permanecem relevantes, mas elas são agora articuladas a partir de novos parâmetros. A diferenciação de *status* cultural, ou seja, a estigmatização de certos grupos culturais compromete a operação de todas as outras formas de justiça; a certeza de que certos grupos são diferentes e inferiores motiva agentes públicos e privados a, conscientemente, ignorar o dever de tratar todas as pessoas como titulares de direitos. Eles negligenciam o fato de que todos os membros da comunidade política merecem ser submetidos aos mesmos procedimentos quando estão na mesma situação; eles ignoram o

---

100 *Cf.* PEREZ LUNO, Antonio Enrique. *Dimensiones de la igualdad*. 2ª ed. Madrid: Dykinson, 2007, pp. 15-36.

fato de que todas as pessoas devem ter acesso às mesmas garantias e a todas as categorias de direitos. A consciência de que situações de injustiça decorrem de processos, que promovem a degradação moral e a marginalização econômica, leva muitos teóricos a proporem uma noção de justiça que reconhece a necessidade de medidas voltadas para o reconhecimento da igual dignidade de todos os membros da comunidade política, além de políticas distributivas que possam garantir uma base material de existência.[101]

A eleição da dignidade humana como princípio central de nossa ordem constitucional implica um comprometimento político contra todo tipo de prática que negue a obrigação de tratamento de todos os seres humanos como titulares de direitos em todas as situações. Ela implica o fato de que as instituições estatais devem estar comprometidas com a criação dos meios para que todas as pessoas possam atingir suas aspirações, o que requer a ausência de processos sociais responsáveis pela divulgação de ideias de que membros de determinados grupos não merecem ter os mesmos direitos, porque não possuem o mesmo nível de humanidade. A centralidade da noção de dignidade humana, no nosso sistema constitucional, implica uma compreensão de igualdade comprometida com a emancipação humana, com os meios necessários para que todas as pessoas possam exercer seus direitos em igualdade de condições. Isso significa que nosso sistema constitucional também pensa a igualdade como um preceito voltado contra a subordinação de grupos sociais. Se a igualdade, em momentos históricos anteriores, estava comprometida com a proteção de indivíduos, ela, agora, também tem a obrigação constitucional de proteger grupos sociais, especialmente os que

---

101 *Cf.* HONNETH, Axel. "Recognition and justice: outline of plural theory of justice". *Acta Sociologica*, vol. 47, nº 4, pp. 351-364, 2004; COOKE, Maeve. "Autenticity and autonomy: Taylor, Habermas, and the politics of recognition". *Political Theory*, vol. 25, nº 2, 1997; FREEMAN, Alan. "Legitimizing discrimination through antidiscrimination law: a critical review of Supreme Court doctrine". *Minnesota Law Review*, vol. 62, nº 4, 1978, pp. 1048-1118.

enfrentam uma situação histórica de desvantagem. As instituições estatais devem, agora, olhar para a realidade, identificar grupos que estão em desvantagem e criar meios para transformar essa realidade. Essa reformulação do papel da noção de justiça no sistema constitucional faz surgir a noção de igualdade de resultados: as instituições estatais devem criar meios para que membros de todos os grupos sociais consigam alcançar os mesmos resultados, uma vez que a neutralidade de procedimentos pode reproduzir disparidades entre grupos.[102]

3.2 Um tópico especial: afinal, o que são direitos?

A discussão sobre regime democrático e moralidade pública requer que analisemos outro conceito relevante para nossas reflexões sobre letramento racial: a noção de *direitos*. Práticas racistas são um problema político e jurídico, porque consistem em violações de direitos. Mas qual é o significado desse termo tão amplamente utilizado e tão pouco conhecido? Ter um direito significa que alguém tem algum tipo de prerrogativa, o que se expressa por meio da expectativa de exercício da possibilidade de poder fazer algo, de ter a liberdade para atribuir propósitos às nossas ações. Ter um direito significa, também, ter algum tipo de *status*, condição a partir da qual uma pessoa adquire legitimidade para poder fazer alguma coisa. Esse termo, direitos, designa, ainda, o acesso a algum benefício necessário para o alcance de algum propósito ou para o gozo de algum tipo de *status*. Membros de uma comunidade política, democraticamente organizada, são livres para engajarem em uma pluralidade de atividades, possibilidade que decorre da condição de cidadãos, um tipo de *status* que confere prerrogativas às pessoas. Essa condição também implica a existência de garantias de benefícios

102 NOVAIS, Jorge Reis. *Princípios estruturantes de Estado de direito*. Coimbra: Almedina, 2019, pp. 25-67; BARBOSA, Mafalda Miranda; ALVAREZ, Tomás Prieto. *O direito ao livre desenvolvimento da personalidade*. Coimbra: Gestlegal, 2018.

que permitirão a realização dos interesses individuais e coletivos dos membros dessa comunidade política. As pessoas, que vivem em uma sociedade organizada dessa forma, desenvolvem a expectativa de que elas poderão planejar suas vidas a partir de prerrogativas que lhes são asseguradas, motivo pelo qual direitos também operam como referências a partir das quais atribuem sentidos às suas existências; eles constituem parâmetros relevantes para a formação de aspectos relevantes da identidade das pessoas.[103]

Surge, então, a questão: quem está obrigado a respeitar ou realizar essas expectativas? A noção de direito, como prerrogativa, implica a obrigatoriedade de alguma pessoa ou de alguma instituição de instituir, proteger e fomentar esses direitos. As instituições estatais são as principais responsáveis pela realização de direitos, elas têm a obrigatoriedade, legalmente estabelecida, de tutelar direitos. Ter um direito significa, então, ter a expectativa de poder fazer algo, de ter acesso a algo, de poder ser algo em função de normas legais que instituem a obrigação de alguém de proteger ou fomentar a possibilidade de realização dela. Direitos protegem alguma esfera de ação dos indivíduos, eles permitem que as pessoas possam instituir e realizar planos de vida; eles são, então, condição para a existência de uma vida autônoma. As pessoas anseiam ter direitos porque eles atendem a um fator básico da operação do psiquismo humano: a possibilidade de atribuir sentidos e propósitos às nossas ações. Direitos geram expectativas para alguns e o dever de realização para outros, motivo pelo qual aqueles que possuem esses direitos podem formular demandas de direitos, uma vez que as normas jurídicas estabelecem a obrigatoriedade de respeito a obrigações legalmente estabelecidas, que as pessoas poderão fazer alguma coisa em função de uma norma jurídica. Demandas de direitos ocorrem quando as pessoas têm seus direitos violados, o que frustra uma expectativa

103 Cf. GEWIRTH, Alan. *The Community of rights*. Chicago: University of Chicago Press, 1996, pp. 1-13; DONNELY, Jack. *The concept of human rights*. Londres: Croom Helm, 1985, pp. 1-11.

legalmente garantida de que elas poderão operar, de forma autônoma, em diferentes esferas da vida. Violações de direitos significam restrições de liberdades, limites ao exercício de formas de *status*, impedimentos de condições para que as pessoas tenham controle sobre condições básicas de vida.[104]

A noção de direito implica a obrigação de exercício de alguma prerrogativa legalmente garantida, o que atribui aos indivíduos que vivem em uma sociedade democraticamente organizada o *status* de portadores de direitos. É importante observar que, tendo em vista o caráter universal desse tipo de *status*, surge uma obrigação de que todas as pessoas deverão reconhecer o fato de que todas as outras possuem o mesmo tipo de *status*. Isso significa que a noção de direitos fundamenta um regime político construído sobre a noção de respeito mútuo pela posição comum de portadores de direitos. A democracia é um regime político baseado em uma moralidade pública fundamentada no reconhecimento de que todas as pessoas são cidadãs, motivo pelo qual esse regime pressupõe a noção de respeito mútuo, o que é uma condição para que esse regime político possa operar de forma adequada. É importante observar, então, que a democracia se torna possível na medida em que as noções de mutualidade e de reciprocidade governam as relações entre os indivíduos que fazem parte de uma comunidade política. Mutualidade implica igualdade no sentido de que ela expressa o compromisso dos indivíduos com o reconhecimento do fato de que todos os outros indivíduos são pessoas que possuem a expectativa comum de que terão seus direitos respeitados. A noção de reciprocidade tem um papel importante na construção da solidariedade cívica, porque ela decorre do fato de

---

104 DIMOULIS, Dimitri; MARTINS, Leonardo. *Teoria geral dos direitos fundamentais*. 8ª ed. São Paulo: Revista dos Tribunais, 2021, pp. 153-168; BIDART CAMPOS, German J. *Las obligaciones en el derecho constitucional*. Buenos Aires: Ediar, 1987, pp. 43-73.

que a cooperação social permite que as pessoas possam construir relações de cooperação que podem promover interesses coletivos.[105]

Essa moralidade pública, baseada em um *status* universal de portadores de direitos, tem implicações procedimentais e substantivas. Primeiro, ela pressupõe que normas serão aplicadas a todas as pessoas da mesma forma, uma vez que a universalidade de *status* como portadores de direitos implica a aplicação das mesmas normas a todas as pessoas. Portanto, as instituições sociais não podem instituir procedimentos que desrespeitem direitos, porque tal fato expressa uma violação da expectativa de que regras serão aplicadas a todas as pessoas da mesma forma. Práticas discriminatórias não apenas infringem direitos: elas ignoram a pressuposição de que a democracia deve operar por meio de procedimentos que não estabelecem formas de tratamento arbitrário entre os indivíduos. Discriminar significa deixar de aplicar o dever de tratamento igualitário entre pessoas que possuem o mesmo *status* jurídico e que, por isso, deveriam ter as mesmas chances de exercer direitos. Isso significa, então, que o racismo não é um mero problema comportamental. Ele tem uma natureza *política* porque desconhece um princípio básico da moralidade democrática: o reconhecimento de todas as pessoas como portadoras de direitos, motivo pelo qual os mesmos procedimentos devem ser aplicados a todas as pessoas que estão na mesma situação. O racismo viola os pressupostos da mutualidade e da reciprocidade, elementos centrais da cultura de uma comunidade de direitos. Ele prejudica o funcionamento da democracia, porque propaga a noção de que direitos não são prerrogativas universais, mas privilégios de certos grupos sociais; o racismo demonstra que a lógica democrática de aplicação dos mesmos procedimentos a todas as pessoas não tem validade, porque as pessoas precisam pertencer a determinados grupos para poderem exercer direitos. Dessa forma, o racismo pode ser interpretado como uma corrupção do funcionamento adequado

105 GEWIRTH, Alan. *The Community of rights*. Chicago: University of Chicago Press, 1996, pp. 75-101.

do regime democrático, porque ele é uma imposição de restrição de direitos.[106]

Muitos atores sociais classificam demandas de direitos elaboradas por grupos subalternizados como privilégios, uma atitude estratégica que ignora a forma como regimes democráticos funcionam. Reivindicações de direitos são interesses que devem ser protegidos por serem prerrogativas individuais ou coletivas legalmente reconhecidas; são interesses necessários para que as pessoas possam atingir objetivos pessoais, são fatores que as pessoas necessitam para que elas possam exercer a liberdade. Demandas de direitos são legítimas, porque objetivam garantir níveis adequados de proteção individual ou coletiva. Temos então, de um lado, pessoas que estão legitimadas a elaborar demandas de direitos e, do outro, instituições estatais que são obrigadas a atendê-las em função de responsabilidade constitucionalmente estabelecida. De um lado está o direito, do outro está a obrigação da realização dele, sendo que essa obrigação pode ter uma natureza negativa, deixar de interferir, arbitrariamente, na realização de um direito ou de uma natureza positiva, que se manifesta na necessidade de criação dos meios materiais para a realização ou gozo desses direitos.[107]

Nossa reflexão sobre o papel dos direitos dentro de um regime democrático nos leva à conclusão de que a palavra direito pode ser entendida em dois sentidos. Ela indica uma ação que segue padrões consensuais sobre correção moral e, ainda, uma prerrogativa de alguém a algo garantido por normas legais em função do seu *status* jurídico. Embora sejam distintos, esses dois sentidos estão relacionados na

---

106 GEWIRTH, Alan. *The Community of rights*. Chicago: University of Chicago Press, 1996, pp. 91-101; ELY, John Hart. *Democracy and distrust*: a theory of judicial review. Cambridge: Harvard University Press, 1980; KELLEY, Robin. *Freedom dreams*: the black radical imagination. Boston: Beacon Press, 2002, pp. 36-60.

107 GEWIRTH, Alan. *The community of rights*. Chicago: University of Chicago Press, 1996, pp. 8-12.

formulação de demandas de direitos: impedir que uma pessoa possa exercer um direito legalmente reconhecido é algo que viola o senso coletivo de moralidade. Pessoas pleiteiam direitos porque elas são legitimadas a fazer isso por viverem em uma sociedade democrática; elas devem fazer isso porque vivem em uma sociedade baseada em um consenso sobre a ideia de que todos os membros da comunidade política devem ser igualmente protegidos. Há pessoas que reivindicam o cumprimento de direitos que estão disponíveis para todos, de forma que elas possam operar de forma adequada dentro da sociedade. Porém, muitas delas demandam maiores níveis de proteção jurídica, porque estão em uma condição de desvantagem permanente, razão pela qual o gozo de direitos positivados não é suficiente para que elas sejam devidamente protegidas. Assim, é importante enfatizar que demandas de direitos não se resumem a pedidos de realização de direitos que estão presentes em documentos jurídicos; elas também podem assumir a forma de políticas públicas dirigidas à melhoria da qualidade de vida de pessoas que se encontram em uma situação de vulnerabilidade. Por esse motivo, demandas de direitos, na forma de políticas públicas, não podem ser formuladas apenas em termos universais, porque elas precisam considerar a situação de grupos específicos e criar um conjunto de ações destinadas a promover interesses individuais e coletivos, interesses que estão de acordo com normas constitucionais.[108]

Outros esclarecimentos são necessários. Quando alguém exerce um direito, ele está exigindo que um outro cumpra obrigações legalmente instituídas, ele está exigindo que instituições se mobilizem para garantir esse direito e essas instituições precisam construir diversos mecanismos para que isso aconteça. Portanto, não estamos falando de demanda de privilégios. Direitos podem ser exercidos de forma assertiva por meio da exigência do cumprimento da obrigação que um sujeito social tem de criar os meios para o

108 DONNELLY, Jack. *Universal human rights in theory and practice.* Ithaca: Cornell University Press, 2013, pp. 7-13.

seu gozo; o exercício de direitos pode ser garantido de forma ativa pelos que são por eles obrigados, quando as pessoas ou instituições responsáveis por eles atuam sem que os portadores desses direitos o demandem; o gozo de direitos ocorre quando as partes não estão conscientemente envolvidas em uma demanda dessa natureza, mas suas interações pressupõem a existência desses direitos. Demandas de direitos são formas de exercício assertivo de direitos na medida em que elas são dirigidas a pessoas ou instituições que são constitucionalmente obrigadas a criar os meios para a realização de um direito ou para garantir maiores níveis de proteção jurídica, o que atende ao compromisso constitucional com a criação de uma sociedade na qual não pode haver grupos subordinados. Ter a possibilidade de demandar direitos é algo especialmente relevante, principalmente quando alguém faz parte de um grupo que se encontra em uma situação de desvantagem permanente. Podemos, então, classificar demandas de direitos como um tipo de exercício ativo de direitos conferido a pessoas que vivem em uma democracia, um regime político construído em torno da premissa da titularidade universal de direitos. Pessoas, em situação de desvantagem, *não* pleiteiam direitos porque querem direitos especiais, elas reivindicam direitos porque não gozam do mesmo nível de proteção exigido pelo texto constitucional e disponível para membros de outros grupos. Poder demandar direitos é um pressuposto essencial do regime geral de liberdades presente em regimes democráticos.[109]

É importante observar o papel central que a mobilização política de grupos raciais subalternizados teve na transformação das relações entre constitucionalismo e democracia. Essa transformação esteve baseada na expectativa de pessoas negras de viverem dentro de uma realidade social regulada a partir dos princípios do regime democrático. A principal demanda articulada por pessoas negras era exatamente o reconhecimento da igualdade moral delas,

---

109 DONNELLY, Jack. *Universal human rights in theory and practice*. Ithaca: Cornell University Press, 2013, pp. 8/9.

o reconhecimento delas como membros valiosos da comunidade política. Em resumo, pessoas negras exigiam que os princípios que regulam o regime democrático e a cultura constitucional fossem aplicados a elas. Pessoas negras têm exigido, ao longo dos últimos duzentos anos, que os ideais de justiça, que regulam as democracias constitucionais, também sejam aplicados a elas da mesma forma que são aplicados aos brancos. Pessoas negras exigem o reconhecimento delas como titulares de direitos, que elas sejam tratadas com o mesmo respeito e consideração com os quais pessoas brancas são tratadas. Lideranças negras demandam a justiça procedimental nas diferentes esferas da vida, um objetivo ainda distante de ser alcançado; elas também defendem políticas distributivas, porque o racismo promove desvantagens materiais significativas. A intelectualidade negra formulou e defende concepções emancipatórias da igualdade e demonstra como a circulação de estigmas raciais motivam uma série de práticas institucionais que ferem princípios básicos de justiça.[110]

Vemos, então, que a luta da população negra pela consolidação de uma cultura igualitária teve um papel central no desenvolvimento da cultura constitucional de muitas democracias liberais. Esse é o primeiro aspecto da noção de letramento racial explorada neste livro: esse termo implica o entendimento da legitimidade da luta por justiça conduzida pela comunidade negra. A persistência de desigualdades duráveis entre grupos sociais é uma realidade incompatível com a cultura constitucional e com a cultura democrática. Isso significa que os grupos que se encontram nessa situação têm o direito constitucionalmente consagrado de protestar por essa situação e elaborar demandas de direitos. Temos, do outro lado, a obrigação estatal de cumprimento dessas reivindicações, porque elas são constitucionalmente estabelecidas. A igualdade de direitos é uma condição para

110 Cf. PROENZA-COATES, Christina. *American founders*: How people of African descent established freedom in the new world. Montgomery: NewSouth Books, 2019; DOMINGUES, Petrônio. *A nova abolição*. São Paulo: Selo Negro Edições, 2008; NASCIMENTO, Beatriz. *Uma história feita por mãos negras*. São Paulo: Zahar, 2021, pp. 71-193.

a operação de quaisquer regimes democráticos e todas as pessoas devem estar igualmente engajadas na luta pela democracia. O desrespeito sistemático de direitos implica, diretamente, que o sistema democrático não funcione de maneira adequada, motivo pelo qual os processos responsáveis por isso devem ser corrigidos. Membros de grupos raciais subalternizados, ao elaborarem demandas de direitos, não estão comprometendo a democracia, eles estão exigindo que a democracia opere de forma adequada, o que ocorre quando todas as pessoas têm os meios institucionais para exercerem seus direitos. Dessa forma, demandas de direitos, formuladas por grupos raciais subalternizados, possuem plena legitimidade, porque correspondem a interesses que devem ser assegurados para que o ideal de autodeterminação possa ser alcançado pelos indivíduos, independentemente do seu pertencimento racial.[111]

O segundo aspecto da noção de letramento racial, presente neste livro, está baseado na noção de que o racismo é um problema de ordem política. Ele demonstra que uma sociedade não mantém compromisso real com princípios democráticos, que ela não mantém vínculos efetivos com princípios jurídicos básicos, porque permite ou contribui para a reprodução de desigualdade entre grupos raciais. A presença de desigualdades raciais persistentes indica a existência de uma moralidade pública que opera de forma desvirtuada, porque reproduz ou institucionaliza práticas racistas. Temos, ainda, uma esfera pública que também não oferece os meios institucionais para a operação adequada do regime democrático, porque as instituições políticas foram capturadas por membros do grupo racial dominante, indivíduos que utilizam o poder institucional para defender privilégios sistêmicos para eles. O comprometimento com uma moralidade pública, baseada na promessa da mesma consideração e respeito

---

111 *Cf.* LOGAN, Rayford. *What the negro wants*. Notre Dame: University of Notre Dame Press, 1944; HANCHARD, Michael. *Party/politics*: horizons in black political thought. Oxford: Oxford University Press, 2006; GAMA, Luiz. *Obras completas*: democracia. São Paulo: Hedra, 2021.

por todas as pessoas, é substituído por estigmas e estereótipos que legitimam práticas racistas desenhadas para reproduzirem a noção de membros de grupos raciais subalternizados não são atores sociais competentes.[112]

3.3 O princípio constitucional da solidariedade

O conceito de solidariedade engloba uma pluralidade de sentidos. Ele designa um vínculo existente entre pessoas ou grupos de pessoas que vivem em uma comunidade política, tendo, então, alguma conexão, *status* ou interesse em comum; ele diz respeito às relações morais que redundam em responsabilidade social entre elas, sendo que cada uma delas se sente obrigada a apoiar as outras em uma pluralidade de situações de forma que elas possam ter as condições adequadas para o florescimento pessoal, expectativa marcada pela reciprocidade. Se, de um lado, a solidariedade implica a empatia entre pessoas conectadas por vínculos morais, ela também expressa a preocupação de minimizar quaisquer situações que impeçam o gozo de direitos necessários para uma vida digna. Esse princípio possui, também, uma dimensão política porque pressupõe a existência de relações morais entre cidadãos e cidadãs. Esse preceito permite que as pessoas possam criar uma comunidade baseada na cooperação entre indivíduos que se reconhecem como iguais, como pessoas que devem ter as mesmas condições para poderem atingir seus propósitos, o que depende do compromisso com o reconhecimento do outro como um ator social competente. Isso significa que a solidariedade também tem uma dimensão jurídica, porque consiste em um parâmetro de regulação das instituições estatais, instâncias responsáveis pela tutela dos direitos necessários para que as pessoas possam ter uma existência digna. Desse modo, esse preceito está relacionado a

---

112 *Cf*. WILKERSON, Isabel. *Caste*: the origins of our discontents. Nova York: Random House, 2020, pp. 167-257; ARAIZA, William. *Animus*: A Short Introduction to Bias in the Law. Nova York: New York University Press, 2017.

outro princípio moral, político e jurídico das sociedades democráticas: a *justiça*. Uma sociedade justa é marcada pelo reconhecimento da responsabilidade social para a garantia de que as condições de igualdade e de liberdade criem os meios para fomentar a autonomia entre todos os membros da comunidade política.[113]

Esses diferentes sentidos da solidariedade foram sendo constituídos ao longo da história das democracias ocidentais. Sua dimensão política tem origem no mundo grego quando surge a noção de que o sucesso do projeto político democrático depende do cultivo da virtude moral dos membros da comunidade política. Esse processo permitiria que as pessoas se tornassem capazes de regular suas ações por meio do uso da razão, o que criaria as condições para o processo de produção do consenso social a partir do debate racional entre aqueles que possuíam o *status* de cidadãos. O desenvolvimento de um vínculo cívico entre eles passou a ser visto como uma condição necessária para que a democracia pudesse ser um regime político no qual se desenvolve um tipo de moralidade que não se identifica com os valores do espaço privado, porque diz respeito aos fatos necessários para o alcance dos interesses públicos. Os interesses individuais deixam de ser um parâmetro de ação individual, porque os cidadãos almejam criar uma ordem política baseada na cooperação entre pessoas cujas ações serão reguladas pela justiça. Os gregos chamavam esse vínculo de *philia*, termo traduzido por amizade cívica. Este termo pode assumir diferentes formas a partir das disposições que os indivíduos apresentam uns com os outros, sendo que a verdadeira amizade surge entre pessoas igualmente virtuosas, uma vez que elas estão igualmente preocupadas com o bem-estar umas das outras. Mas a amizade não se reduz às relações presentes no espaço privado, uma vez que ela também regula as interações entre os indivíduos

---

113 SILVA, Ana Cristina Monteira de Andrade. "Princípio constitucional da solidariedade". *Revista CEJ*, vol. 20, nº 68, 2016, pp. 37/38; WESTPHAL, Vera Herweg. "Diferentes matizes da ideia de solidariedade". *Revista Katálysis*, vol. 11, nº 1, 2008, pp. 44/45.

politicamente organizados. Ela dificilmente pode se tornar um parâmetro das relações humanas em sociedades marcadas por relações hierárquicas arbitrárias, motivo pelo qual a amizade pode alcançar seu pleno potencial no regime democrático. Dessa forma, a noção de solidariedade encontra sua origem na noção de que o regime democrático pode ocorrer entre pessoas cujos pensamentos e ações estão voltados para a construção de uma realidade social baseada na contribuição para o aprimoramento do outro.[114]

Se a solidariedade tem origem na reflexão sobre a noção de amizade como forma de interação moral e política, ela adquire outras dimensões em momentos históricos posteriores quando o cristianismo se torna o parâmetro central das relações morais. Esse preceito estará ligado, agora, à noção de irmandade entre pessoas que são o produto da criação de uma força divina que as imbuiu de uma alma, instância que as permite operar de acordo com o princípio da empatia e da responsabilidade por serem todos produtos de uma vontade transcendente. As pessoas devem ser fraternas umas com as outras, pois a fraternidade expressa a virtude moral que todos os cristãos devem ter em relação ao outro, porque ele também expressa a imagem do Criador. O que chamamos, hoje, de solidariedade, também recebe grande influência da reflexão sobre o tema da fraternidade, um sentimento que possui uma clara dimensão universal, uma vez que o cristianismo pressupõe uma sociedade construída em torno de um *status* igualitário entre todas as pessoas que são criadas com o propósito de construir uma comunidade em torno da noção de reciprocidade de obrigações entre iguais.[115]

---

114 FRAISSE, Jean-Claude. *Philia*: la notion d'amitié dans la philosophie antique. Paris: Vrin, 1974, pp. 194-210; MANZANEDO, Marcos. "La amistad en la ética nicomaquea de Aristoeles". *Studium. Revista de Filosofia y Teologia*, vol. 17, nº 1, 1977, pp. 77-85.

115 WESTPHAL, Vera Herweg. "Diferentes matizes da ideia de solidariedade". *Revista Katálysis*, vol. 11, nº 1, 2008, pp. 45/46.

A solidariedade incorpora uma nova dimensão política no mundo moderno; ela não se resume apenas a um tipo de vínculo cívico entre pessoas racionais, mas entre seres que se compreendem, agora, como indivíduos que possuem interesses passíveis de serem realizados a partir do gozo de direitos constitucionalmente garantidos. Esses indivíduos são vistos como entes racionais, o que os permite viver de acordo com normas que expressam o consenso coletivo sobre como a sociedade deve ser regulada; eles também defendem a ideia de que todas as pessoas devem ter os mesmos direitos. Esses fatores são relevantes para a ideia de que a fraternidade continua sendo um valor importante, mas ela está baseada, agora, no pressuposto de que as pessoas vivem em uma sociedade legalmente organizada, na qual todas elas possuem direitos e deveres, inclusive a ideia de responsabilidade social. Estamos, agora, em um momento histórico no qual se forma a noção de uma democracia solidária, um tipo de regime em que o princípio da solidariedade pauta as ações dos indivíduos, mas também a operação das instituições estatais. Assim, essa democracia solidária é um tipo de regime político regulado pela noção de justiça social; uma sociedade na qual políticas distributivas criam os meios para que as pessoas possam ter a segurança material necessária para poderem ter uma existência digna. Dentro dos textos constitucionais contemporâneos, o princípio da solidariedade guarda relações estruturais com os princípios da igualdade, tanto no seu sentido formal quanto no seu sentido material e ainda com o princípio da dignidade, uma vez que este institui parâmetros para ações estatais voltadas para a criação de uma realidade social mais justa para todas as pessoas.[116]

O princípio da solidariedade adquiriu novos significados ao longo da história do desenvolvimento do constitucionalismo moderno. Se, durante o constitucionalismo liberal, esse preceito estava vinculado

---

116 CARDOSO, Alenilton da Silva. "Princípio da solidariedade: a confirmação de um novo paradigma". *Revista Direito Mackenzie*, vol. 6, nº 1, 2008, pp. 10-13.

aos valores do liberalismo, doutrina que situava o indivíduo no centro das preocupações sociais, o constitucionalismo social introduz uma nova dimensão à solidariedade, uma vez que surge a preocupação com a segurança material necessária para a realização humana. Os processos de estratificação social, decorrentes da operação do capitalismo, fazem surgir uma consciência de solidariedade entre trabalhadores, o que empresta novas conotações políticas e jurídicas a esse princípio. O paradigma anterior precisava ser superado, porque a centralidade dos interesses do indivíduo na organização política da sociedade produziu um retrocesso na consciência da solidariedade, marcada por uma grande indiferença em relação àqueles e àquelas que enfrentam desvantagens econômicas significativas. A inclusão de normas programáticas, da igualdade material e de direitos sociais torna as instituições estatais responsáveis pela transformação do *status* material daqueles que enfrentam formas severas de desvantagens. O atual paradigma constitucional incorpora a solidariedade como um princípio constitucional com o objetivo de potencializar a harmonia social ao instituir esse princípio como parâmetro para a interpretação e a aplicação de normas constitucionais. A busca do ideal da justiça social surge, agora, como algo que atribui às instituições estatais o papel de serem agentes de transformação social, motivo pelo qual eles devem olhar para a sociedade, identificar aqueles grupos que se encontram em uma situação de desvantagem e atuar para modificar essa situação. A solidariedade empresta, então, um caráter emancipatório à ação do Estado na atualidade, uma vez que ele precisa contribuir para a garantia da justiça social.[117]

Ao ser instituída como um princípio constitucional, a solidariedade se torna algo passível de exigibilidade jurídica, motivo pelo qual instituições públicas são obrigadas a instituir medidas voltadas

---

117 DINIZ, Marcio Augusto de Vasconcelos. "Estado social e princípio da solidariedade". *Revista de Direitos e Garantias Fundamentais*, nº 3, 2008, pp. 31-48; CARDOSO, Alenilton da Silva. "Princípio da solidariedade: a confirmação de um novo paradigma". *Revista Direito Mackenzie*, vol. 6, nº 1, 2008, pp. 14-21.

para a erradicação de desvantagens econômicas e da marginalização social. Esse fato decorre de um aspecto relevante da cultura jurídica contemporânea: o aparecimento de textos constitucionais construídos em torno de valores morais. Uma vez positivados, eles estabelecem propósitos a serem atingidos por instituições estatais, pois indicam os parâmetros que devem guiar as relações humanas em uma sociedade democrática. Vemos, então, que nossa legislação constitucional não pode ser entendida como um simples conjunto de regras jurídicas, mas sim um conjunto de princípios que estabelecem um propósito fundamental: a promoção da dignidade da pessoa humana. A instituição desse preceito moral como objetivo central de nossa ordem jurídica e política demonstra a centralidade do princípio da solidariedade, uma vez que sua realização depende do reconhecimento da igualdade moral entre todas as pessoas, de que todas elas devem ter os mesmos meios para o seu florescimento. Por esse motivo, práticas sociais, que excluem grupos humanos de oportunidades, que limitam suas possibilidades de integração social, são integralmente incompatíveis com nossa ordem jurídica e política.[118]

A transformação da solidariedade em um princípio constitucional tem, então, uma implicação especialmente importante, mas sempre ignorada por inúmeros atores sociais: *o dever estatal de tutela de direitos fundamentais*. Vimos que viver em uma sociedade democrática significa poder demandar direitos constitucionalmente consagrados; significa poder demandar prerrogativas abertas a todos os membros da comunidade política. Tal fato institui a obrigação de proteção e de promoção de direitos constitucionalmente garantidos, objetivo que sempre deve contar com a mobilização da sociedade como um, em função da noção de solidariedade. A solidariedade significa cooperação para que todas as pessoas possam atingir seus

---

118 CARDOSO, Alenilton da Silva. *Princípio da solidariedade*: o paradigma ético do Direito Contemporâneo. São Paulo: Juarez de Oliveira, 2010, pp. 138-140; NOVAIS, Jorge Reis. *Princípios estruturantes de Estado de Direito*. São Paulo: Almedina, pp. 25-64.

objetivos existenciais, razão pela qual a tutela de direitos fundamentais aparece como uma obrigação estatal de extrema relevância, um ideal em torno do qual todas as pessoas devem estar organizadas. Ser solidário implica a mobilização política para que todas as pessoas possam exercer seus direitos de forma plena, finalidade difícil de ser alcançada quando diversos segmentos sociais enfrentam uma situação histórica de marginalização.[119]

Observamos, então, que o princípio da solidariedade passa de uma realidade em que o descaso em relação ao outro se torna comum, em função da operação de processos de estratificação para outra, na qual ele assume a forma de um princípio constitucional. Embora sejam sociedades construídas em torno do *status* igualitário entre todas as pessoas, as democracias modernas são atravessadas pela operação de uma série de diferentes sistemas de opressão, o que impede a construção de uma sociedade solidária. Os padrões de relações raciais – analisados no capítulo anterior – são exemplos disso. Eles podem assumir a forma de dominação política, de dominação jurídica, de dominação física, de dominação moral; eles criam empecilhos para a integração de grupos raciais vistos como inferiores, um obstáculo significativo para a construção de uma democracia solidária. Essas várias formas de diferenciação geram, também, distinções de estima social entre membros dos vários grupos sociais, uma vez que muitos deles acreditam que não possuem nada em comum com pessoas vistas como diferentes ou inferiores. A operação paralela desses sistemas de opressão gera uma situação de vulnerabilidade social de grupos raciais; a discriminação imposta a eles gera a percepção de que não são atores sociais competentes e reforçam estereótipos criados por membros do grupo racial dominante para promover a desvantagem dessas pessoas. Temos, então,

---

119 DIMOULIS, Dimitri; MARTINS, Leonardo. *Teoria geral dos direitos fundamentais*. 8ª ed. São Paulo: Revista dos Tribunais, 2021, pp. 158-165; SILVA, Jorge Pereira. *Deveres do Estado de proteção dos direitos fundamentais*. Lisboa: Universidade Católica de Lisboa, 2015, pp. 343-487.

uma situação complexa na qual práticas que procuram legitimar a opressão são utilizadas de forma estratégica para impedir que certos segmentos sejam vistos como pessoas que devem contar com a empatia social, como pessoas que devem ser beneficiadas por políticas estatais, o objetivo de uma democracia solidária.[120]

Em tempos recentes, certos estudos apontam os problemas de se pensar a solidariedade como um princípio que governa as relações humanas apenas no espaço público. Essa perspectiva, quando ligada aos princípios do liberalismo, restringe a noção de solidariedade ao sentimento entre pessoas livres e racionais que são capazes de alcançar seus objetivos por seus esforços individuais. Esse tem sido um dos motivos pelos quais aqueles que estão em uma situação de desvantagem não gozam da mesma *igualdade afetiva*, o que deve ser visto como um componente central da noção de solidariedade. Esses autores entendem a desigualdade afetiva como uma disparidade significativa na disponibilidade de acesso nas formas como as pessoas satisfazem suas necessidades de amor e cuidado e nas ações sociais necessárias para o seu alcance. A desigualdade afetiva é um dos produtos das disparidades existentes em diferentes esferas da vida; é consequência de problemas de ordem econômica, política, cultural e jurídica que geram disparidades de status entre indivíduos e grupos. A situação na qual eles se encontram não são lidas como produto de desvantagens sistêmicas; grande parte das pessoas responsabiliza os próprios indivíduos pela situação na qual se encontram, motivo pelo qual não merecem o mesmo nível de apreço dirigido àquelas pessoas que, supostamente, são indivíduos que, por viverem de acordo com expectativas sociais, conseguem

---

120 *Cf.* BRUNKHORST, Hauke. *Solidarity*: from civic friendship to a global legal community. Cambridge: Cambridge University Press, 2005, pp. 79-85; VAN DIJK, Teun Andreas. *Elite discourse and racism*. Londres: Sage, 1993, pp. 18-49; ARTHUR, John. *Race, equality, and the burdens of history*. Cambridge: Cambridge University Press, 2007, pp. 9-114; CARNEIRO, Sueli. *Racismo e sexismo e desigualdade no Brasil*. São Paulo: Selo Negro, 2011.

alcançar a inclusão social. Tendo em vista que ser apreciado é uma necessidade humana fundamental, sentimento que, nesse contexto, expressa o afeto derivado de respeitabilidade social, muitos grupos sociais deixam de ser vistos como merecedores de ações solidárias, porque, supostamente, são inteiramente responsáveis pela situação na qual se encontram. Em uma sociedade na qual a desvalorização da cultura democrática desaparece paulatinamente em função da instituição dos valores do espaço privado na regulação das relações públicas, temos mais um fator que reproduz a dominação de grupos sobre outros. As mesmas pessoas que discriminam e se beneficiam de todas as formas de discriminação são as que divulgam a ideia de que cada indivíduo deve ser responsável pela promoção da inclusão social.[121]

3.4 Letramento racial e solidariedade cívica

A realização da solidariedade se mostra difícil de ser alcançada em uma sociedade na qual as relações sociais são marcadas por estereótipos que impedem o desenvolvimento de empatia em relação ao outro. Esse problema decorre de um aspecto central da modernidade: sua diferenciação sistêmica. Os sistemas sociais, que regulam diferentes aspectos da vida social, deveriam operar de maneira neutra, mas eles são controlados por grupos sociais específicos que atuam de acordo com regras que expressam seus interesses particulares. Essa situação provoca um processo estrutural de exclusão que impede a criação de uma cultura solidária, porque a situação de vulnerabilidade social, na qual as pessoas se encontram, parece ser atribuída às próprias pessoas. As sociedades humanas passam por diferentes modelos de relações raciais, sendo que muitos deles estão baseados na diferenciação de *status* jurídico e moral entre grupos raciais, motivo pelo qual os que pertencem aos segmentos

---

121 LYNCH, Kathleen; BAKER, John; LYONS, Maureen. *Igualdad afectiva*: amor, cuidados e injusticia. Madrid: Ediciones Morata, 2014.

dominantes desenvolvem a noção de que não possuem pouca coisa ou nada em comum com os que pertencem a coletividades vistas como inferiores. As ideologias racistas, que animam as assimetrias raciais, concorrem para que as pessoas não tenham o mesmo nível de respeitabilidade social, requisito para o desenvolvimento da solidariedade cívica. Isso significa que este preceito ocorre apenas entre aqueles que pertencem ao mesmo grupo social, situação contrária ao propósito de construir uma democracia solidária. Os danos, causados pela operação desses sistemas sociais a partir dos interesses de grupos específicos, são invisibilizados, uma vez que as instituições parecem operar de acordo com normas que supostamente são reguladas de acordo com os princípios da universalidade e da generalidade das normas jurídicas.[122]

A solidariedade está amplamente associada à outra ideia importante: a noção de empatia, princípio que tem uma natureza multidimensional. Um de seus aspectos é a fantasia, o que descreve nossa tendência de nos identificarmos como uma pluralidade de personagens ficcionais, o que abre espaço para ver essas pessoas como iguais. A empatia também engloba o desenvolvimento da possibilidade de reconhecimento da validade da perspectiva do outro, bem como ver as coisas a partir da experiência e das posições deste. O termo em análise também desperta um sentimento de estresse pessoal ao testemunharmos as experiências negativas vividas por pessoas por quem sentimos empatia. O sentimento de empatia faz com que os seres humanos desenvolvam atitudes altruístas, faz com que elas atuem para aliviar a situação negativa pela qual outras pessoas estão passando. Os que sentem empatia por outros seres humanos se sentem perturbados pela situação na qual eles estão e se mobilizam para que

122 *Cf.* BRUNKHORST, Hauke. *Solidarity*: from civic friendship to a global legal community. Cambridge: Cambridge University Press, 2005, pp. 79-85; GOLDBERG, David Theo. *The racial state*. Nova York: Willey-Blacwell, 2001.

ela seja alterada ou superada.[123] Esse tipo de sentimento permite a construção de uma sociedade baseada na noção de cooperação para a promoção das melhores condições de vida possível para todos os membros da comunidade política, pessoas vistas como iguais.

A discussão sobre solidariedade cívica permite que abordemos diferentes dimensões do que estamos chamando de letramento racial. Vimos que este termo implica as ideias de informação e de interpretação, que esse preceito pressupõe conhecimento teórico capaz de permitir o conhecimento adequado da realidade. Um primeiro elemento importante para o aspecto informativo do letramento racial diz respeito aos compromissos estabelecidos pelo nosso texto constitucional. Muitos atores sociais argumentam que medidas voltadas para a integração de pessoas negras e indígenas não encontra fundamentação constitucional. Essa afirmação não encontra correspondência com a realidade, uma vez que nossa Constituição Federal pode ser concebida como uma ordem de valores políticos que estabelecem objetivos específicos para as instituições estatais. Por esse motivo, devemos estar atentos ao fato de que a construção de uma sociedade democrática requer a formação de um tipo de consciência cívica baseada na responsabilidade coletiva, o que expressa o comprometimento de todas as pessoas com a eliminação das práticas sociais que impedem que todos os grupos sociais possam ter o mesmo *status* cultural e o mesmo *status* material necessários para a integração social. O racismo impede a construção da solidariedade cívica, porque convence as pessoas de que a raça é uma categoria legítima de divisão social, de que membros de certos grupos não merecem o mesmo nível de consideração, nem o gozo dos mesmos direitos. A crença na hierarquia entre grupos raciais não permite o reconhecimento da igualdade moral entre membros dos diversos grupos raciais, muito menos a consciência de que as pessoas possuem responsabilidade em atuar na melhoria das condições de vida

123 *Cf.* DAVIS, Mark H. *Empathy*: a social psychological approach. Nova York: Westview, 1996.

do outro. Os estigmas raciais são mecanismos que operam como verdadeiras cognições sociais, modos de percepção da realidade que guiam as ações dos indivíduos em relação ao outro. O projeto de construção de uma democracia pluralista e substantiva depende do reconhecimento moral entre todos os indivíduos, condição para que eles possam estar igualmente envolvidos em um projeto político baseado na responsabilidade coletiva para o alcance de melhores condições de vida para todas as pessoas.[124]

Se o letramento racial implica uma atitude interpretativa da realidade, ele indica a necessidade de pensarmos os princípios que devem guiar a interpretação das normas constitucionais. O princípio da solidariedade está associado ao dever de combate à marginalização, problema que incide sobre a identidade das pessoas, não apenas sobre a posição delas na estrutura de classes. Por essa razão, normas constitucionais devem ser interpretadas a partir de uma perspectiva bem específica: o potencial delas em promover a emancipação de grupos marginalizados. Esse programa constitucional exige a superação de uma interpretação de normas jurídicas que não considera a condição histórica na qual as pessoas vivem; não podemos partir do pressuposto de que elas existem para proteger todas as pessoas porque elas possuem o mesmo status jurídico. A promoção da integração social não será realizada se não considerarmos a condição efetiva na qual as pessoas se encontram.[125] Essa perspectiva está expressa no próprio texto constitucional, documento legal que incorpora a

---

124 *Cf.* DINIZ, Marcio Augusto de Vasconcelos. "Estado social e princípio da solidariedade". *Revista de Direitos e Garantias Fundamentais*, nº 3, 2008, pp. 32-34.

125 *Cf.* MOREIRA, Adilson José. *Tratado de Direito Antidiscriminatório*. São Paulo: Contracorrente, 2020, pp. 278-324; RAMOS, Chiara; VAZ, Lívia Sant'Anna. *A justiça é uma mulher negra*. Belo Horizonte: Letramento, 2022; SANTOS, Maria Angélica. *E eu não sou uma jurista negra?* Belo Horizonte: Letramento, 2023.

noção de igualdade material, preceito que pressupõe a consideração das condições reais de existência das pessoas.[126]

Essa informação se mostra relevante para o processo de interpretação da realidade social ainda de outra forma. Embora medidas redistributivas possam melhorar a vida de pessoas negras, elas não são capazes de promover a plena emancipação desse grupo. Isso porque processos de marginalização incidem sobre a identidade dos indivíduos, aspectos que possuem diferentes dimensões. A identidade pessoal tem uma dimensão individual e uma dimensão social, ela corresponde às experiências de uma pessoa específica e aos pertencimentos sociais dela. O aspecto social de nossas identidades não é apenas produto de construções coletivas, uma vez que é largamente determinado a partir de processos de estratificação. Eles atribuem sentidos específicos a traços comuns de grupos populacionais, motivo pelo qual identidades sociais também possuem uma dimensão prescritiva. Sobre elas incidem práticas discriminatórias que promovem desvantagens diversas, entre elas desvantagens econômicas. Pessoas negras estão atrás de pessoas brancas em todas as classes sociais e em praticamente todos os aspectos da vida social, motivo pelo qual não podemos pensar que a marginalização econômica, na qual pessoas negras se encontram, é produto das mesmas experiências de pessoas brancas.[127]

---

126 BRASIL. Supremo Tribunal Federal. Ação Direta de Inconstitucionalidade no. 1003, Órgão Julgador: Tribunal Pleno, Relatora: Carmen Lúcia, 18.02.2019 (apontando a natureza social do seguro obrigatório, uma vez que ele pretende proteger possíveis vítimas de acidentes, propósito baseado no princípio da solidariedade); BRRASIL, Supremo Tribunal Federal. Recurso Extraordinário no. 450.855, Órgão Julgador: Tribunal Pleno, Relator: Eros Grau, 03.02.2006 (afirmando que o sistema previdenciário está construído em torno da noção de solidariedade, pois procura garantir melhores condições de vida para parcelas da população em situação de vulnerabilidade).

127 *Cf.* JENKINS, Richard. *Social identity.* 3ª ed. Nova York: Routledge, 1996, pp. 37-49; TELLES, Edward. *Racismo à brasileira*: uma nova

A celebração da solidariedade cívica, como princípio constitucional, representa o compromisso com um projeto político bastante específico: a construção de uma sociedade na qual todas as pessoas encontram os meios adequados para o exercício da cidadania. Todas as pessoas precisam, então, estar igualmente engajadas para que essa finalidade seja realizada, motivo pelo qual programas de ação coletiva se mostram necessários, sendo que eles estão baseados na necessidade de construção da solidariedade interracial. Um deles está relacionado com a busca de todas as pessoas pela compreensão dos mecanismos responsáveis pela reprodução de disparidades entre os grupos raciais. Letramento racial requer a procura por informação, o que se mostra necessário para que possamos superar explicações simplistas que se tornaram formas de justificação para a inércia social. O projeto de reconstrução de nossa democracia passa pela busca do conhecimento dos diferentes motivos que impedem a integração racial de pessoas negras, conhecimento que requer o abandono de explicações restritas a problemas relacionados com disparidades econômicas. É necessário o conhecimento dos mecanismos discriminatórios que atingem grupos raciais subalternizados, processos que possuem uma natureza multifatorial e que afetam esses segmentos sociais ao longo do tempo.[128]

Se o letramento racial é inspirado pela informação sobre os fatores que criam obstáculos para o gozo de direitos de pessoas negras, os que pertencem ao grupo racial dominante devem estar atentos ao que tem sido chamado de *lugar de fala*. Esta expressão diz respeito à necessidade de consideração da influência das posições que as pessoas ocupam nas estruturas sociais sobre a forma como elas percebem e interpretam a realidade. Elas não falam de lugares ideologicamente neutros, elas não expressam valores supostamente

---

perspectiva sociológica. Rio de Janeiro: Relume-Dumará, 2003, pp. 161-263.

128 MOREIRA, Adilson José. "Cidadania racial". *Quaestio Iuris*, vol. 10, nº 2, 2017, pp. 1052-1089.

universais. Elas fazem parte de estruturas sociais que determinam a percepção delas sobre o mundo, sobre a forma como ele funciona ou deveria funcionar. Esse tem sido um dos problemas enfrentados por aqueles que lutam pela igualdade racial: a presunção, feita por muitas pessoas brancas, de que as elaborações teóricas da intelectualidade branca representam a única forma adequada de interpretação da realidade. A construção da solidariedade interracial depende da construção de alianças baseadas no conhecimento intelectual produzido por pessoas negras e nas demandas de direitos por elas elaboradas, uma vez que são essas pessoas que possuem consciência das diferentes maneiras pelas quais são afetadas pelos sistemas de dominação racial.[129]

A solidariedade interracial pode ser construída na medida em que as pessoas são capazes de identificar os fatores responsáveis por disparidades raciais, mas ela também requer outro tipo de compromisso que o feminismo negro nos ajuda a compreender. A solidariedade pressupõe um tipo específico de responsabilidade: a promoção do empoderamento de grupos que sofrem formas de desvantagens duráveis, o caso de grupos raciais subalternizados. Promover o empoderamento dessas coletividades significa contribuir para o protagonismo social de seus membros, significa contribuir para o protagonismo acadêmico, para o protagonismo econômico, para o protagonismo cultural dessas pessoas. Esse tipo de ação coletiva contribui para a solidariedade cívica, porque cria coalisões entre negros e brancos para a construção de uma sociedade democrática, o que requer a construção de processos de integração de todos os segmentos. O empoderamento de grupos tradicionalmente discriminados tem o potencial de produzir modificações relevantes, como a criação de referências positivas para outros membros do grupo, permitir maior representatividade dessas pessoas em espaços decisórios, permitir, também, que as percepções de competência social

129 *Cf.* RIBEIRO. Djamila. *Lugar de fala*. São Paulo: Jandaíra, 2018.

de pessoas negras sejam eliminadas das representações culturais presentes na nossa sociedade.[130]

Se os dois primeiros capítulos apresentaram direções para estabelecermos caminhos para a construção de uma gramática social capaz de fornecer elementos para o entendimento dos processos de estratificação racial, pudemos tomar contato com outro aspecto central da noção de letramento racial. Sua realização pressupõe a formação de uma consciência racial que está intrinsecamente ligada à consciência cívica. Se o letramento racial abre, de um lado, a possibilidade para podermos entender a realidade a partir da posição que ocupamos nas hierarquias sociais, de outro, ele oferece diretrizes para formularmos uma consciência política edificada em torno da solidariedade cívica. Ela se torna possível na medida em que compreendemos a importância da defesa do igualitarismo para a construção de uma sociedade democrática, na qual todas as pessoas tenham chances similares de florescimento. Este preceito não é uma mera derivação de uma ideologia política, ele faz parte da lógica do constitucionalismo enquanto forma de organização das democracias liberais. Dessa forma, podemos entender o letramento racial como um tipo de educação para a democracia, para uma forma de organização política construída na defesa de direitos para membros de todos os grupos sociais, uma vez que esse regime político não permite a perpetuação de uma realidade construída em torno de desigualdades duráveis. Mais uma vez, ser racialmente letrado significa estar ciente da lógica democrática, dos propósitos dos direitos fundamentais e dos objetivos políticos estabelecidos pelo nosso texto constitucional.

---

130 *Cf.* BERTH, Joyce. *Empoderamento*. São Paulo: Jandaíra, 2018.

CAPÍTULO IV

O RACISMO, SUAS MANIFESTAÇÕES E MODOS DE OPERAÇÃO

Márcio Antônio Souza Junior é um médico que vive no interior de Goiás. Ele acorrentou os pés, os punhos e o pescoço de um homem negro, o que foi exibido em um vídeo que ele divulgou em suas redes sociais. A gravação foi acompanhada de um comentário em tom irônico no qual ele dizia que o homem negro continuaria na sua senzala porque tinha se recusado a estudar. Preocupado com a possível abertura de um inquérito policial, ele divulgou outro vídeo no qual procurava se retratar dizendo que tudo não passava de uma mera brincadeira. O homem anteriormente acorrentado apareceu no vídeo corroborando a fala de Márcio Antônio, dizendo que o vídeo não fazia qualquer tipo de referência à escravidão. Este homem branco voltou a publicar outro vídeo horas depois pedindo desculpas ao público e afirmando que se tratava apenas de uma encenação teatral. A juíza que julgou o caso considerou que houve a intenção de ultrajar a dignidade da vítima e da comunidade negra com a divulgação do vídeo racista. O sistema judiciário entendeu que houve a prática do racismo recreativo, uma manifestação desse problema social que procura garantir gratificação psicológica para pessoas brancas por meio do humor hostil. O humor hostil é um mecanismo cultural que reproduz estereótipos raciais que influenciam negativamente pessoas negras em uma pluralidade de situações, inclusive no tratamento dispensado a elas por agentes estatais. Por exemplo, Rafael Braga é um homem negro que mora em uma área periférica de um grande centro urbano. Certo dia, ele estava andando em sua comunidade quando foi abordado por policiais que exigiram informações sobre traficantes que operavam naquele local. Depois de ter dito que não sabia de nada sobre isso, os dois policiais forjaram um flagrante: eles o acusaram de estar portando drogas. O promotor que atuou no caso também o acusou de associação ao tráfico porque ele estaria comerciando drogas com um grupo de homens, segundo ele todos associados ao tráfico, embora ele mesmo afirme que eles não foram identificados. O juiz que julgou o caso acatou a denúncia, inclusive a de associação ao tráfico, fato decorrente do suposto vínculo de Rafael Braga com outros homens que o promotor e o juiz não sabiam quem eram ou o que faziam, mas que para eles estavam associados ao tráfico. O juiz desconsiderou as provas trazidas por testemunhas arroladas pelos advogados de Rafael, mas reconheceu a veracidade dos depoimentos dos policiais que o prenderam sob o argumento de que eles não poderiam ter uma atitude racista em relação a ele porque eles não o conheciam, argumento então baseado na noção de que discriminamos apenas as pessoas que conhecemos. A condenação de Rafael também foi legitimada por uma súmula segundo a qual o testemunho de policiais em casos de crimes associados ao tráfico é suficiente para a condenação, um mecanismo institucional que inverte o dever de comprovação da inocência para o acusado, objetivo que se torna impossível de ser alcançado. Vemos então que a circulação de estereótipos raciais afeta a vida de pessoas negras em uma pluralidade de situações, seja nas relações interpessoais, motivando a utilização do humor racista para produzir entretenimento ou nos encontros com agentes estatais que fazem uma série de presunções em função da raça e da classe das pessoas.

Entender o racismo como um problema político constitui um passo importante para o processo de letramento racial que estamos debatendo. Mas esse termo possui uma complexidade significativa, motivo pelo qual devemos entender seus diferentes aspectos. Este capítulo será dedicado ao debate do racismo a partir de uma perspectiva bastante específica: *seu funcionamento como um sistema de dominação social*. Estamos diante de uma pluralidade de mecanismos sociais que instituem tipos de identidades individuais e coletivas, percepções sobre os lugares sociais dos diferentes grupos raciais e as funções que seus membros devem ocupar. Ele determina entendimentos das funções das instituições políticas, a compreensão do que são direitos e a quem eles devem ser atribuídos e de que forma eles devem ser garantidos. Argumentarei que o racismo produz um processo de desorientação que afeta membros dos grupos raciais de forma distinta. Membros de grupos raciais subalternizados enfrentam uma realidade que lhes atribui *status* de titulares de direitos, mas negam a possibilidade de exercício deles em função de diversas práticas discriminatórias. Os que pertencem ao grupo racial dominante são afetados por um processo de desorientação porque o racismo leva muitos deles a pensar que as instituições devem operar de forma inteiramente neutra ou para garantir prerrogativas raciais, o que motiva muitos deles a ignorar como o racismo opera ou a sistematicamente desrespeitar princípios básicos da democracia. Eles querem viver em uma comunidade regulada pelo exercício de direitos, mas suas práticas desvirtuam a operação desse regime, uma vez que muitos deles estão engajados em práticas racistas ou negam a existência delas. Vários deles pensam que membros de outros grupos raciais não têm a mesma capacidade para atuarem como atores sociais competentes nas diferentes esferas da vida, razão pela qual não merecem ter o mesmo nível de respeitabilidade.[131]

---

131 WILLIAMS, Ian. *Disorientation*: Being black in the world. Nova York: Europa Editions, 2021.

É importante repetir que o racismo afeta negativamente a vida de todas as pessoas, embora de formas bastante distintas. Se o processo de desorientação produz danos ao *status* político, ao *status* jurídico e ao *status* moral de membros de grupos raciais subalternizados, ele também cria problemas para os membros do segmento racial dominante, notoriamente o desvirtuamento da forma como eles deveriam atuar como participantes de um regime democrático. O racismo também prejudica pessoas brancas, porque as motiva a fazer julgamentos falsos sobre outras pessoas brancas a partir da raça, pressupondo que todas elas são honestas, que todas elas são mais competentes, que todas elas são mais confiáveis. Como tal fato não tem correspondência com a realidade, elas se prejudicam a si mesmas em função desse problema. O racismo, um sistema que procura garantir vantagens indevidas, faz com que muitas pessoas brancas criem estratégias para que apenas elas sejam reconhecidas como agentes sociais capazes. Isso significa que o comprometimento com privilégios raciais promove um desvirtuamento do processo democrático que se reproduz ao longo de várias outras dimensões, o que acaba também prejudicando partes significativas de pessoas brancas, uma vez que cria uma cultura pública que despreza os procedimentos que deveriam guiar a moralidade democrática. O racismo é resultado de um processo por meio do qual identidades privadas são utilizadas como critério para o julgamento do valor moral das pessoas; isso significa que outros fatores podem sempre ser utilizados para diferenciar indivíduos, algo que impede a realização de uma cultura democrática e transforma a democracia em um meio permanente de conflito social em função da negação da humanidade de vários segmentos sociais. Os membros dos grupos dominantes adquirem controle sobre grande parte das instituições públicas e privadas e utilizam-nas para estabelecer um tipo de organização social que opera por meio de prerrogativas. Assim, embora pessoas brancas sejam beneficiadas por práticas racistas, elas são prejudicadas em função de sistemas de dominação que operam a partir de diferenciações de classe, de diferenciações de gênero, de diferenciações de sexualidade. O racismo contribui para a produção de um tipo de desorientação que compromete o funcionamento de todo o regime democrático, uma vez que desvirtua o funcionamento das instituições democráticas, o que afeta o *status* de todos os segmentos sociais.[132]

4.1 O racismo: definições e manifestações

Iniciaremos nossa definição do racismo a partir de uma perspectiva evolutiva; apresentaremos os aspectos centrais das diferentes teorias sobre racismo surgidas ao longo dos últimos duzentos anos. Essa metodologia nos permitirá observar a expansão progressiva do termo e de suas dimensões, conhecimento relevante para que possamos entender sua imensa complexidade. O racismo foi definido, por muito tempo, como um conjunto de práticas discriminatórias baseadas na premissa segundo a qual os seres humanos podem ser diferenciados a partir de traços fenotípicos comuns. Esses traços designam, por sua vez, grupos que possuem características distintas, sendo que elas são transmitidas geneticamente, razão da crença de que todas as pessoas que pertencem a um mesmo grupo racial carregam as mesmas disposições morais porque possuem o mesmo fenótipo. Subjacente à essa concepção de racismo, está a ideia de que as diferenças fenotípicas pressupõem não apenas a diferença física, mas também a diferença de valor moral entre grupos raciais, o que justifica a criação de hierarquias sociais entre eles baseadas nessas diferenças.[133] Embora ofereçam elementos importantes para a compreensão desse fenômeno social até os dias de hoje, outras

---

132 *Cf.* MILLS, Charles. "White supremacy as sociopolitical system: a philosophical perspective". *In*: DOANE, Ashley; BONILLA-SILVA, Eduardo. *White out*: the continuing significance of racism. Nova York: Taylor & Francis, 2003, pp. 35-49.

133 *Cf.* JACKSON JR, John P.; WEIDMAN, Nadine M. *Race, racism and science*: Social impact and interaction. New Brunswick: Rutgers University Press, 2004; GOLDBERG, David Theo. *Anatomy of racism*. Minneapolis: University of Minnesota Press, 1990.

explicações dessa natureza surgiram ao longo do tempo, especialmente em função da expansão dos estudos que passaram a abordar sua dimensão psicológica. Essas pesquisas procuraram entender o racismo como um problema de ordem emocional e cognitiva, como uma percepção inadequada do outro. Os conceitos de preconceito e estereótipo se tornaram relevantes para a sua compreensão, uma vez que eles demonstram como as pessoas formulam esquemas mentais sobre membros de outros grupos raciais, o que motiva o tratamento discriminatório. Essa concepção comportamental do racismo trouxe uma contribuição de imensa relevância porque permitiu a análise da sua operação no plano individual. Ela nos auxilia a entender a dinâmica do racismo no plano psicológico e no plano cultural, uma vez que oferece elementos para identificarmos os mecanismos psicológicos por meio dos quais cognições sociais sobre raça e racismo se tornam parâmetros de conhecimento da realidade social por muitas pessoas brancas.[134]

Uma nova dimensão do racismo aparece alguns anos depois da divulgação de trabalhos sobre suas particularidades psicológicas. Mesmo reconhecendo a importância da análise da sua dimensão psíquica, certos autores começaram a analisar seu aspecto coletivo. Para eles, o racismo é um sistema de dominação social que opera como um sentimento de posição de grupo. A crença na superioridade racial leva muitas pessoas a acreditarem que os diversos grupos sociais ocupam lugares naturais na sociedade, um tipo de arranjo social que deve ser mantido a todo custo. O racismo expressa um sentimento de animosidade decorrente da percepção de que pessoas dos outros grupos querem ter as mesmas oportunidades e o mesmo nível de respeitabilidade que elas, motivo pelo qual são vistos como uma ameaça ao *status* privilegiado que eles ocupam. A animosidade

---

134 Ver sobretudo ALPORT, Gordon W. *The nature of prejudice*. 2ª ed. Nova York: Basic Books, 1979, pp. 3-27; PETTIGREW, Thomas. "Prejudice". *In*: PETIGREW, Thomas *et al*. (Coord.). *Prejudice*. Cambridge: Harvard University Press, 1982.

contra membros de grupos raciais subalternizados não é apenas produto de uma compreensão inadequada da realidade, mas fundamentalmente do desejo de manutenção de uma ordem social na qual o *status* racial garante acesso a diversas oportunidades materiais e à respeitabilidade social. Surge, então, *a noção de que o racismo deve ser entendido como um sistema de dominação que procura preservar uma ordem social baseada na estratificação racial, o que permite o acesso privilegiado ou exclusivo a oportunidades e recursos.*[135]

Se as análises do racismo, como um fenômeno que expressa a motivação de um grupo em manter arranjos sociais que privilegiam seus membros de forma sistemática, expandiram o entendimento de sua dimensão coletiva, outros atores sociais começaram a examinar seu aspecto institucional. Eles partem do pressuposto de que as pessoas discriminam as outras nas suas relações interpessoais cotidianas, mas esse tratamento tem consequências distintas dependendo da posição que elas utilizam para praticar esses atos. Se um indivíduo discrimina outro na condição de representante de uma instituição, ele não está praticando o racismo interpessoal, está praticando o racismo institucional, uma vez que ele utiliza sua condição de representante de uma instituição para impor uma desvantagem a membros de grupos subalternizados. Como grande parte das instituições são controladas por pessoas brancas, elas podem empregar esse poder para garantir vantagens sistêmicas a pessoas brancas e para impor desvantagens sistêmicas a pessoas negras. A dimensão institucional do racismo revela seu caráter hierárquico: ele pressupõe disparidades de poder entre grupos raciais, realidade expressa especialmente por meio do controle sobre instituições sociais, o que permite a conformação das regras dessas instituições para atender aos interesses dos membros do grupo racial dominante. Esse é um dos motivos pelos quais a noção de racismo reverso não encontra fundamento, porque apenas

---

135 *Cf.* BLUMER, Herbert. "Race prejudice as a sense of group position". *The Pacific Sociological Review*, vol. 1, nº 1, 1958, pp. 3-7; DOANE, Ashley. "What is racism? Racial discourse and racial politics". *Critical Sociology*, vol. 32, nº 2 -3, 2006, pp. 255-278.

pessoas que estão em uma situação hierárquica superior podem impedir o exercício de direitos de outras. Todas as pessoas podem ter atitudes preconceituosas em relação a outras, mas elas não estão na posição de impedir o acesso a direitos por meio do uso do controle dos meios de poder.[136]

O surgimento das análises da dimensão institucional do racismo provocou uma ampliação considerável do entendimento da operação desse sistema de opressão social. Sua análise – a partir de uma dinâmica de poder institucional – permite-nos também identificar sua natureza sistêmica. Ele pode ser definido como um sistema de dominação social, porque compreende uma série de dinâmicas institucionais e interpessoais responsáveis pela subordinação de membros de outros grupos raciais em todas as esferas que regulam a vida nas sociedades atuais. Suas consequências se estendem a diferentes esferas da vida, causando desvantagens para as pessoas, de forma que direitos e oportunidades são sempre bloqueados, problema que não ocorre de forma aleatória, mas de forma regular. Membros de grupos raciais subalternizados criam expectativas de que sempre enfrentarão dificuldades para progredirem socialmente, o que faz com que muitos desenvolvam a percepção de que não possuem controle sobre aspectos básicos de suas vidas.[137] O racismo é um sistema de dominação social marcado pelo acesso constante de pessoas brancas a benefícios decorrentes de práticas que trazem desvantagem para membros de grupos raciais subalternizados. Esse problema assume uma pluralidade de formas, inclusive mecanismos que provocam a expropriação de oportunidades e de recursos por meio da exploração econômica de um grupo racial por outro. Processos de segregação espacial beneficiam pessoas brancas por meio da valoração constante de suas propriedades; a preferência de empregadores por pessoas

---

136 TURE, Kwane; HAMILTON, Charles. *Black power*: a política da libertação nos Estados Unidos. São Paulo: Jandaíra, 2021.

137 FEAGIN, Joe. *Systemic racism*: a theory of oppression. Nova York: Routledge, 2006, pp. 1-53.

brancas significa que o pertencimento racial permite o acesso a trabalho por meio da exclusão de membros de outras raças; a reprodução de estereótipos raciais permite que pessoas brancas possuam maiores níveis de respeitabilidade social, o que redunda em melhores condições de emprego; a permanência de pessoas negras em áreas pobres com escolas de baixa qualidade permite que brancos se beneficiem da exploração de um grupo social que desempenha funções sociais de baixa remuneração, uma vez que essa situação reproduz a estratificação racial. Brancos sempre poderão contar com pessoas de baixa qualificação educacional para desempenharem funções de baixa remuneração, mas que são essenciais para a manutenção da posição privilegiada de pessoas brancas, no caso, por exemplo, do trabalho doméstico.[138]

Muitos argumentam que o racismo possui uma dimensão estrutural, o que assume alguns sentidos dentro da literatura sobre o tema. Os que defendem essa tese afirmam que ele influencia a operação de diferentes sistemas que regulam a vida nas sociedades atuais, o que inclui instituições políticas, instituições econômicas, instituições culturais e instituições acadêmicas. Esse fato denota que a operação desse sistema é desenhada para garantir a reprodução de uma ordem social comprometida com a reprodução de vantagens para pessoas brancas e de desvantagens para pessoas não-brancas. O caráter estrutural do racismo designa o fato de que membros de grupos raciais subalternizados enfrentam dificuldades significativas para poderem ter acesso a uma pluralidade de direitos, o que compromete a mobilidade social dos membros desse grupo. Essa realidade traz consequências negativas às gerações presentes e às futuras, uma vez que o caráter estrutural do racismo concorre para a permanência de pessoas brancas em posições de poder, sendo que muitas delas procuram reproduzir os mecanismos que garantem a preservação de

138 *Cf.* CASHIN, Sherryl. *White space, black hood*. Opportunity hoarding and segregation in the age of inequality. Boston: Beacon Press, 2021; TEIXEIRA, Juliana. *Trabalho doméstico*. São Paulo: Jandaíra, 2021.

hierarquias sociais. Dizer que o racismo tem um caráter estrutural significa afirmar que ele é um fator central da operação dos diferentes sistemas que regulam a vida social: a política, a economia, a cultura, o direito e a educação. Surge, então, uma estrutura social baseada na manutenção de hierarquias raciais, seja em função da elaboração de normas abertamente racistas, seja em função de regulações que impactam minorias raciais de forma negativa e desproporcional. Assim, pessoas negras encontram dificuldades de poderem alterar o *status* no qual se encontram, porque não estão representadas nas instituições sociais que regulam os diversos sistemas sociais.[139]

Certos autores resgataram os estudos sobre a dimensão psicológica do racismo em tempos recentes, com a intenção de analisar certos aspectos de sua dimensão cultural. Eles estão interessados em examinar o conteúdo dos estereótipos raciais criados para justificar diferenças de tratamento entre grupos raciais. Essas pesquisas investigam as origens culturais dos processos sociais responsáveis pela associação entre aspectos da identidade negra e características negativas, ponto de partida para a compreensão das dinâmicas de poder responsáveis pela construção de certos grupos humanos como diferentes e inferiores. Esses autores e autoras demonstram, por exemplo, que a associação entre negritude e inferioridade moral, entre negritude e degradação sexual, entre negritude e indolência surgem em momentos históricos específicos com o objetivo de legitimar os interesses econômicos de pessoas brancas. Essas associações são constantemente reproduzidas de forma direta e indireta nos vários veículos culturais, processo responsável pela divulgação da ideia de que certos grupos são naturalmente inclinados para desempenhar certas tarefas em função do seu pertencimento racial;

---

139 Ver sobretudo BONILLA-SILVA, Eduardo. "Rethinking racism: toward a structural interpretation". *American Sociological Review*, vol. 62, nº 3, 1997, pp. 465-490; RIOS, Flávia; MILANEZI, Jaciane. "From cordial to structural racism". *In*: REITER, Bernd; ANTÓN SACHEZ, John (Coord.). *Routledge handbook of Afro-Latin American Studies*. Nova York: Routledge, 2022, pp. 175-182.

brancos devem desempenhar as de maior prestígio em função da sua suposta superioridade racial; enquanto todos os outros grupos raciais devem desempenhar funções subordinadas. Entretanto, esse processo é encoberto porque essas ideias são transmitidas por meio de mensagens culturais socialmente aceitáveis ou aparentemente neutras. Assim, a presença quase exclusiva de pessoas brancas nos meios de comunicação, principal fonte de informações de grande parte das pessoas no mundo contemporâneo, estabelecem padrões estéticos, padrões morais, padrões culturais, padrões sociais, padrões corporais a partir dos quais todos os outros grupos raciais são julgados. Assim, as pessoas não se tornam racistas apenas porque acreditam na suposta inferioridade de outros grupos raciais; elas se tornam racistas, pois carregam um sistema de representações sociais marcado pelo protagonismo de pessoas brancas em todas situações. Estas aprendem que ser branco é um tipo de *status* social privilegiado que deve ser defendido a todo custo, inclusive por meio de práticas discriminatórias. Não podemos, então, restringir o estudo do racismo à questão de animosidade, uma vez que o elemento principal é a proteção do *status* coletivo privilegiado de pessoas brancas. A proteção deste *status* privilegiado implica o controle de todos os sistemas de regulação social, motivo pelo qual não podemos entender a operação do racismo sem análises de sua dimensão cultural, política, econômica e jurídica.[140]

Estudos recentes abandonaram o propósito de formular teorias gerais para explicar as diversas manifestações do racismo. Eles observam que esse fenômeno social consiste em processos de natureza diversa que regulam as relações de poder entre grupos raciais, realidade que os motiva a priorizar os contextos específicos nos quais padrões de dominação racial surgem. Esses autores argumentam que o racismo é uma prática socialmente combatida por membros de

---

140 *Cf.* MOREIRA, Adilson José. *Racismo recreativo*. São Paulo: Jandaíra, 2019; ALMEIDA, Maureci Moreira de. *Ideologia do branqueamento nas telenovelas brasileiras*. Jundiai: Paco Editorial, 2016; SAHA, Anamik. *Race and cultural industries*. Cambridge: Polity Press, 2018.

todos os grupos raciais, motivo pelo qual suas formas de operação estão sempre sendo modificadas, sempre assumindo novas formas que procuram encobrir os meios a partir dos quais sistemas de vantagens e desvantagens raciais são produzidos. Ele assume, então, diversas formas em diferentes sociedades e em diferentes momentos históricos. Por esse motivo, eles afirmam que o racismo possui um caráter dinâmico, porque ele muda em função das reações sociais às suas manifestações. Práticas racistas foram legitimadas por discursos religiosos, depois por teses científicas, depois por teorias culturais; hoje, o racismo assume, inclusive, a forma de narrativas antirracistas segundo a qual todas as pessoas podem ser vítimas dessa prática, inclusive as que, historicamente, beneficiaram-se dela. Membros do grupo racial dominante, situados em todo o espectro político, condenam essa prática social, mas continuam engajados em uma série de comportamentos responsáveis pela reprodução de uma estrutura de poder que os beneficia sistematicamente. Assim, análises recentes falam sobre *projetos raciais*, termo que expressa as estratégias de dominação criadas para preservar estruturas discriminatórias, que produzem vantagens para pessoas brancas. Por serem projetos de dominação, eles podem articular os mais diversos aspectos ideológicos, inclusive a negação e a condenação do racismo, o caso de correntes recentes que advogam a neutralidade racial como única forma de justiça social coerente com o sistema constitucional.[141]

4.2 Os vários significados da raça

O racismo é um sistema de dominação social construído em torno da utilização da raça como critério de diferenciação social, motivo pelo qual devemos discutir esse termo com certa profundidade. As diferenças fenotípicas entre os diversos grupos humanos têm sido um objeto de reflexão de autores europeus ao longo dos últimos séculos. Essas diferenças designaram diferentes fatores ao

141 Ver sobretudo OMI, Michael; WINANT, Howard. *Racial formation in the United States*. 3ª ed. Nova York: Routledge, 2014.

longo da história, sendo que uma transformação profunda ocorreu nos últimos quatrocentos anos. Durante muito tempo, as diferenças fenotípicas entre os grupos humanos designavam a origem nacional ou geográfica dos indivíduos. Assim, certas características eram associadas a essas nacionalidades, mas elas designavam o que seriam temperamentos coletivos dos membros dessas nacionalidades. Alguns autores medievais começaram a desenvolver algumas explicações mais sistemáticas dessas diferenciações, motivo pelo qual formularam a ideia da existência de tipos raciais que estariam associados a elementos naturais. O termo raça adquire o sentido que temos hoje quando passa a ser utilizado para legitimar o projeto colonial europeu. Temos, a partir desse momento, a institucionalização do conceito de raça para classificar grupos humanos com o propósito de justificar uma pluralidade de interesses, entre eles a dominação europeia de outros povos. Autoridades religiosas instituíram uma diferenciação entre coletividades que possuem alma e as que não possuem; entre os que são descendentes de antepassados que foram amaldiçoados por forças divinas e os que são descendentes de indivíduos abençoados por essas mesmas forças. Surgem normas jurídicas que estabelecem a pureza de sangue como condição para o acesso a cargos públicos, normas de caráter religioso que fundamentam a noção de que características morais negativas são transmitidas hereditariamente. O racismo cria a noção de raça porque a utiliza como forma de classificação dos seres humanos para a legitimação de interesses econômicos dos membros do grupo racial hegemônico. É importante observar que, embora faça referência a características físicas, o conceito de raça está relacionado com as relações de poder entre grupos humanos que, agora, passam a ser classificados a partir do fenótipo, critério para a determinação do *status* social deles dentro das hierarquias sociais.[142]

---

142 FREDRICKSON, George M. *Racism, a short history*. Princeton: Princeton University Press, 2002, pp. 49-97; BETHENCOURT, Francisco. *Racismos*: das cruzadas ao século XX. São Paulo: Companhias das Letras, 2018, pp. 35-194.

A raça se torna, então, um conceito central da organização social das sociedades ocidentais, uma vez que grande parte dessas nações estavam envolvidas no projeto colonial. Entretanto, outro processo desempenhará um papel crucial na consolidação desse termo como um critério de diferenciação social: a ascensão da ciência como parâmetro fundamental de conhecimento do mundo. Esse fato será responsável pelo surgimento de teorias científicas sobre raças, fato que consolidará esse termo como uma categoria central para a regulação das relações humanas. O discurso científico sobre a raça a consolidará como um critério legítimo de diferenciação social; ele inaugura uma compreensão desse termo a partir da correlação entre traços fenotípicos e características morais, reforçando a noção de que características são transmitidas biologicamente, motivo pelo qual todos os membros de um grupo racial possuem as mesmas características. Essa tese começa a ser utilizada para justificar a subordinação de grupos populacionais distintos dos europeus, o que se aplicará, especialmente, a povos africanos e a povos nativos do continente americano. É importante observar também que esse discurso científico, mais do que atribuir características aos diferentes grupos, cria uma hierarquia entre eles baseada na pressuposição que as diferenças fenotípicas são produto de um processo de evolução biológica. Essa tese justifica a noção de que povos europeus representam o último estágio dessa suposta evolução, tese que os representa como agentes civilizatórios. Caberia a eles, então, civilizar os povos inferiores por meio do domínio econômico, do domínio político, do domínio jurídico e do domínio cultural. O discurso científico fundamenta, então, toda uma série de práticas sociais que adquirem imensa força persuasiva porque representa o conhecimento científico.[143]

---

143 *Cf.* JACKSON JR, John P.; WEIDMAN, Nadine M. *Race, racism and science*: Social Impact and interaction. New Brunswick: Rutgers University Press, 2006; HANNAFORD, Ivan. *Race*: the history of an idea in the west. Baltimore: John Hopkins University Press, 1996, pp. 187-232; HORSMAN, Reginald. *Race and manifest destiny*: the origins of American racial anglo-saxonism. Cambridge: Harvard University Press, 1981.

Mas a noção de raça adquire novos significados ao longo do tempo, sendo que eles aparecem superpostos em muitos discursos sociais. Por exemplo, a noção de raça sempre esteve relacionada à noção de linhagem; ela decorre da ideia de que certas características coletivas são passadas de uma geração a outra, sendo que elas representam, então, aspectos constitutivos de grupos populacionais. Posteriormente, o interesse científico, na descrição do comportamento humano, fez com que cientistas estivessem interessados em classificar as populações em tipos sociais. A raça passa a designar um desses tipos sociais, uma vez que ela designa um gênero de indivíduos que podem ser reconhecidos e classificados a partir de padrões de comportamento apresentados por todas as pessoas, que têm as mesmas características. A raça também começa a ser associada à classe social em muitas sociedades, consequência dos processos de marginalização econômica aos quais pessoas negras são submetidas. Elas passam a ser associadas com a pobreza, o que gera a expectativa em outras pessoas de que todos os negros e negras estão em uma posição subordinada. Raça também significa, para muitos indivíduos, um tipo de *status* que os seres humanos ocupam dentro da sociedade. Como ela determina oportunidades materiais e respeitabilidade social, ela passa a identificar o tipo de lugar social que os indivíduos ocupam dentro das hierarquias presentes dentro da sociedade. O racismo institui a raça como um critério de diferenciação social entre os seres humanos, categoria que passa, então, a existir como uma categoria jurídica e política: ela determina quem poderá ter pleno acesso a direitos e quem permanecerá em uma condição subordinada. A raça se torna um parâmetro para o julgamento do valor moral dos indivíduos, motivo pelo qual grupos considerados como inferiores são submetidos a diferentes processos de exclusão sem que isso cause consternação moral, uma vez que, estar em lugares subordinados, torna-se um destino natural de pessoas vistas como inferiores. Se o fenótipo indica que alguns grupos humanos são naturalmente inferiores, ele será evidência de que certos grupos serão superiores, motivo pelo qual eles devem ter controle sobre as instituições sociais. Assim, a diferenciação entre grupos humanos, a partir da raça, expressa o interesse de grupos dominantes em criar e perpetuar uma ordem social baseada na hierarquização entre raças, o que traz benefícios para alguns e desvantagens para outros.[144]

Afirmamos que o racismo é um sistema de dominação social, argumento que merece um esclarecimento importante. Muitas pessoas classificam a raça como uma categoria biológica, que não deveria ter qualquer papel na formação de políticas públicas. Essa tese se mostra problemática quando consideramos o fato de que ela possui significação social em função da sua dimensão simbólica. Sabemos que o conceito de raça não possui base científica, mas isso não anula o fato de que as culturas humanas atribuem sentidos a traços fenotípicos com propósito de estabelecer diferenciações entre grupos humanos. Estamos, então, diante do fenômeno da *racialização*, um processo ativo por meio do qual significações culturais são atribuídas a traços fenotípicos de grupos humanos com o propósito de legitimação de *status* social. Um aspecto desse processo deve ser mencionado. Dizer que as pessoas são racializadas significa dizer que todas elas possuem uma raça, todas elas são tratadas a partir do pertencimento a grupos humanos que possuem características físicas comuns. Não estamos falando, então, apenas de um processo social no qual as pessoas tomam a decisão de assumir essa ou aquela identidade coletiva, mas de um produto das relações assimétricas de poder presentes em uma sociedade. Isso se torna ainda mais evidente quando consideramos a forma como certos grupos, hoje classificados como brancos, não tinham esse *status* durante muito tempo, isso porque quaisquer traços podem ser utilizados para racializar as pessoas, sejam aspectos físicos ou culturais. Por exemplo, irlandeses e eslavos passaram a ser considerados como brancos depois do fim do sistema de escravização que existia nos Estados Unidos, uma

---

144 *Cf.* BANTON, Michael. *Racial theories*. 2ª ed. Cambridge: Cambridge University Press, 1994; MALIK, Kenan. *The meaning of race*: Race, history, and culture in western society. Nova York: New York University Press, 1996, pp. 71-101.

estratégia utilizada pela burguesia branca para impedir a formação de uma consciência de classe entre negros e brancos. Muitas das restrições empregadas contra negros libertos eram também utilizadas contra esses grupos europeus, mas tudo isso mudou quando eles se tornaram oficialmente brancos. Judeus são pessoas majoritariamente brancas, mas sempre foram racializadas a partir do pertencimento religioso; toda a ideologia moderna do racismo tem origem nos estatutos de sangue que proibiam o acesso de judeus a cargos oficiais, norma que obrigava as pessoas demonstrarem que as três últimas gerações de suas famílias eram de cristãos.[145]

Uma vez explorados alguns aspectos do racismo, é importante fazer, então, um sumário das premissas básicas do racismo como sistema de dominação social. Sua origem está intrinsecamente ligada à noção de hereditabilidade, preceito que fundamenta a noção de que todos os membros de minorias raciais possuem as mesmas características negativas, porque elas são transmitidas de uma geração à outra. Essa premissa ainda fundamenta os processos cognitivos de generalização feitos sobre pessoas que pertencem a grupos raciais subalternizados, motivando práticas discriminatórias contra eles, o que decorre de que eles não possuem integridade moral para atuarem como atores sociais competentes. A noção de superioridade racial pressupõe as ideias de hierarquia e inferioridade, elementos associados aos conceitos de pureza e impureza, motivo pelo qual quaisquer interações com membros de minorias raciais são vistas como uma violação da integridade de todas as dimensões da vida social de pessoas brancas. Além de motivarem a segregação racial, esses processos de hierarquização promovem uma tentativa permanente de muitas pessoas se passarem socialmente por pessoas brancas, a adotarem as tradições dos membros desse grupo, a se casarem com essas pessoas, uma possibilidade de ascensão social. Esse processo também faz com que as próprias pessoas brancas procurem aproximar-se,

145 *Cf.* FREDRICKSON, George M. *Racism*: a short history. Princeton: Princeton University Press, 2002, pp. 49-97.

o máximo possível, do ideal branco, uma vez que há, também, diferenciações dentro desse grupo. A permanência do pressuposto da superioridade racial depende da permanência de outros grupos raciais nas classes mais baixas, exigindo que eles jamais tenham o mesmo nível de respeitabilidade social, o que motiva a tentativa permanente de degradação moral dos membros dessa coletividade. O racismo estabelece, então, hierarquias que se reproduzem por todas as dimensões da vida social: hierarquias educacionais, hierarquias ocupacionais, hierarquias culturais, hierarquias políticas, hierarquias morais e hierarquias sexuais. Todas elas dependem da desumanização de pessoas negras; os que demonstram ter habilidades similares ou maiores do que os do grupo racial dominante enfrentam reações severas porque representam uma ameaça à identidade individual e coletiva de pessoas brancas.[146]

As considerações anteriores demonstram a dificuldade de apresentar uma definição precisa do racismo. É importante, então, considerar os diferentes níveis de operação dele para que as pessoas possam compreendê-lo de forma mais ampla. Primeiro, devemos mencionar sua *dimensão ideológica*. As teorias anteriores demonstram que o racismo está baseado na pressuposição de que a raça designa diferenças constitutivas entre grupos humanos, que ela designa um conjunto de características transmitidas hereditariamente. Essa premissa tem uma série de implicações. O racismo é um tipo de ideologia baseada na existência de hierarquias naturais entre grupos populacionais que possuem as mesmas características distintas. A crença nessa hierarquia natural determina o lugar em que membros de diferentes grupos devem ocupar na sociedade; pessoas brancas devem estar em uma posição hierárquica superior, porque são racialmente superiores; membros de outros grupos raciais devem desempenhar funções inferiores, porque são racialmente inferiores.

---

146 Para uma análise minuciosa desse processo ver sobretudo WILKERSON, Isabel. *Caste*: the origins of our discontents. Nova York: Random House, 2020, pp. 99-167.

Mas o racismo não pressupõe apenas a superioridade biológica de pessoas brancas. Ele também pressupõe a superioridade estética, a superioridade moral, a superioridade intelectual, a superioridade cultural delas. Isso significa que as características de pessoas brancas se tornam os parâmetros para a construção da moralidade social, dos padrões de beleza, dos critérios de civilidade; a cultura branca representa os critérios de inteligibilidade da realidade.[147]

A cultura do grupo racial dominante se torna, então, a referência cultural de toda a sociedade, o que ocorre em função do domínio dos membros desse grupo sobre todas as instituições culturais. A doutrina da superioridade racial representa a cultura europeia como um mecanismo civilizador: ela representa um ideal ao qual todas as outras pessoas devem se conformar para poderem ser consideradas como atores sociais que possuem algum tipo de valor. Mas, como a noção de projeto racial demonstra, esse aspecto ideológico do racismo sofre modificações constantes em função das críticas elaboradas por membros de outros grupos raciais. Assim, no lugar de uma defesa aberta da ideologia da superioridade branca, os agentes ideológicos do racismo representam os ideais culturais de seu grupo como referências neutras, como regras universais, como meios a partir dos quais a humanidade pode evoluir, motivo pelo qual devem ser mantidos como parâmetros universais. A transformação da cultura europeia como parâmetro universal de conhecimento do mundo permite o fenômeno da transparência: pessoas brancas podem defender a superação da questão racial, podem defender a neutralidade racial como evidência de justiça social, porque elas continuam representando o ideal humano. Para muitas delas, a sociedade opera de forma justa porque garante os mesmos direitos a todas as pessoas; várias delas argumentam que a defesa de direitos, baseada em características, representa uma mera forma de identitarismo que impede o reconhecimento dos valores comuns entre todas as pessoas. Obviamente, esses

147 VAN DIJK, Teun Andreas. *Elite discourse and racism*. Londres: Sage, 1993, pp. 1-18.

valores são comuns, na medida em que representam os parâmetros culturais tidos como universais, mas que são expressões da cultura do grupo racial dominante.[148]

O racismo também possui uma *dimensão cultural*, uma vez que fundamenta uma série de representações sobre os diversos grupos raciais. As pessoas se tornam agentes ideológicos do racismo, elas se tornam agentes que praticam o racismo em função da internalização de uma série de imagens sobre minorias raciais. Por ser um sistema de relações de poder, o racismo precisa ser constantemente legitimado, o que ocorre por meio de representações culturais, que reproduzem mensagens sobre os grupos raciais. O conteúdo dessas mensagens tem alguns aspectos específicos: elas são meios de atribuição de valores aos membros dos diferentes grupos raciais; enquanto pessoas brancas são representadas de forma positiva, as que pertencem a outras raças são retratadas de forma negativa. Representações culturais racistas divulgam supostas características de membros de grupos raciais subalternizados e dos lugares que eles podem ocupar na sociedade. Por esse motivo, representações culturais associam essas coletividades com a indolência, com a sujeira, com criminalidade e com a pobreza; as imagens sobre esses grupos reproduzem as noções de infantilidade, de degradação sexual, de inferioridade cultural; as mulheres desses segmentos sociais são vistas como lascivas, promíscuas, sedutoras, agressivas e subservientes. Os homens negros como agressores sexuais que precisam estar sob controle social a todo o tempo. Por outro lado, mulheres brancas são vistas como exemplo da pureza sexual que caracteriza a feminilidade, enquanto homens brancos são apresentados como os únicos parceiros sexuais ideais. É importante, então, observar que ideias racistas são elementos

---

148 *Cf.* APPIAH, Kwane Anthony. "Racisms". *In*: GOLDBERG, David Theo (Coord.). *Anatomy of racism*. Minneapolis: University of Minnesota, 1990, pp. 3-18; WELLMAN, David. *Portraits of white racism*. Cambridge: Cambridge University Press, 1993, pp. 1-63; MILES, Robert; BROWN, Malcolm. *Racism*. 2ª ed. Nova York: Routledge, 2003.

propulsores de práticas racistas: representações racistas motivam ações racistas. A dimensão cultural do racismo engloba uma série de cognições sociais que guiam as ações das pessoas nas diversas interações cotidianas, nas decisões que elas farão em uma pluralidade de situações, uma vez que a raça frequentemente aparecerá como um critério de julgamento moral dos indivíduos.[149]

Todas essas representações são construções culturais que determinam a posição que as pessoas não-brancas podem ocupar na sociedade, motivo pelo qual elas têm sido classificadas como *imagens de controle*. A constante criação e a reprodução de imagens racistas são um meio a partir do qual hierarquias de poder são legitimadas, são os meios pelos quais as pessoas são convencidas de que a posição de desvantagens, nas quais grupos raciais subalternizados se encontram, decorre de características deles e não de processos ativos de discriminação. É importante dizer que a reprodução dessas imagens de controle não motiva apenas atos conscientes, elas moldam as percepções dos indivíduos também no plano inconsciente. Isso significa que as pessoas são culturalmente treinadas para perceberem características positivas em pessoas brancas e a só observarem características negativas nos membros de grupos racialmente subordinados. Essa dinâmica cultural impacta a vida dessas coletividades de forma bastante distinta. Enquanto pessoas brancas são sistematicamente beneficiadas, pessoas negras são sistematicamente prejudicadas. Esse prejuízo se estende a todas as esferas da vida, uma vez que imagens de controle reproduzem a noção de que pessoas não-brancas não merecem o mesmo nível de respeitabilidade social. Estamos falando, então, de como representações culturais designam *expectativas* que as pessoas desenvolvem em relação ao comportamento do outro

---

149 *Cf.* SANTOS, Gislene Aparecida dos. *A invenção do ser negro*: um percurso das ideias que naturalizaram a inferioridade dos negros: São Paulo: Educ/FAPESP, 2002, pp. 63-105; FONSECA, Dagoberto José. *Você conhece aquela?* a piada, o riso e o racismo à brasileira. São Paulo: Selo Negro, 2012; GUIMARÃES, Antônio Sérgio Alfredo. *Classes, raça e democracia*. São Paulo: Editora 34, 2002, pp. 179-206.

a partir do pertencimento racial, sendo que elas assumirão uma dimensão positiva ou negativa em função da raça da pessoa nas diferentes situações nas quais elas se encontram.[150]

Não podemos esquecer que o racismo tem uma *dimensão institucional*, decorrência do fato de que sua reprodução depende do controle das instituições públicas e privadas por pessoas brancas. Essa forma de operação do racismo tem um papel central no processo de sua reprodução, porque permite que pessoas brancas utilizem o poder institucional para garantir vantagens sistemáticas para elas. Isso ocorre por meio da conformação da operação das normas para que elas reproduzam ou reflitam os diversos interesses dos membros do grupo racial dominante. A reprodução da hegemonia branca não depende apenas de atos individuais de racismo; sua preservação requer o controle das instituições sociais para que suas regras preservem os diversos interesses de pessoas brancas. Essa dimensão do racismo molda as regras de operação da instituição e dos agentes institucionais; ela molda a possibilidade de acesso à instituição, o tipo de tratamento que as pessoas terão dentro da instituição, a qualidade de serviços que serão dispensados em função da raça, critério que também determinará o acesso aos serviços da instituição. O racismo tem uma *dimensão procedimental*, porque estabelece diferenciações de tratamento de grupos por diferentes instituições e em diferentes esferas da vida. A vida em sociedades democráticas pressupõe a igualdade de tratamento entre todas as pessoas, exige a igualdade de todas as pessoas perante as normas jurídicas, valores que obrigam instituições públicas e privadas a tratar todas as pessoas a partir dos mesmos procedimentos. As imagens de controle, anteriormente mencionadas, motivam agentes públicos e privados a tratar pessoas de grupos raciais subalternizados de forma distinta; as regras de tratamento, que deveriam ser aplicadas a todas as pessoas da mesma maneira, nas mesmas situações, *são aplicadas*

---

150 COLLINS, Patricia Hill. *Pensamento feminista negro*. São Paulo: Boitempo, 2019, pp. 135-179.

adequadamente a pessoas brancas, mas, de maneira inadequada, a pessoas não-brancas. As expectativas de todas as pessoas de serem tratadas da mesma maneira, quando estão na mesma situação, são violadas em função do interesse do grupo racial dominante em garantir vantagens sistêmicas para pessoas brancas ou simplesmente porque agentes institucionais partem do pressuposto de que grupos raciais subalternizados devem ser tratados de forma diferente, porque são diferentes ou inferiores.[151]

A discussão sobre a dimensão procedimental do racismo é especialmente relevante, porque demonstra como as práticas racistas violam o princípio da justiça. Esse preceito constitucional deveria ser um parâmetro para a operação das instituições públicas e privadas; ele estabelece não apenas critérios de distribuição de oportunidades para os membros da comunidade política, mas também as regras procedimentais a serem utilizadas na operação das instituições sociais. A democracia é um regime político baseado em regras universais, regras que devem ser aplicadas a todas as pessoas porque todas elas são titulares de direitos, motivo pelo qual as regras jurídicas estabelecem procedimentos a serem observados por todos os agentes em todas as situações. Esses procedimentos devem ser observados em todas as situações e aplicados a todas as pessoas, uma vez que elas expressam o consenso político sobre como as várias situações sociais devem ser reguladas. O racismo viola nosso senso de justiça porque contraria as expectativas das pessoas de que elas serão tratadas de certa forma por estarem submetidas às mesmas normas.[152]

---

151 MOREIRA, Adilson José. *Tratado de Direito Antidiscriminatório*. São Paulo: Contracorrente, 2020, pp. 456-480; FRIEDMAN, Robert. "Institutional racism: how to discriminate without really trying". *In*: PETTIGREW, Thomas. *Racial discrimination in the United States*. Nova York: Harper & Row, 1975, pp. 383-401.

152 WIEVIORKA, Michel. *The arena of racism*. Londres: Sage, 1996, pp. 60-70.

É muito importante mencionar que o racismo possui uma pluralidade de modos de operação, sendo que cada um deles avança um aspecto e propósito do processo de dominação racial. O racismo produz a hegemonia branca, termo que expressa o controle de pessoas brancas sobre instituições sociais com o propósito de reproduzir um sistema de vantagens para membros desse grupo. Assim, esse sistema de dominação social tem uma dimensão dinâmica, porque está sempre sendo questionado, motivo pelo qual ele adquire diferentes formas ao longo do tempo e opera, de maneira distinta, em diferentes situações, em diferentes momentos históricos e em diferentes esferas da sociedade. Práticas discriminatórias ou imagens que legitimam práticas discriminatórias operam de forma específica dentro de situações específicas. O racismo opera como um meio de tratamento diferenciado entre membros de grupos raciais dentro das instituições responsáveis pela administração da justiça, situação na qual a raça determina a percepção de periculosidade das pessoas que estão sob a regulação desse sistema. O racismo impacta pessoas negras de forma diferenciada no sistema educacional, por meio da baixa expectativa em relação a alunos negros, a partir da ausência de obras que expressam a história dos povos africanos, a partir da ausência de diagnóstico adequado das dificuldades cognitivas enfrentadas por alunos negros. O racismo opera como um sistema de marginalização econômica, como um sistema que impede a mobilidade social de pessoas negras. Temos, em todas essas situações, manifestações distintas dos meios a partir dos quais desvantagens são impostas a grupos raciais subalternizados.[153]

Além de modos de operação distintos em situações distintas, o racismo assume diferentes *manifestações*, motivo pelo qual sua

---

153 *Cf.* BROOKS, Roy L. *The racial glass ceiling*: Subordination in American law and culture. New Haven: Yale University Press, 2017; BORGES, Juliana. *Encarceramento em massa*. São Paulo: Jandaíra, 2018; TOLENTINO, Luana. *Sobrevivendo ao racismo*: memórias, cartas e o cotidiano da discriminação no Brasil. Belo Horizonte: Papulus 7 Mares, 2023.

identificação se mostra especialmente difícil para muitas pessoas. Certos autores falam sobre *racismo estrutural*, termo que designa o fato de que a presença de práticas discriminatórias, em diferentes esferas da vida das pessoas e ao longo de toda a vida delas, submetem-nas a uma situação de desvantagem sistêmica, o que cria obstáculos significativos para a integração social de minorias raciais.[154] Outros especialistas falam sobre *racismo encoberto*, termo que designa intenções discriminatórias que se apresentam por meio de expressões ou práticas que não fazem referência diretas à raça dos indivíduos. Esse problema também exemplifica procedimentos adotados por atores e instituições que procuram esconder a intenção de exclusão, por meio da adoção de procedimentos supostamente universais, mas que são aplicados apenas a minorias raciais.[155] O *racismo recreativo* designa o uso estratégico do humor hostil contra pessoas negras, o que permite pessoas brancas e instituições, controladas por pessoas brancas, expressam desprezo e ódio por pessoas não-brancas, mas, ao mesmo tempo, garante a preservação de uma imagem social positiva.[156] Devemos, também, mencionar o que tem sido chamado de *racismo aversivo*, uma manifestação desse problema, marcada pelo comportamento dúbio de indivíduos que defendem tratamento igualitário entre todos os grupos raciais, mas que mantêm contato apenas com pessoas brancas. A oposição a práticas discriminatórias não significa que essas pessoas ainda carreguem ideias preconceituosas sobre pessoas negras, o que motiva apenas o contato intrarracial no espaço privado.[157] Observamos a prática do *racismo cultural*, quando

---

154 *Cf.* BONILLA-SILVA, Eduardo. "Rethinking racism: toward a structural interpretation". *American Sociological Review*, vol. 62, nº 3, 1997, pp. 465-480; OLIVEIRA, Denis de. *Racismo estrutural*: uma perspectiva histórico-crítica. Rio de Janeiro: Dandara, 2021.

155 *Cf.* COATES, Rodney. *Covert racismo*: Theories, institutions, and experiences. Leiden: Brill, 2011.

156 *Cf.* MOREIRA, Adilson. *Racismo recreativo*. São Paulo: Jandaíra, 2019.

157 *Cf.* KOVEL, Joel. *White racism, a psychohistory*. Nova York: Columbia University Press, 1984, pp. 191-211.

estamos diante de falas e práticas baseadas na hierarquia cultural entre grupos raciais, o que promove a inferiorização das tradições culturais desses segmentos. Essa inferiorização é acompanhada também do processo de estigmatização das produções culturais dessas coletividades subalternizadas, outro fator responsável pela animosidade e isolamento social de seus componentes. O *racismo simbólico* reflete a associação de traços fenotípicos e identitários de minorias raciais a representações negativas, processo responsável pela criação de atribuição de características pejorativas a tudo que está associado a esses segmentos sociais. Essa manifestação do racismo faz com que a animosidade racial seja reproduzida de forma direta e indireta e por meio de diferentes veículos culturais considerados por muitos como legítimos. [158]

Observamos também, ao longo das últimas décadas, um novo tipo de racismo que opera de forma integrada às novas articulações ideológicas do capitalismo. Essa vertente do racismo não apenas rejeita práticas discriminatórias, mas reconhece a validade dos preceitos básicos dos movimentos por igualdade de direitos. Entretanto, eles advogam a noção de que toda e qualquer utilização de classificações raciais devem ser eliminadas, inclusive as que beneficiam pessoas negras. Eles identificam racismo apenas como comportamentos baseados na animosidade aberta contra minorias raciais, mas afirmam que esse tipo de comportamento tem um caráter individual e circunstancial. Os que advogam essa perspectiva afirmam que a obrigação constitucional de tratamento igualitário cria as condições para que todas as pessoas possam ter as mesmas oportunidades, motivo pelo qual eles se opõem a medidas distributivas ou reparativas. É também defendida a ideia de que as pessoas são responsáveis pela criação de meios de inserção social, uma vez que medidas estatais representam um tipo de paternalismo que impede a criação da autonomia individual. Essas teses servem como proposta

---

158 KOVEL, Joel. *White racism, a psychohistory*. Nova York: Columbia University Press, 1984, pp. 93-107.

para a defesa de uma ordem social baseada na tese da necessidade do estímulo do empreendedorismo. Todas as pessoas devem criar oportunidades econômicas para poderem sobreviver. Obviamente, essa lógica neoliberal ignora os efeitos intergeracionais do racismo, a concentração do poder econômico nas mãos de pessoas brancas e a continuidade de práticas discriminatórias em todas as esferas da vida social, disparidades explicadas como produto de preferências culturais.[159]

Um estudo sobre letramento racial não pode deixar de abordar um aspecto especialmente relevante da operação do racismo. A raça, como categoria de diferenciação social, não opera isoladamente de outros fatores utilizados para criar diferenciações entre grupos sociais. O racismo produz diferenças de *status* entre grupos raciais, o gênero produz diferenças entre homens e mulheres, a classe institui desvantagens econômicas entre os vários grupos. Vemos, então, que a raça, ao impedir acesso a oportunidades sociais, promove diferenças de *status* econômico entre grupos raciais, diferenças que persistem ao longo do tempo, porque o racismo é uma forma institucionalizada de operação das instituições sociais. O sexismo gera desvantagens de toda ordem para todas as mulheres, mas elas são ainda maiores para mulheres que pertencem a grupos raciais subalternizados, porque elas também sofrem as consequências do racismo e do classismo. A operação paralela de todos esses sistemas de opressão situa essas pessoas em lugar de grande *vulnerabilidade social*: elas estão expostas a um nível considerável de desvantagens, o que pode assumir a forma de violência. Essa vulnerabilidade significa que membros desses segmentos sociais enfrentam dificuldades significativas para exercer direitos, porque são vítimas de práticas discriminatórias impostas por agentes estatais que impõem desvantagens sistêmicas

---

159 *Cf*. HOHLE. Randolph. *Racism in the neoliberal era*: a meta history of elite power. Nova York: Routledge, 2017; HAN, Byung-Chul. *Psicopolítica*: o neoliberalismo e as novas técnicas de poder. Belo Horizonte: Ayinê, 2018.

a eles.[160] A consideração sobre a operação paralela entre diversos sistemas de exclusão social é importante porque ela é responsável pela reprodução de condições de desvantagens presentes nas diferentes esferas da vida de membros de grupos raciais subalternizados. Uma das funções principais do racismo é a racionalização dessa realidade, o que ocorre de uma forma bastante particular: a culpabilização das próprias vítimas pela situação na qual elas estão. Estereótipos raciais são mobilizados para atribuir às próprias pessoas a responsabilidade pelas condições nas quais elas se encontram. Esse processo tem uma *dimensão ativa* e uma *dimensão passiva*, uma vez que, enquanto alguns culpabilizam minorias pela situação na qual se encontram, *são levados a fazer associações entre raça e pobreza e entre raça e status*, um processo que reproduz a percepção de que pessoas não-brancas devem ocupar funções e lugares específicos.[161]

Um estudo sobre letramento racial precisa ainda mencionar dois aspectos relevantes sobre a operação do racismo como sistema de dominação social. O primeiro deles diz respeito às conexões entre poder institucional e identidades sociais. Vimos que o racismo é um sistema de dominação social, porque permite a concentração de poder institucional nas mãos de um grupo racial específico que o utiliza para reproduzir vantagens para membros de seus grupos. Um aspecto desse processo precisa ser abordado: a racialização dos espaços sociais. A concentração de poder político e de poder cultural nas mãos de pessoas brancas permite que a identidade social delas seja identificada com espaços sociais em que elas ocupam. A racialização desses lugares torna a presença delas um dado natural de organização social e a presença de pessoas negras algo problemático. A identificação da identidade branca com o desempenho de

---

160 Ver sobretudo CRENSHAW, Kimberlé. "Demarginalizing the intersection of race and sex: a black feminist critique of antidiscrimination doctrine, feminist theory and antiracist politics". *University of Chicago Law Forum*, vol. 1989, nº 1, 1989, pp. 139-167.

161 *Cf.* ROMM, Norma R. A. *New racism*: Revisiting researcher accountabilities. Nova York: Springer, 2010, pp. 1-27.

cargos políticos motiva a violência contra pessoas negras em função da pressuposição de que apenas brancos podem desempenhar esse tipo de função de forma competente. Mais do que isso, esse processo expressa a noção de que brancos devem sempre operar para garantir os interesses coletivos desse grupo. A racialização dos espaços sociais permite a construção de uma cultura institucional que associa espaços geográficos e posições sociais com coletividades específicas. Assim, quando um comandante da polícia militar afirma que eles não podem tratar moradores de bairros periféricos da mesma forma que moradores de bairros abastados, ele está reconhecendo que as pessoas que circulam nesses lugares sociais não possuem o mesmo valor, motivo pelo qual devem ser tratadas de forma diferenciada. A associação entre espaço e *status* permite que promotores e juízes partam do pressuposto de que todas as pessoas que moram em periferias estão associadas ao crime; e que as que moram em bairros afluentes são moralmente respeitosas. Estamos diante de um processo que associa *status* racial, *status* econômico, *status* moral, *status* jurídico e *status* cultural com os ambientes nos quais os diferentes grupos raciais circulam e operam. Isso significa que a atenção social a esses espaços será diferenciada, isso significa que eles serão segregados, isso significa que haverá pressão para a preservação da homogeneidade racial desses espaços, porque eles estão associados com diferentes graus de apreço social.[162]

Classificar o racismo como um sistema de dominação social exige que respondamos uma pergunta fundamental. Afinal, quais são seus propósitos? Primeiro, o racismo existe, como afirmamos anteriormente, para garantir vantagens competitivas para pessoas brancas. Ele consiste em uma série de práticas sociais que almejam produzir privilégios sociais para membros do grupo racial dominante.

---

162 *Cf.* ANDERSON, Elijah. *Black in white space*: The enduring impact of color in everyday life. Chicago: Chicago University Press, 2022; CARRIL, Lourdes. *Quilombo, favela e periferia*: a longa busca da cidadania. São Paulo: Annablume, 2006.

Privilégios são vantagens indevidas, porque não decorrem de um esforço pessoal, mas simplesmente do pertencimento da pessoa a um grupo socialmente privilegiado. Eles contrariam a lógica democrática, porque são produto de desvantagens impostas a minorias, realidade incompatível com a realidade democrática. É importante mencionar o fato de que práticas racistas beneficiam pessoas brancas independentemente da anuência delas. Empregadores que não contratam negros empregam pessoas brancas porque são brancas; a competência profissional não será o critério fundamental para a contratação delas. O pertencimento à raça branca significa que uma pessoa será beneficiada pela sua aparência, porque outras utilizam a raça para fazerem julgamentos imediatos sobre elas e as características dos membros dessa raça são representadas como elementos positivos. Pessoas brancas são privilegiadas porque não sofrem desconfianças sobre seu caráter em função da raça, não são vítimas de vigilância policial extensiva, são sempre representadas de forma positiva, podem circular em quaisquer espaços sem levantar suspeitas, não sofrem as consequências da segregação, são tratadas de forma positiva na maioria dos encontros com agentes estatais, não têm a competência questionada em função da raça, são vistas como mais competentes exatamente em função da raça, suas referências culturais são tidas como universais.[163]

Por ser um sistema de dominação social, as diferentes práticas sociais que englobam o racismo como um sistema de dominação social procuram alcançar uma finalidade fundamental: concentrar diferentes dimensões do poder social nas mãos de pessoas brancas. Esse fato tem uma consequência bastante relevante: decisões que impactam toda a sociedade são tomadas a partir das perspectivas e dos interesses dos membros do grupo racial dominante. Elas podem observar a obrigatoriedade de tratamento igualitário entre todas as pessoas, mas elas podem ter efeitos negativos diversos nas vidas

---

163 *Cf.* MOREIRA, Adilson José. *Tratado de Direito Antidiscriminatório*. São Paulo: Contracorrente, 2020, pp. 481-496.

de pessoas negras, porque não consideram as várias diferenças das experiências de pessoas negras e brancas na nossa sociedade. Assim, uma norma institucional pode ser dirigida a todas as pessoas, mas elas podem impactar pessoas negras de forma negativa, porque ignora as diversas desvantagens que estas enfrentam, o que aumenta, ainda mais, a vulnerabilidade social delas. Isso significa que práticas sociais neutras podem ter efeitos racistas porque prejudicam minorias raciais, independentemente da intenção das pessoas que as formulam. O racismo tem, certamente, uma dimensão intencional, mas seus efeitos transcendem a vontade das pessoas que instituem normas que regulam a vida social. Dessa forma, uma política pública, que elimina programas de alfabetização adulta, terá maior impacto em pessoas negras, contribuirá para a reprodução da opressão racial, porque impedirá que estas pessoas possam operar socialmente de forma adequada. A estratificação racial – presente na nossa sociedade – significa que a situação de pessoas negras e brancas é quase sempre distinta, fato que deve ser sempre desconsiderado nas mais diversas situações. A vulnerabilidade social de pessoas negras e indígenas transcende a vontade delas, porque estão expostas a mecanismos institucionais que não estão atentos às particularidades nas quais elas vivem, motivo pelo qual a participação delas nos processos decisórios se mostra sempre relevante.

É importante que apresentemos algumas definições para que a discussão seguinte fique mais clara. Chamamos de *ideias racistas* as que reproduzem estereótipos racistas, as que promovem ou produzem animosidade racial, as que procuram encobrir intenções racistas, as que justificam práticas racistas. *Desigualdades raciais* são resultados de vários processos sociais responsáveis pela criação de desvantagens para membros de grupos racializados como diferentes ou inferiores impedindo a integração social deles. Uma prática social pode ter *efeitos racistas* quando produz desigualdades raciais, quando agrava a situação de desvantagem na qual minorias raciais se encontram. Classificamos de *poder racial* a possibilidade que membros de um grupo possuem de utilizar recursos institucionais e culturais para poderem impor seus interesses a coletividades subalternizadas. O *status racial* designa, por outro lado, a posição que um indivíduo ocupa dentro das hierarquias raciais, o que lhe confere maior ou menor poder de mobilizar recursos e oportunidades para poder atingir seus objetivos. Motivação racial designa atos gerados pela intenção de impor desvantagens a minorias raciais em função de preconceitos e estereótipos raciais que um indivíduo carrega em sua mente. Esse processo pode ter uma natureza consciente ou pode operar por meio de inclinações cognitivas implícitas que associam diferentes características a diferentes grupos sociais.[164]

Quando podemos classificar uma pessoa como racista? Isso poderá ser feito quando estamos diante de alguém cujas atitudes estão baseadas em ideias racistas e suas ações produzem efeitos racistas. Podemos identificar esse tipo de indivíduo quando ele está convencido de que é superior em função de seu pertencimento racial e ele tem a expectativa de que possui prerrogativas raciais por ser branco. Uma pessoa racista está ciente de que o poder racial está concentrado nas mãos de pessoas brancas e de instituições controladas por pessoas brancas, motivo pelo qual ela pode utilizar seu *status* racial de forma estratégica. Ela está consciente de que ser branco é um tipo de propriedade, construída a partir de premissas positivas, o que permite a utilização de seu status racial como uma propriedade que confere permissões e proteções que não estão disponíveis para membros de outros grupos raciais. Ciente de que ser branco é um tipo de *status* social que confere vantagens competitivas em uma pluralidade de situações, uma pessoa racista procura proteger esse tipo de *status* por meio de práticas discriminatórias. Ela utiliza seu poder institucional para garantir privilégios a pessoas brancas e para impor desvantagens a pessoas negras. Entretanto, há pessoas

---

164 Para uma análise desses termos ver sobretudo BLUM, Lawrence. *"I'm not a racist, but..." The moral quandary of race*. Ithaca: Cornell University Press, 2002, pp. 1-33; KENDI, Ibram X. *How to be an antiracist*. Nova York: One World, 2019, pp. 13-24.

brancas que não acreditam na ideia de superioridade racial, que condenam práticas racistas, que convivem com pessoas de todas as raças. Mesmo assim, elas podem operar de acordo com parâmetros mínimos de civilidade em alguns momentos e apoiar medidas institucionais que possuem um impacto racista. Ela está sendo racista quando vota em candidatos que prometem restringir direitos de minorias raciais, porque esse comportamento expressa seu interesse na manutenção de privilégios raciais. Ela defende a igualdade racial em certos contextos, mas procura manter o seu *status* racial privilegiado em outros. Há também aquelas pessoas que não professam ideologias racistas, que não apoiam medidas racistas, mas que não se opõem à estrutura de discriminação racial presente na nossa sociedade. Elas reconhecem que são privilegiadas pelo racismo e, por isso, não estão dispostas a confrontar ou modificar um sistema que as beneficia sistematicamente. Essas pessoas brancas operam por meio da evasão: elas negam veementemente quaisquer relações entre privilégio branco e opressão negra, procurando sempre explicar essas disparidades a partir de outras causas, inclusive por meio de supostas disfunções culturais de pessoas negras.[165]

Este capítulo nos ofereceu elementos importantes para o avanço de nossa discussão sobre letramento racial. Vimos, em capítulos anteriores, que o racismo impede o funcionamento adequado das instituições democráticas; agora sabemos as formas como ele opera para produzir esse efeito. As reflexões, elaboradas até esse momento, mostram-nos que não estamos diante de um problema meramente

---

165 *Cf.* ADORNO, Theodor. *Estudos sobre a personalidade autoritária*. São Paulo: Unesp, 2019; KOVEL, Joel. *White racism*: a psychohistory. Nova York: Columbia University Press, 1984; WELLMAN, David. *Portraits of white racism*. 2ª ed. Cambridge: Cambridge University Press, 1993; BENTO, Cida. *O pacto da branquitude*. São Paulo: Companhia das Letras, 2022; GONZALEZ, Lélia. *Por um feminismo afro-latino-americano*. São Paulo: Zahar, 2020, pp. 75-95; CARDOSO, Lourenço. "Branquitude crítica e acrítica: a supremacia racial e o branco antirracista". *Revista Latinoamoerica de Estudios Sociales*, vol. 8, nº 1, 2010, pp. 607-630.

individual e circunstancial, mas de uma questão que constitui os modos de operação das diversas instituições sociais. Vimos também que as diversas manifestações desse sistema de dominação social podem permanecer invisíveis para grande parte de pessoas brancas, porque práticas racistas operam para garantir benefícios a elas, o que motiva vários indivíduos a argumentarem que não estão diante de uma discussão política ou jurídica legítima. O avanço do letramento racial requer, então, que compreendamos que raça significa diferenciação de *status* entre grupos humanos e não apenas uma forma de identidade; demandas de direitos, baseadas na raça, *não são demandas identitárias, mas demandas de direitos negadas a partir de práticas discriminatórias que incidem sobre a raça dos indivíduos*. Mais importante, a discussão, desenvolvida neste capítulo, convida-nos a entender e a reconhecer a pluralidade de manifestações do racismo e como elas ocorrem com frequência, em diferentes esferas da vida dos indivíduos. Mas nossa jornada ainda requer que entendamos aspectos procedimentais do racismo, especificamente as diversas dimensões da discriminação racial.

CAPÍTULO V

DISCRIMINAÇÃO RACIAL: MANIFESTAÇÕES E MODOS DE OPERAÇÃO

A discriminação racial é um problema que afeta pessoas negras em uma pluralidade de situações. Maria Estela é uma mulher negra que trabalha em uma rede de materiais de construção, lugar no qual ela enfrenta uma série de problemas decorrentes da animosidade de pessoas brancas inconformadas com sua presença. Seu chefe imediato a compara com animais, seus subordinados contam piadas racistas e sexistas com o objetivo de tornar o ambiente de trabalho intolerável.[166] *Simone Diniz é uma mulher negra que estava procurando emprego nos classificados de um jornal. Ela entra em contato com uma mulher que oferecia oportunidade para alguém especializada em serviços domésticos. A empregadora perguntou se ela era negra e, depois de ouvir uma resposta positiva de Simone, disse que não a empregaria. Ela decide processar essa mulher*

166 BRASIL. Tribunal Regional do Trabalho da 15ª Região. Recurso Ordinário no. 0150400-65.2009.5.15.0067, Relator: João Alberto Alves Machado, 17.01.2012.

branca, mas o caso é arquivado porque o promotor que atuou no caso, um homem branco, disse que a empregadora não poderia ser racista porque era casada com um homem negro.[167] *Marília da Silva trabalhava como telefonista em uma empresa. Seus superiores estavam incomodados com seus cabelos cacheados e exigem que eles sejam alisados. Suas colegas brancas diziam que ela deveria simplesmente raspar a cabeça porque seu cabelo era abominável. Ela se recusa a fazer esse tipo de tratamento e é demitida.*[168] *A discriminação racial pode tem consequências mortais para pessoas negras com grande frequência. João Alberto Silveira Freitas era um homem negro que estava fazendo compras em uma unidade de uma grande rede internacional de supermercados com sua mulher. Incomodado por estar sendo perseguido por uma fiscal, uma mulher branca, manifestação comum de racismo no Brasil, ele fez um gesto ofensivo para essa funcionária. Ela chamou alguns seguranças, pessoas que o perseguiram até o estacionamento. João Alberto deu um soco em um deles, um homem branco que atende pelo nome de Giovane Gaspar da Silva. Os três seguranças o seguraram e o levaram para outra área do estabelecimento e começaram a dar socos nele. João Alberto caiu no chão já ensanguentado, mas isso não impediu que esses indivíduos continuassem a agredi-lo com socos e pontapés, mesmo com a intervenção de outras pessoas que protestaram contra aquele ato de violência. Algumas delas começaram a filmar a agressão, o que foi seguido por tentativas de intimidação por parte da fiscal e de outros funcionários do Carrefour, sendo que eles também tentaram criar dificuldades para a gravação e para o pedido de socorro. O vídeo mostra dois homens vestidos com roupas pretas agredindo o homem negro; um terceiro indivíduo, depois identificado como um policial militar,*

---

167 COMISSÃO INTERAMERICANA DE DIREITOS HUMANOS. Relatório 66/66, Caso 12.001, Simone André Diniz v. Brasil. 21.10.2006.

168 BRASIL. Tribunal Regional do Trabalho da 12ª. Região, Recurso ordinário no 0000613-91.2017.5.12.0025, órgão julgador: 1ª. Câmara, Relatora: Viviana Colluci, 04.07.2018.

> *também tomou parte nas agressões. Os socos que ele recebeu começaram a dificultar sua respiração; após algum tempo ele não conseguia mais articular palavras. A gravação mostra que um dos seguranças, um homem branco, estava com o joelho no pescoço de João Alberto, o que o levou a pedir socorro porque não conseguia mais respirar. Depois de perceberem que ele estava inconsciente, os assassinos pediram que alguém checasse os sinais vitais da vítima; um indivíduo atendeu esse pedido e verificou que ele estava morto. Uma ambulância foi chamada, mas ele já tinha morrido por asfixia. Os assassinos ameaçaram as pessoas que gravaram a morte desse homem negro e tentaram apagar os vídeos. A investigação demonstrou que a funcionária do Carrefour, Adriana Dutra, comandou a ação homicida e impediu socorro à vítima. Paulo Francisco da Silva, um dos agressores, segurou a esposa de João Alberto pelo braço para que ela não pudesse ajudar o marido.*

Vimos que a noção de letramento racial pressupõe um tipo muito específico de informação: o conhecimento da operação dos mecanismos responsáveis pela reprodução de hierarquias raciais na nossa sociedade. Esse tipo de informação se mostra necessário porque o antirracismo depende de algo que decorre do conhecimento adequado da realidade: a ação transformadora. A eliminação de sistemas de dominação depende de um conjunto de ações voltadas ao combate das práticas responsáveis pela subordinação de pessoas racializadas de forma negativa. Isso significa que o projeto de um letramento racial requer, então, conhecimento das várias manifestações de discriminação racial. Esse conhecimento é de fundamental relevância para que as pessoas possam ter uma compreensão adequada de como o racismo funciona e dos modos a partir dos quais ele pode ser combatido. É importante observar que as formas de discriminação racial, aqui mencionadas, não possuem uma natureza estática. Ela pode assumir diversas manifestações em diferentes situações e em diferentes sociedades. O papel do conhecimento dos diferentes modos de discriminação racial tem importância para nós como indivíduos, cidadãos e representantes de instituições públicas e privadas.

5.1 Discriminação racial: algumas premissas básicas

A palavra discriminar tem um significado corrente na nossa linguagem cotidiana: discriminar significa tratar alguém de forma injusta. Entretanto, essa palavra tem um sentido bastante específico dentro do discurso jurídico. Discriminar significa classificar pessoas ou situações a partir de algum critério. Discriminar significa que alguma norma utiliza um determinado parâmetro para fazer diferenciações entre pessoas. Isso significa que, em função do comprometimento com o princípio da igualdade, o critério utilizado para fazer essa diferenciação deve ser legítimo. Essa legitimidade será reconhecida a partir de que sua utilização realiza algum interesse compatível com o princípio da igualdade. Um ato terá uma natureza discriminatória quando esta exigência não for comprovada, classificação que decorre do fato de que um agente utilizou um determinado critério para impor uma desvantagem a alguma pessoa. Assim, uma pessoa discrimina a outra quando ela impõe algum tipo de dano a outra, provavelmente em função de animosidade que ela sente em relação a membros de algum grupo, os quais são considerados como diferentes ou inferiores.[169]

Além de ser um tratamento que traz desvantagens para uma pessoa ou grupo de pessoas, um ato discriminatório pressupõe algum tipo de hierarquia entre o agente discriminador e a pessoa discriminada. Atos discriminatórios ocorrem em uma situação na qual uma pessoa, que possui controle sobre o acesso a algum tipo de bem ou oportunidade, utiliza-o para garantir que esse bem ou essa oportunidade permanecerão nas mãos de membros de certos grupos, o que requer a exclusão de membros de outros grupos. Atos discriminatórios podem ser motivados por animosidades derivadas de estereótipos sobre membros de um certo grupo ou podem ocorrer porque eles os afetam de maneira desproporcional, embora não

---

169 BANTON, Michael. *Discrimination*. Bristol: Open University Press, 1994, pp. 20-36.

façam menção à questão racial. Essa motivação pode ser intencional porque tem uma natureza consciente ou pode ser produto da ação de representações de membros de certos grupos que operam de forma inconsciente, determinando a percepção da competência e credibilidade das pessoas. A discriminação pode assumir um caráter vertical e um caráter horizontal. O primeiro está relacionado com o fato de que grupos majoritários, em função do controle sobre instituições sociais, conseguem alcançar dois objetivos: garantir vantagens sistemáticas para seus pares e impor desvantagens sistêmicas a membros de outros grupos. Isso significa que práticas discriminatórias se tornam possíveis em função de assimetrias de poder entre os diversos grupos sociais. A discriminação também apresenta uma dimensão horizontal, que está baseada na presunção de que todos os membros do grupo dominante são superiores a todos os membros de grupos subalternizados, motivo pelo qual eles devem ter acesso privilegiado ou exclusivo a oportunidades sociais. Essa presunção motiva uma série de comportamentos individuais e coletivos entre membros do grupo majoritário, entre eles a ideia de que eles possuem prerrogativas naturais, razão pela qual não precisam disputar oportunidades com pessoas de membros de grupos subalternizados.[170]

É importante mencionar outras características da discriminação. Embora ela seja dirigida a membros de grupos subalternizados, *ela independe das características do sujeito*. Isso significa que estereótipos negativos e práticas institucionais podem ser dirigidas a membros dos grupos majoritários para legitimar atos arbitrários contra eles. Pessoas brancas podem ser socialmente desqualificadas se revelarem publicamente que são praticantes de religiões de matriz africana; pessoas heterossexuais podem ser agredidas se expressam afeto por pessoas do mesmo sexo publicamente; homens podem ser desprezados se demonstram vulnerabilidade emocional nos espaços públicos, o que é considerado comportamento feminino. A

---

170 LIPPERT-RASMUSSEN, Kasper. *Born free and equal?* a philosophical inquiry into the nature of discrimination. Oxford: Oxford University Press, 2014, pp. 14-18.

discriminação pode ter um *caráter reflexivo* quando utilizada por membros do próprio grupo subalternizado. Muitos policiais negros são especialmente violentos em relação a pessoas negras, porque eles também introjetam representações sociais sobre a periculosidade de pessoas de sua própria raça. Processos discriminatórios, por terem um caráter sistêmico, promovem diferenças de *status cultural* e de *status material* entre grupos raciais, sendo que a situação de marginalização reproduz a noção de que eles são diferentes e inferiores. Esse mecanismo encobre o fato de que essa realidade é *socialmente construída* por membros do grupo racial dominante e não produto de supostas predisposições de pessoas marginalizadas. As condições de vulnerabilidade são, depois, utilizadas para encobrir e racionalizar práticas discriminatórias. Essa diferenciação de *status* indica que práticas discriminatórias não se restringem a atos individuais específicos, mas são produtos de *ação coletiva* dos membros dos grupos dominantes. Nem todos eles estão envolvidos, mas grande parte deles está ou é complacente com a discriminação. Devemos também reconhecer o fato de que a discriminação possui uma dimensão ativa e uma dimensão passiva. Enquanto alguns ativamente tratam membros de certos grupos de forma arbitrária, vários outros presenciam práticas discriminatórias, mas não se manifestam porque estão cientes de que o *status* privilegiado que ocupam depende da exclusão de membros de outros grupos. Portanto, eles não questionam a operação de um sistema que os beneficia a todos os momentos e procuram explicações para atos discriminatórios que não possuem quaisquer relações com a questão racial.[171]

As desvantagens sistêmicas, sofridas por pessoas negras, transformam-nas em *grupos minoritários* por dois motivos. Primeiro, porque não estão adequadamente representados nos espaços políticos, motivo pelo qual carecem de meios para poderem transformar a situação na qual se encontram. Segundo, porque são submetidas

---

171 LIPPERT-RASMUSSEN, Kasper. *Born free and equal?* a philosophical inquiry into the nature of discrimination. Oxford: Oxford University Press, 2014, pp. 14-21.

a uma pluralidade de desvantagens em função de algum tipo de *status* que a sociedade utiliza para distribuir acesso a recursos e oportunidades. Esses dois processos produzem desigualdades que se tornam duráveis e que são reproduzidas a partir da operação de uma pluralidade de processos sociais. Minorias são, então, grupos de indivíduos que se encontram em uma situação permanente de desvantagem em função de processos de estratificação que se tornam formas de operação de uma dada sociedade. A estratificação produz desvantagens materiais, ausência de respeitabilidade social, e dificuldade de acesso a posições de poder. Membros de grupos minoritários são, então, submetidos a processos de segregação, são mais vulneráveis a atos de violências de atores públicos e privados, sofrem um processo de marginalização cultural, todos esses elementos decorrentes da diferenciação deles a partir de algum critério que não guarda relação real com a sua capacidade de operar de forma adequada na sociedade. O termo minoria designa, então, o *status* de coletividades cujos membros enfrentam uma variedade de desvantagens, sendo que elas podem ser referendadas por normas culturais ou jurídicas; as diferenciações de *status* cultural podem persistir, mesmo quando as diferenciações jurídicas desaparecem. Não estamos, então, diante de uma consideração numérica, mas do *status* que uma coletividade possui em uma dada sociedade. Seus membros sofrem as mesmas consequências da operação dos sistemas de desvantagens, sendo que alguns deles podem estar em uma situação de desvantagem ainda maior por pertencerem a mais de um grupo minoritário. Grupos minoritários podem surgir em função de classificações raciais, em função do gênero, a partir da identidade religiosa ou linguística, a partir da orientação sexual ou da identidade de gênero. Não podemos esquecer que sistemas de crenças sociais legitimam o tratamento diferenciado dessas coletividades e que eles são sempre intencionalmente reproduzidos para que as disparidades permaneçam.[172]

---

172 MARGER, Martin N. *Race and ethnic relations*: American and global perspectives. 9ª ed. Belmont: Wadsworth, 2012, pp. 26-31; DIMOULIS,

Grupos minoritários também são definidos a partir de outros critérios. Eles podem ser classificados dessa maneira em função de alguma definição legal que estabelece o critério que os define como uma categoria passível de proteção jurídica. Esse fato denota o reconhecimento institucional de que seus membros sofrem formas sistêmicas de desvantagens, o que justifica a proteção especial na forma de normas legais ou políticas públicas. O termo minoria também tem sido utilizado para designar a mobilização política daqueles grupos que demandam transformações sociais em função das discriminações que sofrem. Estamos, aqui, diante de uma relação de oposição entre os que utilizam o poder para garantir vantagens indevidas e os que se encontram alijados de direitos. Se a noção de minoria possui uma dimensão jurídica e política, a noção de *grupo vulnerável* tem outra conotação. Ela designa a condição concreta dos que são impedidos de operar socialmente de forma adequada em função das desvantagens que sofrem. Essa vulnerabilidade pode ser socialmente criada a partir das práticas discriminatórias baseadas em algum traço específico, ou pode ter uma natureza intrínseca em função de algum traço do indivíduo que cria dificuldades de inclusão, situação agravada pela ausência de um regime de proteção social efetivo. Grupos vulneráveis sempre contemplam a possibilidade de violações de direitos necessários para a operação adequada dos indivíduos na vida social, o que pode incluir, inclusive, acesso a meios básicos para a sobrevivência. Essa vulnerabilidade também pode se manifestar por meio da exposição a formas de intolerância e de violência por parte dos membros dos grupos dominantes.[173]

A literatura sociológica também utiliza a expressão *grupos subalternizados* ou *grupos oprimidos* para indicar aqueles segmentos

---

Dimitri. *Direito de igualdade*: antidiscriminação, minorias sociais, remédios constitucionais. São Paulo: Almedina, 2021, pp. 27-39.

173 *Cf.* CARMO, Cláudio Márcio. "Grupos minoritários, grupos vulneráveis e problema da intolerância". *Revista do Instituto de Estudos Brasileiros*, nº 64, 2016, pp. 201-223.

sociais vitimados por uma estrutura social baseada em diferentes formas de desvantagens e estratificação que gera uma situação permanente de injustiça. A opressão pressupõe, primeiro, a *exploração*, especialmente a exploração econômica de certos grupos, a experiência de vários segmentos sociais em sociedades capitalistas. A opressão também compreende a *marginalização*, termo que designa o fato de que certos grupos formam coletividades cuja força de trabalho se torna descartável, o que impede a inserção desses grupos no mercado de trabalho. Essa situação aprofunda a estratificação racial, porque os indivíduos não encontram modos efetivos de integração. Grupos oprimidos são segmentos sociais que carecem de poder. Eles sofrem as consequências de processos discriminatórios que dificultam a participação nos processos decisórios, o que cria obstáculos para quaisquer transformações sociais. Sociedades estruturadas dessa forma são marcadas também por um imperialismo cultural em função do qual os membros dos grupos dominantes podem criar e reproduzir uma série de narrativas voltadas à legitimação dos processos de estratificação, o que tem o objetivo de convencer a sociedade que padrões de distribuição de poder são justos. A opressão também implica a violência porque grupos dominantes sempre procuram manter o controle sobre todas as instituições sociais, motivo pelo qual reagem a quaisquer tentativas de transformação da situação que os beneficiam.[174]

Falar sobre grupos minoritários significa reconhecer a existência de outros que se encontram na situação oposta. Grupos majoritários ou dominantes são aqueles que se encontram no topo das diversas hierarquias sociais, motivo pelo qual eles têm acesso a uma porcentagem desproporcional de poder. Esse poder se manifesta pelo acesso privilegiado ou exclusivo a oportunidades e a recursos sociais; ele expressa o controle sobre uma pluralidade de sistemas sociais como a política, o Direito a cultura e a economia.

---

174 YOUNG, Iris Marion. *Justice and the politics of difference*. Princeton: Princeton University Press, 2011, pp. 3-27.

Seus membros podem obter ganhos individuais e coletivos significativos em função do pertencimento a eles, uma vez que isso permite o controle sobre as mais diversas instituições sociais. O controle sobre os meios de produção, sobre as instituições culturais e sobre as instituições políticas permite que eles criem e institucionalizem ideologias que legitimam as assimetrias de poder presentes na sociedade, quase todas elas baseadas na noção de que seus membros devem desempenhar essas funções por serem superiores. Seus membros também podem desenvolver narrativas culturais baseadas na igualdade de tratamento entre todos os grupos, perspectiva que almeja negar a centralidade de critérios de tratamento diferenciado para o exercício do poder. O controle sobre instituições permite que as normas de operação delas reflitam seus interesses, um dos motivos pelos quais o poder dos grupos dominantes é também reproduzido geração após geração. Grupos raciais dominantes criam normas jurídicas ou culturais para manter sua homogeneidade racial, uma vez que o exercício do poder sempre precisa ser identificado com seus membros, especialmente os do gênero masculino. É certo que o poder desses grupos nunca é permanente, especialmente dentro de regimes democráticos, organizações que abrem a possibilidade de contestação dos padrões de distribuição de poder. De qualquer forma, o controle sobre quase todas as instituições de poder sempre abre espaço para a acomodação de demandas de direitos de grupos minoritários, sendo que, muitas vezes, o alcance delas não afeta a operação básica das estruturas de poder.[175]

5.2 Tipos de discriminação racial

A discriminação racial pode assumir uma pluralidade de formas, o que nos obriga a explorar esse tema de forma um pouco detalhada. Ela pode assumir a forma de *discriminação interpessoal*, um tipo

---

175 MARGER, Martin N. *Race and ethnic relations*: American and global perspectives. 9ª ed. Belmont: Wadsworth, 2012, pp. 32-37.

de tratamento que fere o preceito moral e legal, no qual membros de uma comunidade política devem ser reconhecidos como indivíduos que possuem o mesmo valor moral, motivo pelo qual eles merecem ser tratados com dignidade. Esse tipo de discriminação racial está baseado em sentimentos negativos que uma pessoa sente em relação a membros de grupos raciais subalternizados por acreditar que eles são inferiores. A raça opera, aqui, como um critério saliente que designa o pertencimento de alguém a um grupo o qual supostamente que, para a pessoa que discrimina, não possui o mesmo nível de humanidade que pessoas de seu grupo possuem. Em função disso, o agente discriminador evita contato, trata de forma agressiva, demonstra desprezo, nega oportunidades, agride verbalmente para reafirmar disparidades raciais que permitem a concentração de vantagens nas mãos de pessoas brancas, o que depende da exclusão do outro de oportunidades materiais e da percepção social de que negros *não são atores sociais competentes*.[176]

Práticas discriminatórias podem ser divididas entre discriminação negativa e discriminação positiva, sendo que a *intencionalidade* é o elemento diferenciador entre essas duas manifestações. Um ato discriminatório assume a primeira forma quando produz desvantagens indevidas para membros de determinados grupos. Vale dizer que, algumas vezes, medidas estatais impõem custos para os indivíduos, mas elas *não* decorrem da vontade estatal de prejudicar parte da população; elas procuram atingir algum objetivo legalmente justificado. Porém, há situações nas quais podemos identificar claramente que agentes de instituições públicas ou privadas utilizaram a raça com o propósito específico de causar *danos* para pessoas negras, propósito que, frequentemente, decorre da intenção de garantir *vantagens* para pessoas brancas. O empregador que não contrata

176 BLUM, Lawrence. *"I'm not a racist, but..." The moral quandary of race*. Ithaca: Cornell University Press, 2002, pp. 1-35; ESSED, Philomena. *Understanding everyday racism*: an interdisciplinary theory. Nova York: Sage, 1991, pp. 185-200.

negros ou exclui negros de oportunidades profissionais porque ele pretende garantir que apenas pessoas brancas tenham acesso a elas. A discriminação pode ser *positiva* quando ela utiliza a raça como critério de tratamento diferenciado para promover a integração de membros de grupos raciais subalternizados. Estamos diante da intenção de agentes públicos ou privados de, ao observarem a contínua marginalização de pessoas negras ou indígenas, instituem medidas para garantir maiores oportunidades para esses grupos de pessoas.[177]

A intencionalidade pode ser manifesta ou encoberta, motivo pelo qual teóricos fazem diferenciações entre *discriminação consciente* e *discriminação inconsciente*. A primeira designa a motivação consciente de um comportamento discriminatório; o agente discrimina outro a partir de representações negativas que carrega sobre membros de outros grupos. Elas o impelem a impor tratamento desvantajoso, porque acredita que certas características impedem que essas pessoas possam atuar de forma competente em qualquer esfera da vida. A discriminação inconsciente também está baseada em representações negativas sobre membros de determinados grupos, sendo que elas operam determinando a percepção das pessoas a partir do pertencimento delas a diferentes grupos. As pessoas são mais inclinadas a terem atitudes positivas em relação a pessoas brancas, porque elas são culturalmente treinadas para identificarem competência profissional apenas nos membros desse grupo; elas podem dar preferência por candidatos brancos em relação a candidatos negros, porque elas, inconscientemente, associam negros com periculosidade.[178]

Em muitas situações, a discriminação racial se manifesta por meio da *discriminação direta*, o que ocorre quando um agente,

---

177 FREDMAN, Sandra. *Discrimination law*. Oxford: Oxford University Press, 2011, pp. 166-168; MOREIRA, Adilson José. *Tratado de Direito Antidiscriminatório*. São Paulo: Contracorrente, 2020, pp. 330-333.

178 *Cf*. BLANTON, Hart; JACCARD, James. "Unconscious racism; A concept in pursuit of measure". *Annual Review of Sociology*, vol. 34, nº 2, 2008, pp. 277-297.

na condição de um alguém que ocupa alguma posição de poder, discrimina outro de forma intencional, motivado por algum tipo de animosidade em relação a membros de grupos raciais subalternizados. Esse tratamento discriminatório se torna possível porque há uma relação hierárquica de poder entre os sujeitos envolvidos; um deles ocupa um lugar de poder que permite a ele utilizar a raça para determinar quem poderá ter acesso a determinados bens ou oportunidades. É importante dizer que a discriminação direta viola determinação legalmente expressa de que determinado critério não pode ser utilizado para impor tratamento diferenciado entre as pessoas. Isso significa que nossa legislação não permite que as pessoas utilizem a raça para a prática da discriminação negativa. A intencionalidade é um elemento central desse tipo de discriminação racial: o racismo motiva práticas discriminatórias contra membros de grupos raciais subalternizados.[179]

A situação de desvantagem, na qual pessoas negras se encontram, também pode ser explicada por uma manifestação bem específica de discriminação: a *discriminação indireta*. Ao contrário da discriminação direta, a intencionalidade não está presente, pelo menos não aparentemente. A desvantagem decorre de normas que, mesmo não fazendo qualquer tipo de menção à noção de raça, trazem consequências negativas para grupos de pessoas que já se encontram em uma situação de desvantagem. Estamos, então, diante de medidas instituídas por instituições públicas e privadas que afetam, de forma negativa, o *status* social de grupos que já enfrentam formas de marginalização. Essas normas impedem que eles possam ter acesso a oportunidades, restringem proteção estatal, e diminuem as chances de inclusão dos membros de certos grupos sociais. Essas pessoas enfrentam dificuldades de acesso a uma pluralidade de direitos necessários para a inserção social devido ao impacto do racismo, e essa norma torna essa situação ainda mais problemática. Assim, a

179 MOREIRA, Adilson José. *Tratado de Direito Antidiscriminatório*. São Paulo: Contracorrente, 2020, pp. 387-399.

eliminação de programas sociais afeta pessoas negras de forma mais enfática porque elas são as mais dependentes de proteção estatal em função de práticas discriminatórias; a imposição do domínio da língua inglesa para o ingresso em uma instituição diminui as chances de pessoas negras conseguirem acesso a trabalho nessas instituições.[180]

A discriminação racial, frequentemente, envolve representantes de instituições públicas e privadas, o que podemos chamar de *discriminação institucional*. Esses indivíduos são motivados por estereótipos raciais que informam a cultura da instituição, sendo que essas representações estabelecem as regras que serão adotadas para impor desvantagens a membros de grupos raciais subalternizados. Esse tipo de discriminação pode, então, assumir a forma de discriminação direta ou indireta, ela pode ocorrer por meios de práticas discriminatórias voltadas a grupos específicos ou de regras que, embora não façam menção à raça, produzem desvantagens para grupos raciais subalternizados. Pessoas negras podem sofrer a discriminação institucional quando são impedidas de ter acesso a um emprego (negação de acesso à instituição); elas são submetidas a esse tipo de tratamento desvantajoso quando são discriminadas dentro da instituição (negação de promoção); elas também são vítimas desse tipo de tratamento arbitrário quando não conseguem ter acesso a serviços que deveriam estar disponíveis para todas as pessoas (negação de acesso a serviços da instituição); elas sofrem a discriminação institucional quando os serviços a elas oferecidos são de pior qualidade do que os oferecidos a pessoas brancas (oferecimento diferenciado dos serviços da instituição).[181]

A discriminação institucional assume formas específicas no ambiente corporativo, motivo pelo qual ela recebe o nome de *discriminação organizacional*. O espaço de trabalho é um lugar no qual

---

180 McCOLGAN, Aileen. *Discrimination law*: texts, cases and materials. Oxford: Oxford University Press, 2005, pp. 77-79.

181 MOREIRA, Adilson José. *Tratado de Direito Antidiscriminatório*. São Paulo: Contracorrente, 2020, pp. 456-465.

membros de grupos raciais enfrentam inúmeras formas de tratamento desvantajoso, uma vez que oportunidades de trabalho são escassas e os vários grupos sociais criam diferentes estratégias para terem acesso, privilegiado ou exclusivo, a oportunidades profissionais. A expressão "discriminação organizacional" engloba uma série de questões relacionadas ao comportamento individual das várias pessoas que atuam nas corporações em diferentes capacidades, envolve normas institucionais formais e informais, que determinam como pessoas de diferentes grupos são tratadas nesse espaço, e inclui representações das pessoas consideradas como ideais para desempenharem funções na empresa. Isso significa que membros de diferentes grupos sociais serão tratados de acordo com a correspondência entre esses padrões corporativos e as diversas formas de *status* que eles ocupam. Membros de minorias raciais podem ser vítimas de práticas discriminatórias baseadas em fatores inconscientes que motivam as pessoas a identificarem competência profissional apenas em pessoas brancas; elas podem ser prejudicadas por processos de seleção baseados em critérios estéticos e não na competência profissional; elas podem ser prejudicadas porque empregadores entendem que parte significativa de sua clientela prefere ser atendida por pessoas brancas. Pessoas de ascendência africana, asiática e indígena não correspondem à imagem do funcionário ideal, imagem identificada com o homem branco heterossexual sem qualquer tipo de deficiência e de aparência ariana. Essas formas de preferência determinam que essas pessoas não conseguirão emprego, terão acesso restrito à promoção, terão que se submeter a padrões estéticos do grupo racial dominante, serão as primeiras a serem despedidas em função de cortes de gastos.[182]

Não podemos esquecer que sistemas de dominação podem operar de forma convergente para produzir a *discriminação*

---

182 *Cf.* BAGENSTOS, Samuel R. "The structural turn and the limits of antidiscrimination law". *California Law Review*, vol. 94, 1996; GREEN, Tristin. "A structural approach as antidiscrimination mandate: locating employer wrong". *Vanderbilt Law Review*, vol. 60, nº 3, 2007, pp. 853-905.

interseccional. Estamos, aqui, diante de pessoas que se encontram em uma situação de grande vulnerabilidade, porque são afetadas paralelamente por formas de discriminação baseadas em mais de um vetor de discriminação. A experiência social dos membros desses grupos é marcada por formas de desvantagens que criam obstáculos significativos para quaisquer tipos de ação autônoma, porque são vítimas de práticas discriminatórias concomitantes que ocorrem em praticamente todas as esferas da vida. Devemos observar que essas pessoas não são vítimas apenas da animosidade de membros de grupos majoritários; as pessoas são atravessadas por várias formas de identidades, sendo que o pertencimento a diferentes grupos sociais faz com que elas estejam situadas em relações de opressão distintas. Mulheres negras são afetadas pelo racismo e pelo sexismo nas diversas esferas de suas vidas; negros homossexuais sofrem as consequências do racismo e da homofobia, motivo pelo qual também são desprezados por pessoas negras. O racismo afeta todas as pessoas negras, mas o patriarcalismo molda o comportamento de grande parte dos membros dessa comunidade, o que motiva a discriminação sexual. O racismo prejudica negros e negras, criando desvantagens para todos, mas negros e negras homossexuais estão em uma situação ainda pior, por causa da postura homofóbica de muitas pessoas negras. A situação de maior vulnerabilidade desses indivíduos, que são minorias dentro de minorias, decorre do fato de que eles não encontram a mesma representatividade política nos diversos grupos aos quais elas pertencem, o que dificulta a transformação da situação na qual se encontram.[183]

O que tem sido chamado de *discriminação racional* ou *estatística* parte do pressuposto de que o tratamento desvantajoso não decorre da animosidade em relação a membros de grupos raciais subalternizados, mas sim de um cálculo social que o justifica em

---

183 *Cf*. AKOTIRENE, Carla. *Interseccionalidade*. São Paulo: Jandaíra, 2018; COLLINS, Patricia Hill. *Pensamento feminista negro*. São Paulo: Boitempo, 2019, pp. 401-433.

função de experiências passadas, de conhecimento social ou em função de preferências privadas. Assim, a recusa de um motorista de aplicativo de parar para um homem negro decorre da informação, muitas vezes falsa, de que a maioria dos criminosos são negros; a preferência de empregadores por empregados brancos não expressaria desprezo racial, mas o fato de que sua clientela prefere ser atendida por pessoas brancas. A escolha por esse tipo de funcionário estaria racionalmente relacionada com o sucesso de seu negócio. Assim, a discriminação racional atende a interesses que supostamente transcendem a questão da animosidade porque procura atender a interesses justificados, seja por estatísticas sociais, seja por preferências privadas.[184] Vários grupos sociais enfrentam outro tipo de tratamento arbitrário amplamente disseminado nas sociedades humanas: a discriminação estética. Esta expressão designa o fato de que empregadores fazem julgamentos sobre a competência profissional de uma pessoa a partir de sua aparência. Se, por um lado, essa prática beneficia os que se adequam a padrões estéticos institucionalizados, por outro, ela prejudica os que estão distantes deles, o que é o caso de minorias raciais, pessoas obesas, pessoas com deficiência.[185]

Devemos analisar outra forma de discriminação racial, pouco tematizada na nossa sociedade, mas muito presente nas interações cotidianas: o tema das *microagressões*. Ao contrário de outras manifestações que representam violações de direitos legalmente regulados, esse tipo de tratamento desvantajoso não representa um desrespeito de normas jurídicas que obrigam pessoas e instituições a agirem dessa ou daquela forma. Microagressões representam atos, falas, gestos, imagens, mensagens, afirmações que demonstram desprezo, condescendência, insensibilidade, ignorância, medo e pânico. Isso ocorre nas interações sociais, quando um membro de um grupo dominante,

---

184 BLUM, Lawrence. *"I'm not a racist, but..." The moral quandary of race*. Ithaca: Cornell University Press, 2002, pp. 85-89.

185 BLUM, Lawrence. *"I'm not a racist, but..." The moral quandary of race*. Ithaca: Cornell University Press, 2002, pp. 85-89.

pelos meios acima mencionados, demonstra para membros de grupos subalternizados que ele não os reconhece como pessoas que possuem o mesmo nível de humanidade, que ele não os reconhece como atores sociais competentes, que ele prefere evitar contato com eles. Microagressões assumem a forma de *microassaltos* quando alguém, por meio de algum ato ou gesto, demonstra desprezo, condescendência ou agressividade por membros de outros grupos. Homens de ascendência africana, asiática ou indígena sofrem microassaltos quando mulheres brancas atravessam para o outro lado da rua, porque acreditam que membros de outros grupos raciais são um perigo para elas; negros e negras enfrentam essa situação quando comissárias de bordo brancas cumprimentam todos os passageiros brancos, mas se recusam a fazer isso com passageiros negros. *Microinsultos* podem ser caracterizados como mensagens que expressam desprezo em relação a membros de grupos raciais subalternizados, quando pessoas brancas demonstram insensibilidade com o pertencimento cultural dos membros desses grupos. Pessoas brasileiras de ascendência asiática sofrem microinsultos quando pessoas de outros grupos raciais perguntam a origem nacional delas, quando elas elogiam o domínio da língua portuguesa, mensagens que expressam a ideia de que eles não são reconhecidos como brasileiros. Mulheres negras sofrem *microinvalidações* quando homens brancos e negros questionam seu conhecimento sobre quaisquer temas socialmente considerados como masculinos. O gênero e a raça suscitam a desconfiança sobre a possibilidade de uma mulher negra poder ter conhecimento real ou competência profissional para desempenhar funções em áreas consideradas como masculinas e brancas.[186]

Também não podemos desconsiderar o fato de que a situação de vulnerabilidade social de pessoas negras concorre para que elas sejam especialmente afetadas por transformações sociais diversas. Alguns avanços no campo da tecnologia exemplificam esse problema,

186 MOREIRA, Adilson José. *Tratado de Direito Antidiscriminatório*. São Paulo: Contracorrente, 2020, pp. 498-507.

o caso da inteligência artificial. Sua utilização não tem objetivo de prejudicar pessoas negras, mas ela efetivamente tem um impacto negativo sobre elas em uma pluralidade de situações. A inteligência artificial opera por meio de algoritmos, mecanismos que parecem ser neutros, mas que refletem características e a realidade dos membros do grupo racial dominante. A acuidade deles é quase total quando aplicada a homens brancos, mas muito menor quando utilizada para identificar pessoas de outras raças ou do gênero feminino. O surgimento da *discriminação algorítmica* decorre, então, do impacto indireto que a utilização da inteligência artificial tem em uma pluralidade de aspectos de vida de pessoas negras, como na aplicação dela na identificação de indivíduos por órgãos policiais, na avaliação da capacidade econômica de minorias raciais, na análise da empregabilidade dos membros desse grupo, entre outras situações. Esses indivíduos são afetados de forma negativa em função da existência de uma tecnologia que promove a discriminação indireta e que se alimenta da situação de desvantagem estrutural de pessoas negras.[187]

Após termos identificado diversos tipos de discriminação racial, devemos indicar as consequências delas na vida de pessoas negras. Primeiro, a discriminação racial produz desvantagens sistêmicas que dificultam ou impedem a integração social de minorias raciais; essas pessoas vivem em um estado constante de privação de oportunidades. Esse fenômeno social causa desvantagens econômicas, outro problema que afeta as mais diversas esferas da vida dessas coletividades. Segundo, a discriminação racial produz danos existenciais, porque cria dificuldades para que as pessoas possam estabelecer propósitos e sentidos às suas ações. Muitos indivíduos são convencidos de que nunca poderão atingir quaisquer objetivos, motivo pelo qual desistem de seus projetos de vida. Terceiro, a discriminação produz a fragilização de comunidades inteiras, porque

---

187 *Cf.* ONEIL, Cathy. *Algoritmos de destruição em massa*. São Paulo: Editora Rua do Sabão, 2021; MOREIRA, Adilson José. *Tratado de Direito Antidiscriminatório*. São Paulo: Contracorrente, 2020, pp. 509-527.

grande parte de seus membros estão excluídos de oportunidades educacionais e profissionais, não estão representados em processos decisórios, o que torna mais difícil a transformação da situação na qual eles se encontram. Estamos falando do que tem sido chamado de trauma coletivo, expressão que reflete as consequências das experiências grupais de tratamento discriminatório, o que pode provocar problemas psicológicos que são transmitidos não apenas pela memória social, mas também geneticamente de uma geração para outra, uma vez que níveis permanentes de estresse emocional alteram o balanço químico das pessoas no processo gestacional.[188]

5.3 Afinal, o que é um ato racista?

Embora tenhamos mencionado diferentes formas de discriminação, devemos examinar os diferentes aspectos da sua dinâmica social para que possamos entender como ela opera na vida cotidiana e suas implicações. Um ato pode ser classificado como racista quando ele é motivado por ideias racistas ou quando ele possui efeitos racistas; ele, então, ocorrerá todas as vezes em que pessoas utilizam a raça ou um critério a ela associado para impor desvantagens a participantes de minorias raciais. Atos racistas ocorrem em situações de interações entre membros de diferentes grupos raciais, situações nas quais a raça opera como um fator de atribuição de valor aos indivíduos nela envolvidos. O pertencimento racial determina uma avaliação imediata do caráter do indivíduo, avaliação esta baseada na presunção de que ele não merece o mesmo nível de respeitabilidade social por pertencer a uma minoria racial. A percepção de que essa pessoa não possui o mesmo nível de valor, implica que ele não

---

188 *Cf.* ROCHA, Renan; TORRENTÉ, Mônica; COELHO, Maria Thereza. *Saúde mental e racismo à brasileira*. Salvador: Devires, 2021; DELGADO, Richard; STEFANCIC, Jean. *Understanding Words that wound*. Belmont: Westview, 2004; FEAGIN, Joe. *The many costs of racism*. Nova York: Rowman & Littlefield, 2002; MENAKEN, Resmaa. *My grandmother's hands*: Racialized trauma and the pathway to mending our hearts and bodies. Las Vegas: Central Recovery Press, 2017.

merece nem o mesmo nível de respeitabilidade, nem o exercício dos mesmos direitos, o que está reservado apenas aos que pertencem ao grupo racial dominante. Então, um ato racista decorre da dinâmica psicológica da superioridade/inferioridade, elemento central das diversas ideologias racistas. Essa formatação da percepção do outro desperta um tipo de emoção racial baseada na percepção de que pessoas, supostamente inferiores, não podem ter o mesmo nível de *status* social que pessoas do meu grupo possuem, o que motivará o desrespeito à imposição legal de igualdade de direitos. Assim, o racismo fomenta tipos de emoções específicas: como o desprezo, a rejeição, a animosidade e a separação. Atos racistas são motivados não apenas pela crença de superioridade, mas também para garantir a diferenciação de *status* entre grupos raciais: aquele que é inferior não pode ter as mesmas oportunidades, não pode ter a liberdade de circular nos mesmos espaços. O racismo desperta, então, outro tipo de emoção bastante relevante: a noção de exclusividade. O pleno exercício de direitos é um atributo dos que são brancos, razão pela qual os que pertencem a outros grupos raciais não podem estar nos mesmos espaços, não podem ter as mesmas oportunidades, não podem ter as mesmas perspectivas de sucesso.[189]

Diferentes atores sociais participam de um ato racista. Primeiro, temos os que efetivamente praticam o ato racista, ou seja, os que impõem algum tipo de desvantagem a membros de minorias raciais, motivados por animosidade em relação a estes. Temos, ainda, os que são comandados a praticar os atos racistas por ordem daqueles que estão em uma posição hierárquica superior. Esses indivíduos podem discordar desse tipo de comportamento, mas engajam neste tipo de ação para proteger o *status* que eles possuem na instituição ou para proteger o *status* coletivo de pessoas brancas, o que os torna coniventes com o ato discriminatório e as suas motivações. Há, ainda, outro grupo de atores envolvidos em atos dessa natureza: os

189 *Cf.* FEAGIN, Joe; VERA, Hernán; BATUR, Pinar. *White racism*. 2ª ed. Nova York: Routledge, 2002, pp. 19-22.

participantes passivos. Se outras pessoas brancas estão ativamente discriminando minorias raciais; esses indivíduos assistem ao ato racista, mas não se opõem a ele, eles não recriminam ou protestam contra o tratamento desvantajoso. Isso ocorre porque eles também estão interessados em manter a diferenciação de *status* entre grupos raciais, porque também acreditam que minorias raciais não devem ter o mesmo nível de respeitabilidade ou porque eles estão cientes de que são sistematicamente beneficiados pelo racismo, motivo pelo qual não vão protestar quando presenciam atos racistas. Eles entendem as dimensões da situação de discriminação, identificam a motivação racista por trás dela, mas não se manifestam, porque não querem sofrer retaliação de outras pessoas brancas, porque também não querem interagir com pessoas de outras raças, porque também estão interessados em manter formas de diferenciação de *status* social entre grupos raciais.[190]

Um ato racista possui efeitos racistas, problema que assume diferentes formas e que possui uma pluralidade de dimensões. A consequência imediata de um ato racista é a imposição de uma desvantagem a uma pessoa. Ela deixa de exercer uma liberdade, ela não terá acesso a uma oportunidade, ela terá um tipo de *status* social desrespeitado. Um ato racista cria obstáculos para que uma pessoa possa atribuir propósitos e sentidos às suas ações, ele diz para a pessoa que ela não é vista pela sociedade como um ator social competente, ele deixa claro para o indivíduo que ele não possui o mesmo nível de apreço social que pessoas brancas possuem. Como atos racistas ocorrem cotidianamente e em uma pluralidade de situações, eles não apenas restringem direitos, mas impedem que as pessoas possam desenvolver habilidades, que depois poderão beneficiá-la, bem como a sociedade; atos racistas são, então, um tipo de prática social que cria obstáculos significativos para o desenvolvimento de habilidades individuais, o que provoca perda significativa de oportunidades para

190 *Cf.* FEAGIN, Joe; VERA, Hernán; BATUR, Pinar. *White racism*. 2ª ed. Nova York: Routledge, 2002, pp. 21-24.

todos os membros da sociedade, porque implica a perda de recursos que foram empregados ao longo de décadas para a formação educacional e profissional de porcentagens significativas da população. Atos racistas implicam perdas individuais e coletivas: todas as pessoas são afetadas de forma negativa por atos racistas, inclusive pessoas brancas. Talentos individuais, que poderiam estar trabalhando no espaço público e no espaço privado, são impedidos de ter acesso a oportunidades sociais para garantir privilégios para pessoas brancas ou simplesmente para permitir a preservação do sentimento de distinção social dos membros desse grupo ao longo da história.[191]

A perpetuação de atos racistas na nossa vida cotidiana promove a formação de uma cultura pública baseada na premissa de que membros de grupos raciais subalternizados não possuem nenhum tipo de direito ou expectativa de direitos que devam ser respeitados por pessoas brancas. A continuidade e a frequência desses atos tornam sua prática um aspecto naturalizado da realidade social, problema que acaba sendo incorporado na cultura de instituições públicas e privadas. Os atos racistas, praticados pelas nossas forças policiais, são um aspecto tão comum de nossa realidade, que eles adquiriram um aspecto *ritualístico*. São as mesmas ações arbitrárias praticadas nas mesmas circunstâncias contra membros de um mesmo grupo racial. Dessa forma, a existência reiterada de violações de direitos se faz algo tão comum que se torna defendido por inúmeros atores sociais: vemos candidatos a cargos públicos defendendo a violência policial contra pessoas negras como se isso fosse a sua função central, não a garantia à segurança pública para todas as pessoas. O caráter ritualístico de atos racistas, motivado pela doutrina da superioridade racial, impede por completo o desenvolvimento de uma cultura pública baseada no ideal democrático da solidariedade cívica. É impossível desenvolver a empatia com pessoas que não

---

191 KENDI, Ibram X. *How to be antiracist*. Nova York: One World, 2019, pp. 13-24; FEAGIN, Joe; VERA, Hernán; BATUR, Pinar. *White racism*. 2ª ed. Nova York: Routledge, 2002, pp. 1-22.

reconhecemos como iguais, com pessoas que acreditamos *não ter direito a ter direitos*. Assim, atos racistas são atos que comprometem a ordem democrática porque reiteram a crença de que pessoas negras não são atores sociais competentes, motivo pelo qual elas não podem ter o mesmo nível de participação na vida pública, não podem participar nos processos decisórios, não podem ter o mesmo nível de apreço que brancos possuem. Atos racistas têm, então, um efeito racista particularmente grave: ele compromete o funcionamento do regime democrático porque normaliza a discriminação racial como forma natural de operação da sociedade.[192]

Atos racistas possuem também um tipo específico de efeito racista raramente abordado pelos especialistas em relações raciais. Atos racistas são práticas disruptivas, eles contrariam um aspecto importante da socialização das pessoas que vivem em sociedades democráticas: a expectativa de que elas poderão exercer direitos que são necessários para o desenvolvimento da personalidade. O exercício de direitos não é apenas um *status* jurídico, mas também uma forma de autocompreensão dos indivíduos: as pessoas trabalham com a expectativa de que elas sempre poderão estabelecer propósitos pessoais que constituem um plano de vida. A exposição permanente a atos racistas impede que pessoas negras possam tomar o exercício de direitos como referência para a construção da dimensão social de sua identidade, motivo pelo qual elas estão expostas ao que tem sido chamado de desamparo aprendido. Esta expressão designa a percepção de que o indivíduo não tem controle sobre aspectos básicos de sua existência, motivo pelo qual atos racistas são uma fonte permanente de estresse emocional. É certo que pessoas negras desenvolvem a resiliência psíquica, muitas delas florescem mesmo na adversidade, mas várias outras desenvolvem uma pluralidade de problemas psicológicos. Por esse motivo, devemos estar atentos ao fato de que atos racistas produzem dano existencial: eles são

192 *Cf*. RODOTÁ, Stefano. *El derecho a tener derechos*. Madrid: Editorial Trotta, 2012.

demonstrações para o indivíduo de que dificilmente terá os meios para poder realizar seus propósitos individuais, o que compromete a formação da integridade psíquica destes. A experiência contínua do racismo faz com que pessoas negras estejam entre as mais vulneráveis a problemas de ordem psiquiátrica.[193]

5.4 Por que é errado utilizar a raça para discriminar as pessoas?

A cultura constitucional contemporânea está construída sobre um princípio de importância fundamental para a construção de uma sociedade genuinamente democrática: a dignidade humana. Que sentidos devemos atribuir a esse preceito dentro de nossa reflexão sobre a solidariedade cívica e letramento racial? Primeiro, a dignidade humana está associada ao dever de reconhecimento da humanidade intrínseca de todos os seres humanos, motivo pelo qual precisamos reconhecer que todos os seres humanos possuem exatamente o mesmo valor. Esse tipo de reconhecimento implica o respeito pela igual dignidade e pela igual consideração dos interesses das pessoas, uma vez que ele decorre da ideia de que todas as pessoas são sujeitos autônomos, todas elas são capazes de pautar suas ações a partir de regras que expressam o consenso moral presente em uma dada sociedade. Discriminar as pessoas baseado na raça significa afirmar que elas não merecem o mesmo nível de apreço porque elas não são capazes de viver de acordo com as mesmas regras que expressam consensos coletivos, que elas não são atores sociais competentes. A construção de uma sociedade democrática depende da afirmação da solidariedade cívica, princípio que pressupõe a afirmação de todos os indivíduos como pessoas morais, como sujeitos racionais capazes de atribuir sentidos e propósitos às suas ações, condição para uma

---

193 *Cf.* CARTER, Robert; PIETERSE, Alex. *Measuring the effects of racism*. Nova York: Columbia University Press, 2020, pp. 39-58; BURROW, Anthony. "Racial discrimination and the stress process". *Journal of Personality and Social Psychology*, vol. 96, nº 6, 2009, pp. 1259-1271.

vida autônoma. Discriminar pessoas a partir da raça significa reproduzir a noção de que elas não podem operar de forma adequada na esfera social em função da falsa pressuposição de inferioridade moral, motivo pelo qual elas não podem ter os mesmos direitos de membros do grupo racial dominante.[194]

Segundo, a discriminação racial compromete o reconhecimento da integridade humana de algumas formas específicas. O desrespeito fere a integridade humana porque expressa a recusa do reconhecimento do valor da pessoa como ser humano, que essa pessoa não deve ser vista como sujeito de sua própria vida. A exposição de formas sistemáticas de discriminação cria obstáculos significativos para que as pessoas possam desenvolver as capacidades necessárias para a realização individual. Ter uma vida autônoma significa poder refletir, deliberar, agir e alcançar. O desenvolvimento desse processo depende de acesso a direitos para que os seres humanos tenham opções de escolha, que eles tenham as habilidades para poder usufruir dessas possibilidades, que eles não sofram pressões externas ou ausência de condições para poder decidir, que eles terão controle sobre os meios para a realização de suas ações, e que eles consigam atingir seus objetivos, uma vez que eles tenham seguido todos os passos para isso. A discriminação racial, devido ao seu caráter sistêmico, institui vários empecilhos para projetos existenciais de minorias raciais. Ela impede o desenvolvimento de capacidades individuais, ela restringe a possibilidade de escolha entre alternativas, ela restringe a possibilidade de decisão autônoma, o que concorre para que objetivos estabelecidos não sejam alcançados.[195]

Terceiro, a discriminação racial implica a negação da capacidade de ação autônoma dos indivíduos, o que traz consequências existenciais significativas para as pessoas. Poder ter acesso ao gozo

---

194 *Cf.* NOVAIS, Jorge Reis. *A dignidade da pessoa humana*: dignidade e inconstitucionalidade. Coimbra: Almedina, 2019, pp. 101-104.

195 *Cf.* NOVAIS, Jorge Reis. *Princípios estruturantes do Estado de Direito*. Coimbra: Almedina, 2019, pp. 43-50.

de direitos significa poder ter os meios para o livre desenvolvimento da personalidade, o que inclui, entre outras coisas, a formação de uma série de habilidades individuais. O livre desenvolvimento da liberdade é um direito geral de ação por meio do qual as pessoas conseguem estabelecer planos de vida, o que se torna possível na medida em que os indivíduos não enfrentam obstáculos à possibilidade de atribuir sentidos e propósitos às suas ações. A discriminação racial tem então implicações existenciais significativas; na verdade podemos classificar a discriminação racial como um tipo de dano existencial. O tratamento arbitrário de indivíduos implica a imposição de limites à possibilidade de ação livre, o que os seres humanos que vivem em um regime democrático acreditam ser um dado natural da organização política. Membros de minorias raciais são mais vulneráveis ao desenvolvimento de problemas de natureza psiquiátrica porque desenvolvem a percepção de que não possuem controle sobre aspectos básicos de sua existência, o que se torna uma fonte permanente de estresse emocional, o que produz sofrimento mental.[196]

Quarto, a discriminação racial promove danos existenciais aos indivíduos em função de um processo constante de alienação identitária. Por ser legitimada por estereótipos e preconceitos, ela implica em um processo permanente de estigmatização de identidades, as pessoas são sempre penalizadas por pertencerem a grupos raciais subalternizados. O sistema de dominação racial presente na nossa sociedade força pessoas negras a se aproximarem das representações culturais identificadas com a raça branca, a negar suas origens culturais e adotar os parâmetros da cultura branca como requisito para poderem ter algum nível de respeitabilidade social. A utilização permanente de imagens de controle para atribuir características e funções a pessoas negras faz com que elas tenham pouco domínio

196 *Cf.* MIROWSKY, John; ROSS, Catherine. *Social causes of psychological distress*. 2ª ed. Hawthorne: Aldine de Gruyter, 2003; PASSOS, Rachel Gouveira. *Na mira do fuzil*: a saúde mental das mulheres negras em questão. São Paulo: Hucitec, 2023.

sobre a expressão de aspectos centrais da própria identidade, o que também pode ser classificado como uma violação da dignidade humana. Esse é mais um aspecto que impede pessoas negras de se afirmarem como sujeitos da própria vida, uma vez que elas precisam sempre ajustar sua identidade racial de acordo com os padrões brancos para que possam ter algum nível de respeitabilidade social.

Quinto, a prática constante da discriminação racial traz danos coletivos significativos. Ao criar obstáculos para que pessoas negras possam desenvolver suas capacidades, a discriminação racial impede que negros e negras possam operar como agentes econômicos na nossa sociedade, o que significa perdas econômicas significativas. A tentativa permanente de concentrar oportunidades educacionais e econômicas entre pessoas brancas faz com que mais da metade da população brasileira possa contribuir de forma adequada para o avanço econômico da nossa sociedade. A permanência dessa mentalidade colonial compromete as chances de conseguirmos avanços educacionais e econômicos, uma vez que práticas sociais procuram garantir que oportunidades sempre estejam nas mãos de pessoas brancas, mesmo que elas sejam incompetentes. A garantia de oportunidades para membros de todos os grupos raciais significaria maiores chances de avanço social, mas isso também implicaria a necessidade de competição entre pessoas brancas e negras, exatamente o que muitas delas querem evitar a todo custo. Por esse motivo, a luta pela concentração de oportunidades produz o atraso econômico e social; a discriminação racial reproduz incessantemente o atraso de nossa nação, exatamente o que muitas pessoas brancas almejam.[197]

Sexto, discriminar significa negar tratamento igualitário. A discriminação racial cria obstáculos para que possamos construir uma sociedade igualitária, objetivo que possui diferentes dimensões.

---

197 *Cf*. THEODORO, Mário. *A sociedade desigual*: racismo e branquitude na formação do Brasil. São Paulo: Zahar, 2022; LEONG, Nancy. "Racial capitalism". *Harvard Law Review*, vol. 126, nº 8, 2013, pp. 2153-2229.

Uma organização política dessa natureza está baseada no tratamento simétrico entre pessoas igualmente situadas; ela engloba também o tratamento diferenciado entre pessoas que estão em situações diferentes. Ao lado da igualdade formal e da igualdade material, há também o que tem sido chamado de igualdade relacional, termo que designa a necessidade de eliminação de práticas que reproduzem relações hierárquicas nas várias interações humanas. O racismo é um desses mecanismos que dificultam ou impedem o reconhecimento da igualdade entre as pessoas, motivo pelo qual ele opera como um mecanismo que impacta as relações humanas em todos os espaços sociais. Representar o outro como alguém diferente ou inferior significa pressupor que ele não merece o mesmo nível de apreço ou os mesmos direitos, razão pela qual não precisa desenvolver sentimento de empatia em relação a eles. A discriminação compromete o desenvolvimento de uma cultura igualitária, porque promove comportamentos endêmicos entre pessoas brancas: apenas nós temos o mesmo nível de humanidade, só nós somos atores sociais competentes, somos os únicos que devem ter respeitabilidade social, portanto, devemos conviver apenas com aqueles e aquelas que são de nossa raça. Assim, além de impedir a construção de uma sociedade igualitária, a discriminação racial impossibilita a construção de uma verdadeira democracia. Não pode haver uma cultura democrática onde não há solidariedade cívica.[198]

Sétimo, devemos insistir em um ponto. A discriminação provoca dissensões sociais porque é a negação intencional do reconhecimento do outro como um agente que merece o mesmo nível de apreço que deveria ser dispensado a todos os membros de uma comunidade política democraticamente organizada. Discriminar significa aviltar ou degradar alguém a partir de traços que não determinam a capacidade

---

198 *Cf.* MOREIRA, Adilson José. *O que é discriminação?* Belo Horizonte: Letramento, 2017, pp. 83-95; MOREIRA, Adilson José. *Tratado de Direito Antidiscriminatório*. São Paulo: Contracorrente, 2020, pp. 177-183.

de um indivíduo operar na vida social como um ator social competente. Esses atos que implicam o desprezo e o aviltamento moral do outro encontram legitimidade nas diversas representações negativas que circulam na sociedade. As consequências para as vítimas são bastante palpáveis. Elas deixarão de ter acesso a bens, a oportunidades, a recursos necessários para que elas possam desenvolver capacidades necessárias para a livre expressão da personalidade e para o alcance de projetos de vida. Negar acesso a direitos significa impedir que a pessoa possa se representar como um ator social competente, o que produz danos psicológicos significativos para as pessoas, uma vez que esse problema se reproduz ao longo de toda a vida e em todas as dimensões da vida. Negar direitos significa negar a humanidade das pessoas, significa negar um horizonte de sentidos a partir dos quais as pessoas constituem um sentimento positivo de si mesmas, o que possui uma significação psicológica significativa. Aqueles indivíduos que não conseguem desenvolver uma personalidade integrada não conseguirão operar de forma adequada na vida social.

Oitavo, a discriminação produz consequências jurídicas, uma vez que implica o desrespeito pelo status jurídico dos indivíduos como iguais; ela produz consequências morais decorrentes da negação do reconhecimento do outro como um ser autônomo. O tratamento arbitrário dos indivíduos baseado na raça traz implicações existenciais, pois inviabiliza a realização de projetos existenciais, o que atira contingentes inteiros de pessoas à marginalização social. Esse tipo de prática social acarreta, ainda, danos existenciais para os indivíduos, uma vez que eles são impedidos de ter controle sobre a própria vida; ele também gera efeitos negativos sobre a vida política da nossa sociedade, porque impossibilita a criação de uma cultura pública baseada na solidariedade cívica. O racismo provoca a desconfiança entre todos os grupos raciais, sentimento provocado pela experiência permanente de desprezo; ele também produz o desvirtuamento das instituições políticas, uma vez que elas são apropriadas pelos membros do grupo racial dominante para gerir apenas seus interesses coletivos, o que, por sua vez, compromete todo o funcionamento da cultura democrática. Não podemos esquecer que o racismo também provoca danos econômicos para toda a sociedade, consequência da negação de distribuição adequada de recursos e oportunidades entre todos os grupos raciais. O racismo afeta padrões de sociabilidade que deveriam operar de acordo com uma lógica igualitária; no lugar da construção da confiança temos o ressentimento permanente entre membros de todos os grupos. Pessoas negras desenvolvem esse sentimento, pois são incessantemente aviltadas, enquanto muitas pessoas brancas se sentem ofendidas com a acusação generalizada de racismo porque elas não estão engajadas em práticas desse tipo.

CAPÍTULO VI

SOCIALIZAÇÃO RACIAL

Donata Meirelles era diretora de uma conhecida revista de moda. Ela organizou uma festa para comemorar os cinquenta anos da publicação, mas o evento gerou uma série de controvérsias. Fotos divulgadas nas redes sociais mostravam essa mulher branca sentada em uma cadeira dourada vestida com roupas e adereços brancos e dourados. Duas mulheres negras sorridentes aparecem ao seu lado vestidas como mucamas com os braços escorados sobre o espaldar da cadeira na qual a mulher branca estava sentada. Uma coisa pareceu clara para muitos convidados e para os que viram as fotos da festa: ela parecia ser uma celebração da era colonial, período no qual pessoas negras eram escravizadas. Uma mulher branca sentada no que parecia ser um trono senhorial acompanhada de duas mulheres negras usando indumentárias que remetiam ao período escravocrata. De acordo com certas pessoas presentes, as mulheres negras recebiam os convidados e os levavam até Donata, o que eles interpretaram ser uma clara celebração da tradição colonial brasileira. A revista fez uma publicação dizendo que a festa foi uma iniciativa da própria Donata e não um evento organizado pela instituição. A controvérsia fez com que Donata pedisse demissão de seu cargo, fato que gerou ainda mais controvérsias nas redes sociais. Enquanto

> *alguns classificaram o evento como mais um exemplo da persistência do racismo no imaginário cultural brasileiro, outros afirmaram que as mulheres negras não foram forçadas a nada. Se muitos disseram que essa atitude reflete a realidade de uma cultura que sempre espera ver mulheres negras em uma situação de subserviência, outros argumentaram que o debate não tinha qualquer tipo de legitimidade porque não houve discriminação racial. Se muitos disseram que a presença dessas mulheres negras nessa posição exemplifica uma cultura construída sobre expectativas que expressam estereótipos racistas, outros afirmaram que o debate era uma discussão vazia.*

6.1 Socialização racial

Nossa reflexão sobre letramento racial, condição para a construção de uma democracia solidária, passa, necessariamente, pela discussão de um aspecto central de nossas vidas: os diferentes mecanismos responsáveis pelo desenvolvimento de nossa identidade pessoal, o que inclui uma dimensão individual e outra social. Muitas pessoas acreditam que seus traços de personalidade são produto de disposições naturais, que suas preferências expressam escolhas individuais, que seus padrões de interação social refletem preferências moralmente neutras. Essa posição ignora o fato de que a formação da consciência de quem somos, da percepção de quem são os outros, do lugar no qual devemos ocupar, que eles devem ocupar, está amplamente marcada pelo tipo de *status* que os diferentes grupos humanos têm na sociedade. Diversas categorias culturais, utilizadas para classificar indivíduos, influenciam diretamente os esquemas mentais que as pessoas utilizam para interpretar a realidade social, sendo que elas estabelecem padrões de percepção e de interação entre membros dos diversos grupos sociais. Elas *não* são apenas algo que designam características de certos grupos de indivíduos; elas dão sentido a uma pluralidade de representações sociais que determinam o modo a partir do qual as relações sociais operam em todas as esferas da vida política. Esse é exatamente o caso da raça. Vimos que ela não se resume a um conjunto de traços fenotípicos, pois é uma categoria social que estrutura relações de poder. Ela designa lugares que as pessoas ocupam na sociedade, motivo pelo qual ela situa pessoas dentro de hierarquias sociais de forma distinta. Essa categoria de diferenciação entre indivíduos opera, então, como um elemento central da formação da identidade pessoal, motivo pelo qual ela é uma categoria relacional, ou seja, é um elemento definidor do modo como as relações humanas são estruturadas em uma dada sociedade. Podemos dizer, então, que a raça é um elemento central do processo de socialização, é uma referência fundamental a partir da qual as pessoas moldam suas identidades, desenvolvem ideias dos lugares em que elas devem ocupar no mundo, adquirem maior ou menor sensibilidade sobre como a raça afeta o cotidiano das pessoas, atribuem sentidos às identidades dos que pertencem a outras raças, os lugares em que elas podem ocupar e, principalmente, os preceitos que devem pautar as relações com elas.[199]

Como ocorre o processo de socialização racial? Precisamos, primeiro, entender alguns aspectos básicos da socialização dos seres humanos. Nós nascemos dentro de uma cultura em um momento histórico específico, dentro de uma comunidade que se organiza em torno de um sistema de sentidos por meio do qual seus membros são capazes de construir e manter coesão social. Ele organiza aspectos de nossa vida cotidiana tais como regras de etiqueta, padrões de interação, esquemas de autocompreensão, formas de comportamento. Mas esse sistema de sentidos também representa uma série de processos internalizados que estabelecem padrões de percepção dos indivíduos, diretrizes que influenciam, diretamente, o comportamento deles nos diferentes espaços sociais e nas várias formas de interação humana. Eles incluem fatores como parâmetros que determinam respeitabilidade social, as formas como as emoções devem ser expressadas

---

199 GIDDENS, Anthony. *Sociology*. 2ª ed. Cambridge: Polity Press, 1993, pp. 89-114.

nos vários contextos, os critérios a serem observados nas relações com membros do outro gênero, concepções sobre comportamentos nos espaços públicos e no espaço privado, critérios que determinam padrões de normalidade e de anormalidade, além de características associadas a critérios de diferenciação social: tais como gênero, raça, idade e classe. A maioria dos membros dos grupos dominantes raramente desenvolve qualquer tipo de reflexão sobre os fatores que governam o comportamento deles; agimos, na vida social, a partir da pressuposição de que eles são formas legítimas de organização do pensamento e das ações.[200]

É importante reconhecer que esses padrões que pensamos ser modos naturais de pensamento e de ação são, na verdade, resultado da institucionalização de diversas regras que expressam o consenso coletivo sobre como a sociedade deve ser organizada. Isso significa que não nascemos com inclinações naturais para nos comportarmos dessa ou daquela forma; nós somos socializados para pensar que padrões culturais de regulação social são naturais, que eles são necessários; somos instigados a acreditar que categorias, utilizadas para classificar indivíduos, são válidas. Nossos modos de comportamento são aprendidos por meio do contato com uma pluralidade de atores sociais, em uma pluralidade de situações e por diferentes meios e processos de socialização. A socialização, o processo por meio do qual somos treinados para nos tornarmos membros de uma cultura, ocorre pela nossa imersão em um universo de sentidos a partir dos quais moldamos nossos pensamentos e nossas ações. Nossas ações são meios a partir dos quais moldamos nossa identidade, porque ela representa o resultado dos sentidos que damos a ela; nossas identidades serão o parâmetro concreto para o julgamento do sucesso do processo de socialização. Acreditamos que muitas das categorias que utilizamos para atribuir sentidos aos nossos atos, que utilizamos para classificar indivíduos, são realidades concretas, embora sejam

---

200 DIANGELO, Robin. "What does it mean to be white? Developing racial literacy". *Counterparts*, vol. 398, 2012, pp. 13/14.

produto de um processo de construção que reflete o pensamento coletivo sobre como relações sociais devem ser organizadas dentro de uma sociedade. Esses sentidos não são estáticos; eles mudam na medida em que são questionados, na medida em que circunstâncias sociais diversas forçam modificações no alcance, nos propósitos, nas significações e nos contextos que eles são utilizados para designar contextos sociais, uma vez que nossa realidade social está sempre em mudança.[201]

A sociabilidade é um aspecto relevante da experiência humana. Nós podemos criar modos de vida coletiva porque somos inclinados a estabelecer relações com outros seres humanos para atingirmos propósitos coletivos. Sentidos culturais cumprem, então, um papel relevante na construção das sociedades humanas, porque legitimam padrões comportamentais que possibilitam a organização social. Para que os indivíduos possam chegar a um acordo sobre como eles vão viver em sociedade, eles criam regras que expressam significações sobre arranjos sociais. Dessa forma, a raça deve ser vista como uma categoria socialmente construída, porque ela corresponde a um processo de atribuição de sentidos a traços fenotípicos. Ela tem sido utilizada nas sociedades ocidentais para designar supostas características coletivas e para determinar os lugares que pessoas de diferentes grupos sociais devem ocupar nas várias hierarquias sociais. A raça tem sido empregada para legitimar a posição privilegiada de pessoas brancas e a posição subordinada de pessoas negras. Embora seja uma categoria socialmente construída em um momento histórico específico, embora não tenha validade científica, a raça representa uma pluralidade de sentidos culturais que são efetivamente utilizados para categorizar as pessoas de diferentes maneiras. Ela pode não ter

---

201 DIANGELO, Robin. "What does it mean to be white? Developing racial literacy". *Counterparts*, vol. 398, 2012, pp. 15-23.

valor científico, mas ela traz consequências concretas na vida das pessoas porque é um parâmetro central do processo de socialização.[202]

Dizer que a raça representa uma categoria construída a partir de uma pluralidade de sentidos significa dizer que ela opera como um sistema de referências que moldam os meios a partir dos quais os seres humanos atribuem sentidos a diversos aspectos da vida. Esses sistemas de referência são responsáveis pelas percepções que criamos sobre diversos níveis da nossa existência enquanto seres sociais. Eles fornecem parâmetros para a construção de vários aspectos de nossa identidade individual, o que inclui os critérios que utilizamos para nos classificarmos como membros de diversos segmentos sociais, os fatores responsáveis pela minha afiliação a eles, as maneiras como eu devo agir de acordo com as regras desses grupos, como eu utilizo essas formas de identidade para me diferenciar dos membros de outras coletividades. Esses sistemas de referência também estabelecem nossa percepção de como as instituições sociais devem operar, de como a operação delas deve ocorrer para proteger direitos socialmente atribuídos, de como elas devem operar para reproduzir prerrogativas comumente vistas como lugares naturais de certos grupos sociais. Sistemas de referência fornecem os parâmetros a partir dos quais os indivíduos regulam suas percepções da realidade social e as suas motivações.[203]

Esses sistemas de referência formam as lentes a partir das quais nós percebemos o mundo e nos situamos nele. Há, então, um fator bastante importante relacionado com elas. Os sistemas de referências a partir dos quais somos socializados também atribuem valores às diversas categorias que utilizamos para classificarmos nós mesmos

---

202 *Cf.* HANEY LOPEZ, Ian F. "The social construction of race: some observations on illusion, fabrication, and choice". *Harvard Civil Rights, Civil Law Review*, vol. 29, nº 1, 1994, pp. 1-62; BENTO, Cida. *O pacto da branquitude*. São Paulo: Companhia das Letras, 2022, pp. 55-68.

203 DIANGELO, Robin. "What does it mean to be white? Developing racial literacy". *Counterparts*, vol. 398, 2012, pp. 79-86.

e os outros. Esses valores podem ser negativos ou positivos, podem atribuir privilégios ou podem instituir estigmas. A correlação entre sentidos e valores determina a posição que as pessoas ocuparão nas várias hierarquias sociais, eles indicarão a forma como elas serão tratadas nas mais diversas situações. Os valores culturais, atribuídos a certas características, espelham relações de poder presentes dentro de uma dada sociedade; os grupos que possuem maior *status* social procuram legitimar a posição na qual eles estão por meio da atribuição de sentidos positivos às características de seus membros e de sentidos negativos a certas características a membros de outros grupos, o que legitima o tratamento discriminatório deles, mas que surge dentro do discurso social como um meio de organização natural da sociedade. Esse processo permite, então, a naturalização das hierarquias sociais, ele permite que as pessoas vejam diferenciações como necessárias para a operação adequada da sociedade.[204]

Essas referências de sentido, as lentes que usamos para perceber o mundo, são o ponto de partida para a formação da nossa identidade racial. Como todas as outras formas de pertencimento, nossa identidade racial é produto de contextos sociais, históricos, políticos, econômicos, emocionais e culturais. Ela também tem uma natureza relacional: não nascemos com uma consciência de pertencimento a um certo grupo racial; ela é definida a partir de um processo de diferenciação em relação a outros de mesma natureza. Nossa identidade racial depende, em grande parte, da forma como membros de outros grupos raciais nos tratam, razões pelas quais elas se cristalizam como um aspecto relevante de nossa existência nas diversas interações sociais. Assim, a forma como nos classificamos racialmente depende da maneira como atribuímos sentidos ao impacto que o pertencimento racial tem na nossa vida cotidiana. Enquanto a raça aparece como algo irrelevante para grande parte de pessoas brancas, ela se torna uma referência constante por meio

---

204 DIANGELO, Robin. "What does it mean to be white? Developing racial literacy". *Counterparts*, vol. 398, 2012, pp. 18-22.

do qual membros de grupos raciais subalternizados entendem a experiência cotidiana.[205]

Grande parte de pessoas brancas não se classificam racialmente na vida cotidiana porque vivem em uma realidade social na qual diversos aspectos de sua identidade racial são institucionalizados. Eles são as referências a partir das quais os sentidos sociais são criados, eles são os modelos que servem como parâmetro para a racialização de outros grupos humanos. A maioria dos membros dos grupos subalternizados, em função do pertencimento racial, classificam-se em termos raciais, desenvolvem uma consciência racial porque o pertencimento racial impacta a vida cotidiana deles de diferentes maneiras. Essa consciência racial decorre, especialmente, de uma disparidade entre valores sociais pautados nos princípios de igualdade e liberdade e a realidade de discriminação permanente. Esses indivíduos enfrentam um processo constante de desorientação pessoal em função do conflito entre expectativas legais e políticas criadas em função do *status* de membro de uma sociedade organizada em torno de princípios democráticos e uma pluralidade de processos discriminatórios que impedem o exercício de direitos ao longo de toda a vida. Por esse motivo, a luta pela construção de uma democracia solidária tem sido um dos propósitos centrais da militância negra ao longo da história moderna.[206]

É importante, então, explorar um aspecto central do processo de socialização racial. O pensamento humano obedece a um processo bastante característico. Nossa mente precisa processar um número infinito de estímulos de diferentes ordens; nossa capacidade de percepção não pode processar todos eles separadamente, nem pode

205 DIANGELO, Robin. "What does it mean to be white? Developing racial literacy". *Counterparts*, vol. 398, 2012, pp. 27-43.

206 VAN DIJK, Teun Andreas. *Discurso antirracista no Brasil*: da abolição às ações afirmativas. São Paulo: Contexto, 2021, pp. 137-161; MUNANGA, Kabengele. *Negritude*: usos e sentidos. 4ª ed. Belo Horizonte: Autêntica, 2019.

procurar dar sentido a cada um deles. Por esse motivo, ela promove um processo de classificação deles a partir de categorias socialmente construídas. Nossa operação na vida cotidiana se mostra possível na medida em que podemos utilizar essas categorias para classificar estímulos ou informações que possuem um mesmo padrão. O processo de categorização permite a generalização: as pessoas atribuem os mesmos sentidos aos mesmos estímulos todas as vezes que se deparam com eles e todas as vezes que passarem pelas mesmas experiências. A percepção, a categorização e a generalização são partes do que psicólogos cognitivistas chamam de esquemas mentais: são processos cognitivos responsáveis pelo processamento de estímulos. Esquemas mentais são ponto de partida para a absorção e construções de cognições sociais: os sistemas de sentidos, responsáveis pelo processo de socialização, materializam-se de forma concreta a partir da construção de compreensões coletivas sobre diversos aspectos da realidade. Essas cognições sociais determinam a forma como as pessoas interpretam o mundo, são o ponto de partida a partir do qual os indivíduos compreendem as relações sociais e legitimam essas mesmas relações ao pautar seus comportamentos a partir delas.[207]

Essas cognições sociais são referências importantes porque instituem os parâmetros a partir do quais as pessoas formam suas identidades; elas têm um papel central na percepção das interações sociais, motivo pelo qual elas impactam, de forma direta, as relações entre grupos raciais. O que chamamos de raça pode ser classificado como um quadro de referências que utilizamos para entendermos nosso lugar no mundo, para estabelecermos padrões de interação social. Essas cognições sociais são referências decorrentes de relações de poder existentes dentro da sociedade: membros dos grupos raciais dominantes são capazes de criar sentidos que se transformam em cognições sociais. Esses modos de ver o mundo fornecem parâmetros para as pessoas poderem construir suas identidades. As cognições

207 VAN DIJK, Teun Andreas. *Elite discourse and racism*. Londres: Sage, 1993, pp. 18-49.

sociais produzem também os meios para as pessoas formularem discursos que justificam as relações de poder, presentes em uma dada sociedade. É importante, então, entendermos, de forma mais clara, como identidades raciais são construídas dentro dessa dinâmica que engloba aspectos sociológicos e psicológicos, aspectos ideológicos e políticos.[208]

O processo de socialização racial varia de forma significativa de um grupo racial para outro; na verdade, eles são processos que possuem características opostas. De qualquer maneira, eles guardam alguns elementos em comum. Primeiro, a raça opera como um meio de orientação social dos indivíduos, pois a identidade racial atua como um parâmetro para o estabelecimento e filiação das pessoas aos diferentes grupos raciais. Segundo, essa categoria situa os indivíduos em posições específicas dentro das hierarquias sociais, motivo pelo qual ela será uma referência para as pessoas medirem o valor que elas possuem na sociedade. Terceiro, a identidade racial determina padrões de sociabilidade dos indivíduos; o pertencimento racial influencia a escolha das pessoas com as quais eles estarão mais ou menos dispostas a interagir. Quarto, por indicar o tipo de inserção que elas ocupam na nossa sociedade, a raça as motiva a manter ou alterar os arranjos sociais responsáveis pela atribuição de *status* positivo ou negativo. Quinto, o processo de socialização determina a prevalência que a identidade racial terá na formação da identidade social dos indivíduos. *A raça pode ser relevante para todas as pessoas negras, mas a sexualidade pode ser mais importante para pessoas brancas; a raça pode trazer consequências significativas para negros, mas a classe social afeta pessoas brancas de forma mais palpável.*[209]

---

208 VAN DIJK, Teun Andreas. "Critical discourse analysis". *In*: TANNEN, Deborah (Coord.). *The handbook of discourse analysis*. Nova York: Wiley, 2015, pp. 352-369.

209 *Cf.* NASCIMENTO, Beatriz. *O negro visto por ele mesmo*. São Paulo: Ubu, 2023; NASCIMENTO, Elisa Larkin. *O sortilégio da cor*: identidade, raça e gênero no Brasil. Rio de Janeiro: Selo Negro, 2003.

6.2 A socialização racial de pessoas negras

A socialização racial de pessoas negras no Brasil obedece a um padrão bastante característico. O racismo afeta a vida cotidiana dos membros desse grupo desde o nascimento, na medida em que ele as situa em uma condição de vulnerabilidade desde os primeiros anos de vida. O racismo impõe desvantagens econômicas que restringem acesso a uma pluralidade de direitos, seja o acesso a condições de moradia, à educação, a tratamento médico e a tratamento solidário em diversas interações sociais. Pessoas negras aprendem, desde os primeiros anos, que seus traços fenotípicos são alvo de desprezo social, que sua raça desperta reações negativas em pessoas brancas que vão do desvio do olhar ao assassinato, que elas são constantemente representadas de forma negativa ou invisibilizadas nos meios de comunicação. Pessoas negras desenvolvem a percepção de que vivem em uma sociedade baseada na hostilidade racial, aspecto que está presente em grande parte das interações cotidianas. Elas criam expectativas de que serão discriminadas nas diversas esferas da vida social, que suas oportunidades serão restritas em função do pertencimento racial.[210]

Em função dessa realidade, a raça se torna um aspecto importante da experiência social e psicológica de pessoas negras. Mais do que isso, a experiência cotidiana de discriminação faz com que pessoas negras desenvolvam um tipo específico de consciência racial, termo que designa o reconhecimento da necessidade dos indivíduos se mobilizarem politicamente para transformar a realidade na qual vivem. Essa consciência racial implica a necessidade de construção de uma mobilização política coletiva destinada à transformação da situação na qual as pessoas se encontram. A construção de redes de

---

210 Cf. MOREIRA, Adilson José. *Pensando como um negro*: ensaio de hermenêutica jurídica. São Paulo: Contracorrente, 2020, pp. 43-74; SANTOS, Maria Angélica. *E eu não sou uma jurista negra?* Belo Horizonte: Letramento, 2023, pp. 27-113; BUENO, Winnie. *Por que você não acredita em mim*. São Paulo: Harper Collins, 2023.

solidariedade com outras pessoas negras se mostra relevante para que essa realidade seja transformada; ela também é essencial a fim de que elas possam ter um nível maior de apoio social. A utilização do *status* racial por pessoas negras não ocorre da mesma maneira que pessoas brancas porque ele é um tipo de pertencimento a partir do qual grande parte de pessoas negras desenvolvem a consciência da criação de estratégias de mobilização para o combate ao racismo. Estamos diante, então, do aparecimento do que tem sido chamado de consciência negra, um processo que descreve os mecanismos a partir dos quais a experiência sistemática de discriminação faz com que as pessoas percebam o *status* racial como um fator em torno do qual se deve desenvolver uma consciência coletiva e uma mobilização política para a transformação social, na qual pessoas negras se encontram.[211] Para que as pessoas sejam capazes de identificar os mecanismos responsáveis pela condição social na qual vivem. A consciência racial é um produto de um processo de superação do problema da desorientação causada pelo pertencimento a uma sociedade democrática que sistematicamente discrimina pessoas em função da raça. Essa desorientação não se resume à percepção de uma incongruência na operação das instituições sociais. Ela tem outras consequências significativas, porque opera como uma fonte permanente de estresse emocional para grande parte dos membros desse grupo.[212]

A socialização racial de pessoas negras é permeada por um processo constante de desafios que mostra a necessidade de enfrentamento de uma série de obstáculos que não deveriam ser empecilhos para a vida dos indivíduos em uma sociedade democraticamente

---

211 *Cf.* SANTOS, Joel Rufino dos. *Saber do negro*. Rio de Janeiro: Pallas, 2015; NASCIMENTO, Abdias. *O quilombismo*. São Paulo: Perspectiva, 2019; D'ADESKY, Jacques. *Racismos e anti-racismos no Brasil*. Rio de Janeiro: Pallas, 2009; GORDON, Lewis R. *Fear of black consciousness*. Nova York: Farrar, Straus and Giroux, 2022.

212 BUENO, Winnie. *Por que você não acredita em mim*. Rio de Janeiro: Harper Collins, 2023, pp. 65-91.

organizada. Elas sabem que esses obstáculos são criados por pessoas brancas para impedir que elas possam alcançar as mesmas oportunidades que estão abertas a pessoas brancas. Por esse motivo, a experiência diária de pessoas negras é permeada por fatores que operam como fonte de estresse emocional ao longo de toda a vida. Mais do que impedir o acesso a oportunidades e a recursos, práticas discriminatórias também impõem um custo emocional a membros de grupos raciais subalternizados. As consequências dessa realidade são bastante concretas. Elas são mais vulneráveis a doenças psicossomáticas, um problema que se torna cada vez mais presente na medida em que a vida progride; elas são mais suscetíveis ao suicídio em função de processos depressivos decorrentes de práticas discriminatórias sistemáticas.[213]

Pessoas negras são socializadas em uma realidade social que as força a negar a relevância social da raça; elas vivem em uma sociedade na qual as relações raciais sempre assumiram uma perspectiva paternalista na qual grande parte de pessoas brancas esperam que elas estejam em uma situação subordinada e desenvolvam uma atitude subserviente. A doutrina da democracia racial também influencia o processo de socialização dos membros desse grupo racial forçando o processo de assimilação: a respeitabilidade social depende da adoção dos padrões culturais vistos como universais, mas que estão baseados na suposta superioridade branca. Muitas delas acreditam que realmente desenvolvemos uma cultura de cordialidade racial, que o racismo se resume a atos individuais de discriminação e que ascensão social de algumas pessoas negras significa que negros não enfrentam obstáculos significativos para a inserção social. É também comum pessoas negras acreditarem que falas racistas não expressam

---

213 *Cf.* WINTERS, Mary-Frances. *Black fatigue*: How racism erodes the mind, body, and spirit. Oakland: Berrett-Koelher, 2020; WILLIAMS, Terrie N. *Black pain*. It just looks like we're not hurting. Nova York: Scribner, 2008; NAVASCONI, Paulo Vitor Palma. *Vida, adoecimento e suicídio*: racismo na produção do conhecimento sobre jovens negros/as LGBTTIS. Belo Horizonte: Letramento, 2019.

animosidade, que elas não são relevantes, que elas não afetam a vida de pessoas negras. Várias delas acreditam que o cultivo da autoestima ou crenças religiosas são capazes de eliminar barreiras raciais, que esses fatores são suficientes para fazer com que os indivíduos possam adquirir as forças psíquicas para poderem atingir seus propósitos. A construção da solidariedade intrarracial se torna difícil também porque muitos homens negros heterossexuais pensam que as relações familiares precisam, necessariamente, estar construída sobre relações hierárquicas entre homens e mulheres; homens e mulheres negras heterossexuais pensam que negros homossexuais não podem ter o mesmo nível de respeitabilidade social que eles possuem, problema que torna a construção da solidariedade negra ainda mais difícil. A socialização racial de pessoas negras produz várias consequências. Entre elas estão problemas psicológicos individuais e coletivos, a crença de que não são capazes de superar obstáculos, de que não são atores sociais competentes. [214]

6.3 O processo de socialização racial de pessoas brancas

O processo de socialização de pessoas brancas tem uma natureza bastante distinta. As ideologias racistas, desenvolvidas ao longo dos últimos séculos, estão baseadas na noção da superioridade branca. Essa premissa está associada com outros três termos: *diferença*, *hierarquia* e *hegemonia*. A noção de superioridade pressupõe que pessoas ou grupos de pessoas são diferentes, que eles não possuem características comuns e que os fatores que os distinguem são parâmetros legítimos de distinção entre elas. A socialização de pessoas brancas esteve, ao longo dos séculos, baseada no pressuposto de que elas são inteiramente distintas de pessoas de outras raças, que

---

214 Para uma análise desses temas ver GONZALEZ Lélia. *Por um feminismo afro-latino-americano*. São Paulo: Zahar, 2020; COLLINS, Patricia Hill. *Pensamento feminista negro*. São Paulo: Boitempo, 2019, pp. 97-230.

a raça constitui um critério efetivo de diferenciação entre seres humanos. A crença de que a raça representa uma categoria concreta leva muitas pessoas brancas a construírem sua identidade social a partir dela, o que as convence de que seus traços fenotípicos são indicadores de diferenças reais entre os vários grupos sociais. Essas diferenças legitimam uma série de hierarquias sociais, sustentadas sobre a premissa de que traços biológicos são critérios suficientes para a classificação do nível de respeitabilidade social dos indivíduos. Pessoas brancas são motivadas a pensar que o pertencimento racial as tornam superiores e que as distinções de *status* social entre a raça são justificadas. O processo de socialização de pessoas brancas em sociedades racistas também estabelece uma identificação direta entre identidade racial branca e posições de poder. Os membros desse grupo são levados a pensar que a superioridade racial justifica hierarquias sociais que permitem a apropriação dos espaços de poder por elas, porque apenas elas são atores sociais competentes. Atitudes racistas decorrem, então, da associação entre raça e poder: pessoas brancas merecem estar sempre em uma situação de protagonismo, porque são, necessariamente, superiores, porque apenas elas podem desempenhar funções sociais de maneira adequada. Dessa forma, a socialização racial dessa coletividade está amplamente baseada na construção de uma identidade social que pretende ser hegemônica, o que implica a superioridade de *status* cultural e material de todos os seus membros.[215]

A noção de superioridade racial engloba uma pluralidade de dimensões. Ela pressupõe a superioridade biológica, mas também a superioridade cultural de todas as pessoas que fazem parte desse segmento. Essa premissa as motiva a fazer julgamentos morais

---

215 *Cf.* SAAD, Layla. F. *Eu e a supremacia branca*: como reconhecer seu privilégio, combater o racismo e mudar o mundo. Rio de Janeiro: Rocco, 2020; CARDOSO, Lourenço. "A branquitude acrítica revisitada e as críticas". *In*: MULLER, Tânia; CARDOSO, Lourenço (Coord.). *Branquitude*: estudos sobre a identidade branca no Brasil. São Paulo: Appris, 2017, pp. 33-53.

automáticos quando elas se deparam com pessoas brancas e com pessoas negras. Se as reações em relação às primeiras serão sempre positivas; as relacionadas com as segundas geralmente serão negativas. Por assimilarem a noção de superioridade cultural de pessoas brancas, elas também construirão uma identidade coletiva baseada na noção de que são superiores, o que leva muitas delas a procurarem promover interesses coletivos, notoriamente o controle sobre recursos sociais e institucionais. A partir da noção de superioridade racial também se desenvolve a crença na ideia de superioridade cultural: pessoas brancas estão sempre expostas à noção de que elas correspondem ao padrão cultural que estabelece os valores culturais, a partir dos quais todas as pessoas são julgadas. O controle sobre as instituições sociais implica um processo de institucionalização das características desse grupo, fator responsável pelo desenvolvimento da noção de que elas possuem um nível maior de humanidade por corresponderem àquilo que a cultura dominante representa como ideal. Esse processo permite não apenas que pessoas brancas desenvolvam uma noção de pertencimento nos diferentes ambientes sociais, a não ser quando pertencem a alguma minoria, mas também que elas vejam a si mesmas como expressão dos valores que regulam os diversos espaços sociais.[216]

É certo que muitas pessoas brancas são racialmente letradas, que muitas delas têm ampla consciência sobre os processos de estratificação racial presentes na nossa sociedade. Não tenho dúvida do grande número de brancos e brancas comprometidos com a construção de uma sociedade igualitária. Entretanto, devemos analisar alguns processos genéricos. Pessoas brancas descobrem, ao longo do processo de socialização, que a branquitude designa uma forma de

---

216 *Cf.* JENSEN, Robert. *The heart of whiteness*: Confronting race, racism, and privilege. São Francisco: City Lights, 2005; MIRANDA, Jorge Hilton de Assis. "Branquitude invisível: Pessoas brancas e a não percepção dos privilégios: verdade ou hipocrisia". *In*: MULLER, Tânia M. P.; CARDOSO, Lourenço (Coord.). *Branquitude*: estudos sobre a identidade branca no Brasil. Curitiba: Appris, 2017, pp. 53-68.

status social que precisa ser protegido, porque garante uma série de benefícios aos que são racializados dessa forma. Essa forma de compreensão da dinâmica social está construída em torno da correlação entre branquitude e poder; a socialização dos membros desse grupo permite que eles, ou muitos deles, desenvolvam a percepção de que ser branco significa a possibilidade de busca ativa de oportunidades e a apropriação de lugares especificamente a partir da identidade racial, uma vez que grande parte das pessoas são culturalmente treinadas para atribuir qualidades positivas aos que são, socialmente, classificados como brancos. Ser branco surge, então, como um tipo de *propriedade*, como um lugar social identificado com o poder, como um tipo de *status* que as pessoas podem usar estrategicamente para poderem ter acesso a oportunidades sociais. Tal fato está por trás das tentativas constantes de degradação moral de pessoas negras por meio do humor racista: ao desqualificar negros, brancos se afirmam como os únicos atores sociais competentes, o que lhes garante acesso privilegiado a oportunidades e recursos. A branquitude tem sido classificada como um lugar de privilégio, porque as pessoas estão sempre fazendo julgamentos morais a partir da identidade racial: elas se classificam como pessoas que possuem maior valor, pressuposição corroborada por uma infinidade de mecanismos sociais, entre eles a associação sempre presente nas mais diversas produções culturais entre branquitude e beleza, entre branquitude e honestidade, entre branquitude e inteligência, entre branquitude e superioridade.[217]

Essa consciência de que a branquitude é um tipo de atributo socialmente qualificado como positivo permite que ela sempre seja utilizada estrategicamente. Muitas pessoas brancas estão cientes de que elas possuem maior respeitabilidade social, de que outros membros desse grupo social são mais propensos a reconhecer o mesmo nível de humanidade apenas nelas. Isso permite que elas possam recorrer a essa dimensão da identidade racial delas para

---

217 OWEN, David S. "Towards a critical theory of whiteness". *Philosophy & Social Criticism*, vol. 33, 2007, pp. 203-221.

obter vantagens ou para serem blindadas contra comportamentos negativos. Pessoas brancas que praticam o racismo sempre recorrem à associação entre branquitude e respeitabilidade para argumentarem que elas não podem ser racistas. Elas recorrem à classe social, ao *status* profissional, à identidade religiosa para despertar a simpatia de membros do sistema judiciário, pessoas cuja vasta maioria também são brancas e que são treinadas para reconhecer o mesmo nível de humanidade apenas entre pessoas da mesma raça. Elas mencionam um suposto parente negro ou amigo negro, elas fazem comparações com sociedades com uma história social de racismo institucionalizado, para reproduzir a noção de que elas não podem ser racistas porque convivem com negros e para provar que brancos brasileiros são moralmente superiores, porque não instituíram um regime de segregação na nossa sociedade. A existência do que tem sido chamado de um pacto narcísico da branquitude demonstra que esse tipo de comportamento estratégico encontra validade entre inúmeros membros do sistema judiciário. A pressuposição de que brancos são pessoas que possuem características inerentemente positivas faz com que não sofram o mesmo tipo de vigilância policial enfrentado por negros e negras, que não seja atribuído a eles a ideia de que são delinquentes, que eles possam cometer os mesmos crimes nas mesmas circunstâncias dos crimes cometidos por negros e não sofrerem quaisquer tipos de sansão penal ao longo da vida.[218]

A socialização racial de pessoas brancas assume ainda outro aspecto relevante. É certo que os processos acima descritos levam pessoas brancas a desenvolverem atitudes racistas, mas isso não ocorre com grande parte delas, uma vez que elas adquirem a consciência de que qualquer tipo de tratamento arbitrário impede a construção de uma sociedade baseada na solidariedade democrática. Muitas podem ter consciência de que são beneficiadas pelo fato de que outras pessoas pressuporão que elas são competentes porque são brancas,

---

218 BENTO, Cida. *O Pacto da branquitude*. São Paulo: Companhia das Letras, 2022, pp. 17-27.

mas desenvolvem uma ética pessoal baseada no esforço individual. Entretanto, a defesa da meritocracia – como princípio de distribuição de oportunidades – levanta um problema especialmente sério: a ausência de percepção de como o racismo opera para beneficiar brancos e para prejudicar negros de forma sistemática. Estamos diante de um fenômeno social chamado de *transparência*: a crença de pessoas brancas que a sociedade opera de forma essencialmente justa, que todas as pessoas conseguem ter acesso às mesmas oportunidades, que elas não são afetadas por estruturas de poder que garantam vantagens competitivas para alguns e desvantagens para outros. Essa forma de compreender a realidade decorre de um aspecto da socialização de pessoas brancas em sociedades liberais: a pressuposição de que todas as instituições sociais operam de acordo com as regras coletivamente tidas como justas. O fenômeno da transparência se mostra ainda mais acentuado em nações que elaboraram um discurso social que articula miscigenação racial e justiça simétrica. Muitas pessoas dizem ser contrárias a ações afirmativas, porque acreditam que vivemos em uma comunidade política regulada por princípios de justiça, que o pertencimento racial não traz consequências negativas às pessoas, que o racismo é um fenômeno individual e circunstancial. A socialização, baseada na premissa da assimilação, leva inúmeros atores sociais a pressuporem que as pessoas podem, efetivamente, ter a vida que planejam, leva muitas pessoas brancas a acharem que pessoas negras possuem a mesma experiência social que elas, motivo pelo qual políticas públicas protetivas não são necessárias.[219]

O fenômeno da transparência produz uma série de consequências problemáticas. Ele faz com que pessoas brancas ignorem a forma como são sistematicamente beneficiadas pelo racismo, sistema de dominação que procura garantir vantagens competitivas para brancos e brancas. O *status* social dos membros desse grupo parece

---

219 FLAGG, Barbara J. "'Was blind, but now I see': white race consciousness and the requirement of discriminatory intent". *Michigan Law Review*, vol. 91, nº 4, 1993, pp. 953-993.

ser produto do esforço individual e coletivo, perspectiva que ignora o quanto membros do grupo racial dominante foram beneficiados por práticas estatais racistas que permitiram a acumulação de poder econômico entre essas pessoas. A transparência faz com que pessoas brancas se beneficiem de estruturas de poder, mas também cria a oportunidade de negar que esse fato ocorra porque elas sempre podem recorrer ao discurso da meritocracia para justificar a posição em que elas ocupam. A transparência é, então, uma expressão da epistemologia da ignorância: o lugar de poder social que uma pessoa ocupa pode ser sempre justificado a partir de princípios coletivamente vistos como justos, o que reproduz a noção de que não existe nenhum mecanismo que impeça a ação autônoma de pessoas ou de grupos de pessoas. As próprias consequências da operação do racismo reforçam essa percepção. Grande parte de pessoas brancas vivem em espaços completamente segregados, muitas delas têm pouco ou nenhum contato com negros, elas sempre observam que membros dos seus círculos de relacionamentos – compostos por brancos – conseguem alcançar seus objetivos. Às vezes, elas encontram algumas pessoas negras ou asiáticas que também são bem-sucedidas, o que as leva a afirmar a percepção de que a discriminação racial não restringe oportunidades para as pessoas, embora elas convivam quase sempre com indivíduos da mesma raça, embora elas circulem em ambientes socialmente privilegiados, embora elas quase sempre vejam apenas pessoas brancas serem apontadas como exemplos de sucesso nas diferentes atividades profissionais.[220]

Devido ao processo de racialização, fator responsável pela criação de *status* racial distintos entre as várias coletividades, pessoas brancas desenvolvem a percepção de que ser branco é um tipo de pertencimento social que lhes garante inúmeros privilégios. Por esse motivo, elas aprendem também que ele precisa ser protegido a qualquer

---

220 *Cf.* OLUO, Ijeoma. *Mediocre*: The dangerous legacy of white male America. Nova York: Seal Press, 2021; SCHUCMAN, Lia Vainer. *Entre o encardido, o branco e o branquíssimo*: branquitude, hierarquia e poder na cidade de São Paulo. São Paulo: Annablume, 2014, pp. 111-136.

custo. Crianças brancas de três ou quatro anos que comparam negros a animais já estão cientes de que ser branco é um *status* social que lhes traz apreço e que ser negro é um tipo de identidade desprezada. A persistência dessa dinâmica que traz benefícios sistêmicos requer a criação de uma série de mecanismos discriminatórios, baseados na pressuposição da inferioridade moral de negros e negras. A socialização de pessoas brancas permite que elas desenvolvam todo um repertório cultural de justificação de suas práticas racistas, como o argumento de que elas possuem um amigo ou parente negro, que elas empregam pessoas negras, que práticas discriminatórias decorrem de preconceito contra pessoas pobres, que a escravização de seres humanos não envolvia o racismo. Esses argumentos são utilizados de forma estratégica por várias delas porque estão cientes de que esse é o consenso social entre grande parte de pessoas brancas, grupo que ocupa posições de poder e prestígio na nossa sociedade. Assim, o uso estratégico do *status* racial se torna um aspecto central da socialização de pessoas brancas, elemento que as permite utilizá-lo em uma pluralidade de situações para adquirir diversas vantagens, seja para a justificação do racismo, seja para garantir vantagens competitivas no mercado de trabalho ao se apresentarem como um modelo estético que funcionários devem ter.[221]

Mas a socialização de pessoas brancas é permeada por uma pluralidade de ideologias raciais, entre elas a da democracia racial. Se, por um lado, pessoas brancas se tornam conscientes de que possuem um *status* racial privilegiado; por outro, elas são motivadas a pensar que o pertencimento racial não possui qualquer tipo de relevância em uma sociedade que desenvolveu uma moralidade pública baseada na cordialidade racial. Essa narrativa cultural permite um processo de racionalização dos privilégios raciais estruturado em torno da percepção de que não há nenhum tipo de correlação entre

---

221 Para uma análise do uso estratégico do status racial por pessoas brancas no Brasil ver SCHUCMAN, Lia Vainer. *Entre o encardido, o branco e o branquíssimo*: branquitude, hierarquia e poder na cidade de São Paulo. São Paulo: Annablume, 2014.

o privilégio branco e a opressão negra. Estamos, aqui, diante de um processo que promove um nível ainda maior do que chamamos, anteriormente, de transparência: pessoas brancas e negras são capazes de atingir seus propósitos porque vivem em uma sociedade na qual todos e todas possuem as mesmas oportunidades. Essa realidade permite a naturalização e a celebração das relações hierárquicas de poder presentes na nossa sociedade. Eu posso, então, contratar duas mulheres negras para atuarem como mucamas em um evento social, porque isso não tem absolutamente nenhuma correlação com os mecanismos históricos de opressão de pessoas negras na nossa sociedade. A mulher branca contratou profissionais que aceitaram um tipo de trabalho cujas funções já conheciam. Essa postura não questiona os motivos pelos quais essa mulher branca, moradora da cidade de Salvador, um dos maiores centros da economia colonial, organiza uma festa dessa natureza com esse tipo de *ritual*. Essa postura também não questiona o papel de que esse tipo de ritualização de relações assimétricas de poder pode ser uma das poucas oportunidades disponíveis para ganhos financeiros de mulheres negras. O problema das atribuições prescritivas de identidades raciais também deixa de ser relevante para muitos atores sociais que se manifestaram sobre o ocorrido. Um evento dessa natureza não pode ser visto como ritualização da opressão porque a mulher branca não expressa nenhum tipo de animosidade em relação a pessoas negras. Todas essas posições ignoram o fato de que esse evento reflete a diferença de socialização racial entre pessoas negras e brancas na nossa sociedade. Se, para alguns, a decoração de uma festa não pode ser vista como celebração do colonialismo porque ela não expressa animosidade. Pelo contrário, o acontecido simplesmente representa um tipo de sociabilidade especial na qual brancos e negros convivem de forma harmônica, embora sempre desempenhem funções sociais distintas.

O processo de socialização racial de pessoas brancas não implica que todas elas sejam racistas, mas as motiva a tratar a questão racial como algo socialmente irrelevante. Entretanto, as últimas décadas foram marcadas por um debate social crescente sobre o tema da justiça racial, fato que gera reações coletivas em pessoas brancas. É certo que muitas delas reconhecem a validade desse problema, mas várias outras reagem de outra forma. Muitas desenvolvem um sentimento de culpa ao reconhecer os problemas enfrentados por pessoas negras, que elas não tinham conhecimento em uma sociedade que as incentiva a negar a relevância social do racismo. É também comum o sentimento de indignação por se sentirem acusadas de serem racistas ou de tomarem parte em atos considerados como racistas, o que as leva a negar qualquer tipo de responsabilidade coletiva sobre a opressão negra. Muitas delas procuram absolvição, e muitas tentam provar imediatamente que não são racistas, que não tomam parte em nenhum tipo de ato que pode ser considerado dessa forma. Grande parte de pessoas brancas simplesmente procura ignorar esse aspecto da realidade por meio de explicações de outra ordem; várias outras simplesmente assumem que brancos e negros possuem a mesma experiência social. Devemos ainda mencionar as que acreditam que preferências raciais são apenas acidentais, que não expressam opções por viver em uma realidade segregada. Outras ainda recorrem ao paternalismo para poderem enfrentar uma realidade na qual um número cada vez maior de indivíduos denuncia o racismo. Elas minimizam o racismo, procuram oferecer conforto a negros, mas sem engajar em nenhuma luta efetiva contra esse problema social. Pessoas brancas precisam estar cientes de que a luta pela construção de uma democracia solidária depende do reconhecimento da responsabilidade coletiva sobre as condições de existência de minorias raciais. O racismo existe para beneficiar brancos, ele não é algo aleatório, ele é parte integrante da operação de nossas instituições; sua eliminação depende do reconhecimento dessa realidade e do engajamento político para que essa situação seja transformada.[222]

Este capítulo cumpre um papel importante no nosso processo de letramento racial. Nossos comportamentos são, em grande parte,

---

222 DIANGELO, Robin. *White fragility*: Why it's so hard for white people to talk about racism. Boston: Beacon Press, 2018, pp. 115-131.

produto de processos de socialização por meio do qual atribuímos sentidos e propósitos às nossas ações, por meio do qual criamos parâmetros de identificação coletiva, o que ocorre através do *status* que ocupamos em uma sociedade. A raça é uma categoria central de diferenciação social, motivo pelo qual também a utilizamos de forma direta e indireta, de modo consciente e inconsciente para orientar nossas percepções e ações. Nossa percepção da relevância social depende do nosso pertencimento racial e do contexto social no qual nos encontramos; eles determinarão o nível da racialização das nossas interações sociais. Se o pertencimento racial pode motivar membros de grupos subordinados a elaborar ideologias libertadoras para combater padrões de estratificação racial, ele também pode tornar o pertencimento racial em algo que não adquire relevância quando se pertence ao grupo racial dominante. Seus membros podem desenvolver a percepção de que as instituições sociais operam de forma correta porque eles nunca foram impedidos de exercer direitos em função da raça, posição que expressa o desconhecimento do papel da inserção racial na exposição a práticas discriminatórias. Isso faz com que muitas pessoas brancas que convivem basicamente apenas com pessoas brancas afirmem que o racismo não tem relevância social. Afinal, elas são brancas e convivem apenas com pessoas brancas, motivo pelo qual esse é um problema socialmente invisível para elas. Vemos, então, que, além de reconhecer o caráter estrutural do racismo, precisamos reconhecer a forma como nossa inserção social determina a nossa percepção da realidade social. É certo que uma apreensão adequada da situação na qual vivemos pode ser adquirida por meio de dados sobre nossa realidade, mas isso não significa necessariamente que uma pessoa esteja convencida a agir ou a pensar que quaisquer tipos de ação sejam necessários.

CAPÍTULO VII

A VIDA PSICOLÓGICA DO RACISMO

É triste notar como pessoas negras enfrentam o racismo em quase todos os momentos de suas vidas, mesmo ou principalmente naquelas situações nas quais elas conseguem alcançar algum objetivo importante. Eu estava na sala de computadores da minha faculdade de Direito quando recebi a notícia de que eu tinha sido aceito no programa de mestrado daquela prestigiada Universidade de Harvard. Obviamente, eu fiquei eufórico e comuniquei o fato aos meus colegas que estavam presentes. Uma delas, uma mulher branca, me parabenizou, mas disse para eu "não ficar me achando" porque eu tinha sido aceito naquela famosa instituição. Indignado com uma fala que provavelmente nunca teria sido dirigida a uma pessoa branca, eu disse a ela que não achava nada, que eu tinha certeza absoluta. Aquela mulher branca ficou histérica. Disse que pretos não podem subir na vida porque se tornam imediatamente arrogantes, que nós não conseguimos nada na vida por causa de nossa soberba, que deus nos colocou em uma situação dessas para que soubéssemos nosso lugar. Muitas pessoas brancas reagem com indignação todas as vezes que se deparam com pessoas negras que não têm a atitude de subserviência que elas esperam. Um mesmo fenômeno já ocorreu comigo literalmente dezenas de vezes.

> *Eu estou em um restaurante ou em uma festa, pessoas brancas chegam, cumprimentam todas as pessoas brancas presentes, as que elas conhecem e as que elas não conhecem, mas não se dirigem a mim. Elas passam quinze, trinta, sessenta minutos sentadas na mesma mesa sem fazer contato visual comigo. Então alguém diz que eu sou professor universitário, que eu tenho livros publicados, que eu sou mestre e doutor por Harvard. Elas então olham para mim e perguntam como "alguém como eu" conseguiu chegar naquele lugar. Quase todas as vezes eu respondo que cheguei de avião. Que saí de Belo Horizonte, fiz uma conexão em São Paulo, outra em Nova York, cheguei em Boston, peguei um táxi e cheguei em Harvard. Essa resposta é o suficiente para despertar a ira dessas pessoas brancas racistas. Esses mesmos indivíduos que se negaram a me cumprimentar e a olhar para mim dizem depois que me acharam arrogante, que eu não deveria deixar que um "mero título" me subisse à cabeça. É importante dizer que as outras pessoas brancas sempre assistem todas essas situações caladas. Elas notam a atitude de desprezo dos seus amigos e amigas brancas, elas observam a atitude racista delas, mas não falam absolutamente nada. Elas continuam convivendo com elas, mas nunca mais me convidam para qualquer evento social, possivelmente porque acham que eu sou sensível demais. Elas dizem não ser racistas, mas agem de forma plenamente conivente com práticas acima descritas. Na verdade, muitas ainda tentam justificar o comportamento racista dos seus conhecidos, dizendo que são ótimas pessoas. Obviamente, ignoram o fato de que elas são gentis com eles porque eles são brancos, não porque elas têm uma atitude gentil. É também importante observar que esses "amigos" brancos não estão preocupados em problematizar ou entender a atitude racista dos seus conhecidos, eles querem apenas preservar a imagem coletiva de pessoas brancas. Por esse motivo, minha atitude se torna problemática, não a atitude de desprezo racial pelo qual passei.*

Nossa trajetória demonstrou, até agora, que o racismo não se resume a comportamentos individuais, nem a um conjunto de práticas discriminatórias institucionalizadas; as discussões anteriores também nos mostraram que este problema social não pode ser caracterizado apenas como um sentimento de animosidade em relação a membros de grupos raciais subalternizados. O racismo é um sistema de dominação social que procura promover vantagens a certos grupos às custas de desvantagens para outros, o que ocorre por meio de práticas individuais e coletivas, institucionais e sistêmicas. Esse objetivo só pode ser alcançado a partir da existência de um conjunto de representações sobre membros de grupos raciais subalternizados que motivam e justificam práticas discriminatórias. Mais uma vez, a continuidade desse sistema de vantagens sociais depende do convencimento contínuo da sociedade de que membros de grupos raciais subalternizados não são atores sociais competentes. Apesar de estar baseada em vários estudos sociológicos, essa afirmação enfrenta algumas dificuldades. A primeira delas diz respeito ao fato de que grande parte de pessoas brancas rejeitam moralmente atos discriminatórios, seja em função da crença nos valores que sustentam o regime democrático, seja em função de valores de outra ordem que exigem o tratamento igualitário entre todas as pessoas. A segunda decorre da percepção de muitas pessoas brancas acreditarem que seus atos não estão motivados por quaisquer sentimentos de animosidade ou de superioridade em relação a pessoas de outras raças, pois convivem regularmente com elas. Uma terceira dificuldade também deve ser mencionada: o combate ao racismo exige conhecimento da forma exata de como atos discriminatórios vão produzir vantagens para uns e desvantagens para outros, o que não faz parte do conhecimento de grande parte das pessoas, nem do cálculo social das suas ações. Elas concordam que impedir uma pessoa de ter acesso a emprego por causa da raça pode ser considerado um ato racista, mas elas não têm uma ideia muito precisa dos motivos pelos quais programas humorísticos podem afetar as chances de pessoas negras terem possibilidades de conseguir emprego. Muitas pessoas brancas pensam que empregadores devem ter a liberdade de escolher seus funcionários a partir de quaisquer critérios, o que faz parte do princípio da livre iniciativa.

Tendo em vista essas dificuldades, devemos dedicar nossa atenção à dimensão psicológica do racismo, conhecimento complementar à discussão sobre socialização racial. Precisamos conhecer certos conceitos de imensa relevância ao entendimento de como esse fenômeno social motiva muitos comportamentos individuais e coletivos. Analisaremos dois temas importantes: preconceitos e estereótipos. A compreensão deles nos auxiliará a entender como representações culturais de grupos raciais influenciam diversos aspectos do comportamento humano em diferentes esferas da vida das pessoas. Estaremos especialmente interessados em examinar como esses elementos estruturam esquemas mentais que operam como fatores de antecipação de julgamento baseado na raça das pessoas. Isso demonstrará como a raça opera como um critério de categorização psíquica que regula de forma direta e indireta, de maneira consciente e inconsciente os comportamentos das pessoas em uma pluralidade de situações, modos de agir que possuem uma dimensão claramente coletiva. Embora não expresse o comportamento de todas as pessoas brancas, elas, certamente, apontam os motivos pelos quais muitas delas se comportam de uma maneira ou de outra em diversas situações. É importante dizer que essa mesma dinâmica pode ser aplicada a membros de grupos raciais subalternizados, embora as consequências sejam diversas. Representações negativas também moldam a percepção que membros de grupos raciais subalternizados têm de si mesmos, elas também motivam práticas discriminatórias contra pessoas do próprio grupo. Porém, devemos estar atentos que esse comportamento tem uma natureza negativa porque concorre para reproduzir a situação de opressão do próprio grupo; ela também significa que representações racistas impactam a forma que o indivíduo percebe a si mesmo, motivo pelo qual a internalização de representações racistas traz um custo emocional significativa para membros de grupos subalternizados.

7.1 Esquemas mentais

A compreensão da vida psicológica do racismo requer que exploremos alguns aspectos do funcionamento da mente humana, conhecimento fornecido pela psicologia cognitiva. Para os especialistas desta área, todos nós estamos sempre tentando atribuir sentidos aos diversos estímulos que recebemos na vida cotidiana. Eles se manifestam por meio de sensações físicas, de estados emocionais, de percepções sensoriais, de processos mentais, de experiências culturais, de contatos interpessoais. É por meio desse processo que conseguimos organizar nosso comportamento para que possamos atribuir propósitos e sentidos às nossas ações. Nossa experiência no mundo se torna coerente quando observamos a congruência entre representações sociais, nossos pensamentos e nossas ações. É por isso que formamos uma série de esquemas mentais que organizam nossa forma de perceber a realidade. Eles são formados, primeiro, pela nossa percepção dos diversos estímulos internos ou externos; somos seres sencientes, somos seres imersos em um mundo que nos apresenta uma série de informações de toda natureza, sejam elas sensoriais, psicológicas, emocionais ou físicas. Esquemas mentais são também produzidos por um processo de *categorização*. Como dar sentido a todas as informações que minha mente recebe a todos os momentos da minha vida? Isso se torna possível na medida em que eu utilizo categorias socialmente aprendidas para determinar o sentido de um estímulo a partir de um critério socialmente aprendido. Esse processo torna possível outro elemento de esquemas mentais: a *generalização*. Nossa mente utilizará categorias socialmente aprendidas não apenas para atribuir sentidos a estímulos, mas também para determinar a forma como eles serão interpretados todas as vezes que somos atingidos por eles.[223]

Esquemas mentais são sempre utilizados para a compreensão do mundo e para a regulação do nosso comportamento. Processamos diferentes aspectos de nossa experiência a partir deles de forma direta e indireta, o que inclui a maneira como percebemos e nos comportamos em relação a outras pessoas. Categorias socialmente

---

223 *Cf.* BROWN, Rupert. *Prejudice*: Its social psychology. 2ª ed. Nova York: Wiley-Blackwell, 2010, pp. 35-68.

aprendidas como raça e gênero conformam a nossa percepção das pessoas; estamos sempre procurando interpretar os comportamentos delas a partir desses pertencimentos e organizamos nossos julgamentos e ações a partir deles na maior parte do tempo. Também usamos essas categorias para construirmos nossas identidades; nosso comportamento em relação ao outro decorre, em grande parte da forma, de como nossos pertencimentos são construídos em relação aos membros de outros grupos, a partir de características que representam supostas diferenciações sociais relevantes. Esse fato tem duas consequências. Primeiro, nossa percepção do outro e de nós mesmos é amplamente baseada na valoração social dos grupos, motivo pelo qual desenvolveremos atitudes negativas ou positivas em relação a eles a partir do valor que atribuímos aos critérios utilizados para classificar os seres humanos. Segundo, como nossa mente opera a partir de um processo de generalização, nós não criamos novos critérios para determinarmos a forma como vamos nos comportar com certos indivíduos todas as vezes em que nos encontramos com eles. Os seres humanos estão sempre procurando confirmar a veracidade dos critérios a partir dos quais eles categorizam as pessoas, motivo pelo qual suas ações em relação ao outro são antecipações criadas por representações culturais sobre os diferentes grupos sociais. Terceiro, a tendência dos seres humanos de procurar confirmar esquemas mentais produz a preservação de hierarquias de poder, uma vez que as pessoas tomam suas falsas percepções como verdadeiras, como sinais adequados para organizar seus pensamentos e ações, mesmo quando estão diante de fatos que mostram a invalidade deles.[224]

Como vimos anteriormente, os processos de percepção, categorização e generalização formam o que chamamos de esquemas mentais, ponto de partida para a construção de cognições sociais.

---

224 EBERHARDT, Jennife. *Biased*: Uncovering the hidden prejudice that shapes what we see, think, and do. Nova York: Viking, 2019, pp. 97-133; KANG, Jerry. "Trojan horses of race". *Harvard Law Review*, vol. 118, nº 7, 2004, pp. 1504-1591.

Essa expressão designa tipos de conhecimento formados por grupos sociais, sendo que eles se tornam meios de compreensão coletiva da realidade porque são formados e reproduzidos por grupos dominantes. Eles se tornam hegemônicos porque são capazes de institucionalizar sistemas de sentido que se tornam meios de conhecimento da realidade. Esses sistemas de sentido fundamentam discursos sociais que passam a ser tomados como meios de conhecimento da realidade social. Ter o poder de produzir discurso implica a possibilidade de legitimar formas de dominação social, significa ter os meios para conformar os modos com que a coletividade determinará a maneira a partir das quais a sociedade deve ser organizada. Discursos são formas de cognição social que fornecem explicações razoáveis da realidade; eles podem corresponder a compreensões coletivas do que seja o justo, ou podem ser modos de convencimento de que a perspectiva de certos segmentos sociais é a melhor maneira de organização social. Para que isso ocorra, os grupos dominantes precisam ter o poder de produzir e controlar o discurso público sobre uma pluralidade de temas, motivo pelo qual eles sempre procuram garantir que posições de comando sejam ocupadas por pessoas que comungam dos mesmos interesses e que vão utilizar o poder institucional para garantir que as pessoas acreditarão que eles e elas defendem interesses coletivos. Muitos opositores de ações afirmativas se apresentam como democratas, como pessoas antirracistas, mas, ao mesmo tempo, procuram desacreditar quaisquer pessoas que defendem essas políticas públicas, empregam uma série de medidas voltadas para a manutenção do poder nas mãos de pessoas brancas.[225]

7.2 Preconceitos

Membros de minorias raciais enfrentam uma série de obstáculos sociais criados a partir de preconceitos. O pertencimento racial opera

225 *Cf.* VAN DIJK, Teun Andreas. "Discourse and the denial of racism". *Discourse and Society*, vol. 3, nº 1, 1992, pp. 87-118.

como uma antecipação do julgamento da pessoa; o simples fato de ser membro de um grupo racial provoca uma série de atribuições de características negativas a um indivíduo, sendo que elas sempre atuam como um fator de diferenciação dos membros dos grupos dominantes. Chamamos de preconceito uma atitude cognitiva que desperta reações emocionais negativas, o que provoca ações que podem prejudicar indivíduos que fazem parte de grupos minoritários. Essas atitudes cognitivas são produto dos esquemas mentais que direcionam nossa percepção do outro, conjunto de representações que legitimam práticas discriminatórias. Como essas imagens possuem um conteúdo geralmente negativo, elas despertam reações hostis, uma vez que reproduzem a noção de que certos grupos são inerentemente inferiores, que eles não seguem os mesmos valores, que eles representam uma ameaça para a ordem social estabelecida, motivos pelos quais eles não podem ter o mesmo nível de apreço social porque são constitutivamente diferentes. Atitudes preconceituosas servem, então, para justificar diferenciações sociais entre grupos por meio da atribuição de características que os tornam diferentes dos membros dos grupos dominantes.[226]

Como preconceitos estão baseados em esquemas mentais que circulam permanentemente nas sociedades humanas, o que motiva a diferenciação e a segregação entre coletividades, eles tendem a ser persistentes ao longo de toda a vida das pessoas. O preconceito opera como uma antecipação de julgamento sobre membros de certos grupos, esses julgamentos impedem a interação com eles, razão pela qual as representações negativas e inverídicas são os únicos parâmetros que as pessoas possuem para julgar as pessoas. Estamos, então, diante de um processo social que está sempre se reproduzindo em função de sua própria lógica: eu não quero me relacionar com pessoas

---

226 MOREIRA, Adilson José. *Tratado de Direito Antidiscriminatório*. São Paulo: Contracorrente, 2020, pp. 364-367; PETTIGREW, Thomas. "Prejudice". *In*: PETTIGREW, Thomas *et al. Prejudice*. Cambridge: Harvard University Press, 1990, pp. 1-30.

desses grupos porque elas são inferiores ou diferentes e como eu não convivo com elas eu continuo tendo apenas as referências falsas para representar e julgá-las. O processo de generalização de nossas percepções, o que ocorre por meio da categorização das pessoas a partir de critérios socialmente construídos, permite um constante reforço das minhas percepções que nunca são postas à prova porque eu rejeito qualquer tipo de interação com pessoas que não são exatamente iguais a minha pessoa, que não possuem o mesmo *status* social que eu tenho.[227]

O preconceito pode ser classificado como uma atitude irracional porque ele está baseado em informações falsas, mas essa afirmação merece alguns reparos. Preconceitos são conscientemente e intencionalmente produzidos e alimentados por membros de grupos dominantes. É certo que muitos deles decorrem de percepções equivocadas da realidade, da ausência de contato com pessoas ou com situações, mas não podemos deixar de considerar o papel deles na manutenção das relações de poder presentes nas sociedades humanas. Interessa aos que ocupam um *status* privilegiado manter a posição que ocupam, o que exige um constante convencimento de que as disparidades de prestígio e de oportunidades são justificadas. Dessa forma, a circulação de imagens preconceituosas tem importância central na reprodução de sistemas de privilégios sociais, uma vez que cria uma cultura de justificação de disparidades entre grupos humanos. Essa reprodução não é apenas produto da percepção individual incorreta, mas da circulação de mensagens negativas sobre membros de grupos subalternizados nos diferentes veículos de comunicação, o que inclui livros, revistas, jornais, televisão ou livros. Dessa forma, o preconceito tem uma dimensão cognitiva, mas também estratégica: ele é socialmente produzido e fomentado para justificar relações hierárquicas de poder. O preconceito não apenas impede a criação de laços de solidariedade; ele motiva as

227 MOREIRA, Adilson José. *Tratado de Direito Antidiscriminatório*. São Paulo: Contracorrente, 2020, pp. 358-364.

pessoas a pensarem que certas coletividades não merecem esse tipo de sentimento porque são inerentemente diferentes.[228]

7.3 Estereótipos

Estereótipos são construções cognitivas que guardam muita similaridade com preconceitos, uma vez que eles também operam por meio de um processo de categorização e generalização dos seres humanos. Estereótipos são generalizações feitas sobre membros de outros grupos, generalizações que, além de atribuir certas características a essas pessoas, desconsideram a variedade presente em todos os grupos humanos. Parte-se do pressuposto de que todos os membros de um grupo possuem os mesmos traços, de que esses traços são inerentes a todos eles. É importante dizer que esses elementos são atribuídos a essas pessoas por aqueles que, em função da posição de poder privilegiada, podem tornar essas percepções em representações dominantes sobre grupos sociais vistos como diferentes ou inferiores. Eles se tornam parâmetros de socialização, motivo pelo qual generalizações sobre esses segmentos são reproduzidas ao longo do tempo e se tornam critérios correntes de julgamento do valor moral das pessoas. Estereótipos também podem surgir por processos que envolvem experiências individuais, uma vez que seres humanos, depois de terem tido contato ou experiência com um indivíduo, podem pensar que todas as pessoas as quais possuem características semelhantes se comportam da mesma forma. Embora geralmente possuam um aspecto negativo, estereótipos também podem ser positivos, eles podem fazer generalizações positivas sobre membros de certos grupos. Embora expressem, muitas vezes, generalizações equivocadas sobre pessoas que pertencem a certos segmentos sociais, estes podem designar aspectos considerados como valorizados como uma suposta predisposição para o desempenho de determinadas

228 SANTOS, Gislene Aparecida dos. *A invenção do ser negro*: um percurso das ideias que naturalizaram a inferioridade dos negros. São Paulo: Educ, 2002, pp. 119-142.

funções ou talento inato para o desempenho de algo. Apesar disso, eles operam como um tipo de limitação de oportunidades porque as pessoas esperam ver grupos desempenhando certas funções, estas que não desestabilizam o *status* privilegiado dos grupos dos membros dominantes. [229]

Estereótipos expressam as estratégias que membros dos grupos majoritários utilizam para legitimar relações de poder em um certo momento histórico. Portanto, eles não são meras representações culturais. Mais do que isso, eles são referências cognitivas a partir das quais as pessoas atuam, eles guiam a compreensão do mundo e a ação das pessoas no mundo. Por esse motivo, a circulação de estereótipos causa danos a membros de grupos vulneráveis, porque eles regulam a ação das pessoas quando operam como indivíduos particulares e quando atuam como representantes de instituições públicas e privadas. Uma vez que grupos dominantes controlam grande parte dessas organizações, estereótipos acabam se tornando parte das regras e da cultura delas. Assim, a representação de mulheres como pessoas emocionalmente instáveis legitima o acesso privilegiado de homens a cargos de comando; a ideia, segundo a qual homens negros são naturalmente inclinados à criminalidade, faz com que eles sejam vítimas cotidianas de arbitrariedades policiais; a noção de que homossexuais são predadores sexuais faz com que eles sejam excluídos de ambientes majoritariamente heterossexuais. Devemos mencionar outro aspecto relevante dos estereótipos. Estes motivam os seres humanos a fazerem generalizações sobre membros de outras coletividades, mas os força a individualizar os membros dos grupos aos quais eles pertencem. Assim, pessoas brancas são incentivadas a verem todos os negros como indolentes, mas procuram explicar os motivos pelos quais pessoas brancas têm uma atitude ociosa. Se a indolência será explicada como um traço natural dos membros

229 *Cf*. TRAWALTER, Sophie; HOFFMAN, Kelly. “Got pain? Racial bias in the perception of pain”. *Social and Personality Psychology Compass*, vol. 9, nº 3, 2015, pp. 146-157.

do primeiro grupo, ela será atribuída a um indivíduo específico do seu grupo racial e ela não estará associada à raça, mas àquele ator social específico.[230]

É, então, importante entender algumas dimensões dos estereótipos. Eles possuem um aspecto *descritivo*, porque mencionam supostas características comuns a todos os membros de um certo grupo. Estereótipos são, então, utilizados pelas pessoas para determinarem a forma como elas agirão em relação a membros de grupos subalternizados, uma vez que eles são uma apreciação de supostas características que indivíduos possuem em função do pertencimento a um ou a certos grupos. Eles também têm uma dimensão *prescritiva*, porque designam as funções que membros de certos grupos podem exercer ou o tipo de *status* que eles podem ter. Práticas discriminatórias não estão baseadas apenas nas falsas representações sobre traços de membros de um grupo, mas também nos lugares em que eles podem ocupar ou as funções as quais eles podem desempenhar por terem essa ou aquela característica. Não podemos esquecer que essa categoria do pensamento humano também possui uma natureza *relacional*: estereótipos são criados como um tipo de diferenciação entre grupos sociais, são formados e difundidos por membros dos grupos dominantes com o propósito específico de estabelecer diferenças de valor entre as pessoas. Então, estereótipos atribuem características opostas entre grupos humanos, sendo que a circulação deles é uma forma de reproduzir hierarquias sociais por meio da difusão da premissa de superioridade inata de alguns e de inferioridade inata de outros. Exemplo: quando uma pessoa diz que negros são indolentes, ela está se afirmando como membro de um grupo racial composto por pessoas trabalhadoras; quando um indivíduo diz que todos os homossexuais são moralmente depravados, ele está indiretamente afirmando que a heterossexualidade é a expressão normal da sexualidade humana; quando um homem

230 WHITLEY, Bernard; KITE, Mary. *The psychology of prejudice and discrimination*. Belmont: Wadsworth, 2010, pp. 77-21.

branco sugere que homens asiáticos não são suficientemente viris, ele está representando homens brancos como os únicos parceiros sexuais como pessoas socialmente aceitáveis. É também importante dizer que estereótipos possuem uma dimensão *política*, porque são sempre utilizados para legitimar práticas sociais ou regras institucionais defendidas por membros de grupos majoritários. Vemos agentes públicos fazendo uso de estereótipos todo o tempo para justificar a violência contra pessoas negras, o que permite justificar o assassinato de uma criança de dois anos porque ela supostamente estava armada. As autoridades policiais que utilizaram esse discurso estão cientes da crença social de que todas as pessoas periféricas são delinquentes, motivo pela qual elas acreditarão em qualquer coisa que elas disserem sobre elas.[231]

7.4 Traduzindo falas racistas

Autores que procuram explicar os processos de estratificação racial observam que eles têm início a partir da criação de categorias cognitivas utilizadas para representar e alocar grupos de pessoas nas diferentes esferas de hierarquias sociais. Assim, a separação entre grupos de indivíduos assume a forma de uma prática social a partir da instituição anterior de mecanismos cognitivos que estabelecem diferenças, limites, atributos e valores. A aplicação deles variará em função do grupo ao qual a pessoa se dirige. As regras de estratificação social não decorrem de elementos existentes na realidade, mas sim de construções culturais que se tornam critérios a partir dos quais os seres humanos aprendem a classificar os outros e a si mesmos. Essas categorias são socialmente valorizadas de maneira distinta, o que motiva o tratamento diferenciado entre as pessoas. Embora elas acreditem que esses parâmetros correspondam a fatores que existem concretamente na realidade, eles são expressões de esquemas mentais que representam consensos, culturalmente produzidos, com

---

231 MOREIRA, Adilson José. *Tratado de Direito Antidiscriminatório*. São Paulo: Contracorrente, 2020, pp. 367-380.

o objetivo específico de legitimar práticas de alocação de recursos e de respeitabilidade entre os diversos grupos sociais. Os esquemas mentais, por meio dos quais a mente humana opera, estabelecem as direções para a avaliação dos papéis sociais que os vários grupos sociais devem desempenhar, para atribuir sentidos aos tipos de comportamentos de diferentes grupos sociais, para interpretar os diversos aspectos da vida social. Eles são a base do que tem sido chamado de cognições sociais, o que consiste em padrões de representações culturais que organizam a percepção individual da realidade, sendo que essas cognições operam como motivação de ação. Isso significa que ideologias racistas regulam o modo como as pessoas categorizam os indivíduos, estabelecem expectativas comportamentais como também das funções que elas terão na sociedade. Assim, pessoas brancas que perguntam a mulheres negras de classe média se elas são diaristas, partem do pressuposto de que todas as mulheres negras estão em uma situação de desvantagem social, motivo pelo qual elas, necessariamente, desempenham funções de menor prestígio social. Brancos que dizem a negros que eles devem ser humildes, estão expressando a presunção deles de que negros devem ter uma atitude de subserviência; esses indivíduos se sentem ameaçados diante da percepção de que negros podem desempenhar papéis sociais com a mesma competência do que eles. A expansão dessa percepção significa que pessoas brancas não terão acesso privilegiado a oportunidades sociais apenas por serem brancas, o que gera reações individuais e coletivas de ressentimento.[232] Os esquemas mentais que estruturam cognições sociais não são representações neutras ou objetivas da realidade social. Pelo contrário, eles também possuem conteúdos que expressam valores culturais, uma vez que decorrem das conexões entre a dimensão cognitiva e a dimensão

---

232 Para uma análise sintética desse processo ver MASSEY, Douglas S. *Categorically unequal*: the American stratification system. Nova York: Russel Sage Foundation, 2007, pp. 6-14; SANTOS, Gislene Aparecida dos. *A invenção do ser negro*: um percurso das ideias que naturalizaram a inferioridade dos negros. São Paulo: Educ, 2002; MOREIRA, Adilson José. *Racismo recreativo*. São Paulo: Jandaíra, 2019, pp. 117-147.

emocional de nossas mentes, sendo que elas estão interconectadas. Cognições sociais sustentam preconceitos e estereótipos, processos que articulam categorias e emoções. Como vimos, julgamentos elaborados a partir de estereótipos expressam percepções sociais baseadas em processos mentais e conteúdos culturais que os seres humanos utilizam para categorizar pessoas. Isso envolve a atribuição de características positivas a pessoas que pertencem ao mesmo grupo do indivíduo e elementos negativos aos que fazem parte de outros grupos. As categorias, que formam cognições sociais, servem então para instituir identidades coletivas, para identificar e diferenciar as pessoas em todas as interações e para determinar o que elas podem fazer a partir das características que elas possuem. Os grupos sociais, vistos como diferentes ou inferiores, serão frequentemente julgados a partir de referências negativas, o que motiva práticas discriminatórias que não apenas criam diferenças, mas promovem um verdadeiro processo de estratificação social que operam ao longo do tempo. A formação de laços de solidariedade entre indivíduos e grupos depende, então, da posição que eles ocupam nas diversas estruturas sociais e o grau de hostilidade enfrentado por membros de outros grupos. Desse modo, a perpetuação de estereótipos raciais e sexuais opera como um fator permanente de cognições sociais que se associam a padrões mentais para produzir cognições sociais que legitimam diferenciações sociais. Esse é o motivo pelo qual homens negros são sempre submetidos a tratamento policial discriminatório: eles são julgados a partir de critérios criados para justificar a vigilância social desses indivíduos, sempre vistos como perigosos em função da noção de que são moralmente degenerados.[233]

Diversos setores da sociedade brasileira expressam imensa resistência à condenação e à criminalização de falas e práticas racistas, tema sobre o qual elas têm conhecimento bastante genérico. Para essas pessoas e instituições, o racismo consiste apenas em práticas

233 MASSEY, Douglas S. *Categorically unequal*: the American stratification system. Nova York: Russel Sage Foundation, 2007, pp. 12-14.

claramente discriminatórias, em mensagens que expressam abertamente ódio racial ou que promovem a incitação à discriminação racial. Essa posição é bastante problemática, porque desconsidera o fato de que ações são motivadas por ideias; são elas que direcionam o comportamento dos indivíduos. Ideias também governam a percepção dos indivíduos sobre a forma como a sociedade deve ser organizada, sobre o papel que diferentes grupos de pessoas devem desempenhar na sociedade, na forma como as pessoas acreditam que membros do seu grupo racial devem ser tratados e o tipo de *status* que devem ocupar na sociedade. O racismo é uma ideologia social que reproduz a noção de que a raça é uma categoria legítima de diferenciação social entre os indivíduos, um critério legítimo de atribuição de respeitabilidade social e uma referência relevante para a determinação dos lugares sociais em que membros de diferentes segmentos raciais podem ocupar. Por isso, o racismo é um tipo de cognição social que justifica relações de poder existentes em uma sociedade, motivo pelo qual precisamos diferenciar sua dimensão discursiva da sua dimensão material. Falas racistas são discursos que expressam a forma como pessoas brancas compreendem o mundo, como elas compreendem os outros e os lugares que esses grupos devem ocupar na sociedade. Isso significa que falas racistas não expressam apenas animosidade em relação a membros de grupos raciais subalternizados; elas são práticas discursivas que procuram legitimar relações hierárquicas de poder. Elas reproduzem um consenso coletivo entre membros dos grupos raciais dominantes sobre modos de regulação do *status* social diferenciado entre os diversos grupos raciais.[234]

Esse consenso coletivo é formado por meio de esquemas mentais que operam a partir de um processo que envolve a categorização de estímulos mentais por meio de critérios socialmente aprendidos e a consequente generalização dessas categorizações como forma

234 VAN DIJK, Teun Andreas. "Discourse and manipulation". *Discourse and Society*, vol. 17, nº 2, 2006, pp. 359-383.

de conhecimento do mundo. Estereótipos racistas não são apenas formas inadequadas de representação do outro, eles também expressam meios de compreensão de certos aspectos da realidade social, especificamente sobre como ela deve ser estruturada. Eles também indicam as representações sobre os lugares e as funções que membros de grupos raciais distintos devem ocupar na sociedade tendo em vista o valor que eles possuem. Esse valor não é medido a partir do *status* jurídico que as pessoas possuem, mas a partir do *status* cultural atribuído a elas em uma dada sociedade. Estereótipos raciais são, então, manifestações de valores sociais que procuram legitimar hierarquias sociais, uma prática incompatível com a cultura democrática. A circulação dessas representações influencia a percepção do valor do outro, a forma como ele representa e a maneira como ele trata esse outro. Esse tratamento pode assumir a forma de práticas abertamente racistas, pode ocorrer por meio de se evitar contato social ou pode, simplesmente, despertar um sentimento de completa indiferença em relação a essas pessoas. Todas essas manifestações são altamente problemáticas para a construção de uma solidariedade cívica baseada na solidariedade interracial, motivo pelo qual devemos analisar essa questão mais profundamente. Não podemos, então, esquecer que estereótipos são intencionalmente criados e reproduzidos para legitimar interesses dos grupos majoritários. A representação de que negros são indolentes, de que eles não gostam de trabalhar, surgiu no período colonial, quando esses indivíduos lutavam contra a escravização de seres humanos. Ela expressa, então, *a noção de que negros se voltavam contra o que brancos consideravam seu destino natural: servirem como força de trabalho para pessoas brancas.* Por esse motivo, quando pessoas brancas dizem que áreas periféricas são repletas de vagabundos, elas estão, provavelmente, dizendo que esses locais estão cheios de negros, pessoas que gostam de levar uma vida ociosa, motivo pelo qual não merecem atenção estatal na forma de políticas públicas.[235]

---

235 Cf. VAN DIJK, Teun Andreas. *Racism and discourse in Spain and Latin America*. Amsterdam: John Benjamins Publishing Company, 2005.

Falas exemplificam a maneira como cognições sociais determinam a percepção de muitas pessoas brancas sobre como a sociedade deve ser organizada. A mulher branca que me classificou como um preto esnobe, como um preto que não conhecia seu lugar, expressava o que ela entendia ser o destino natural de negros. Primeiro, ela revela a percepção de que negros são pessoas inferiores, o que pode ser observado pelo uso da palavra *preto* nesse contexto. Ela tem um caráter derrogatório que expressa, de um lado, que negros são inferiores e brancos superiores. Segundo, podemos observar que essa mulher branca se sentiu indignada por ver uma pessoa negra em um lugar de prestígio, uma função quase sempre ocupada por pessoas brancas. A presença de uma pessoa negra, naquele lugar, frustra sua percepção de que esse é um tipo de oportunidade que só pode ser ocupada por brancos, grupo ao qual ela pertence. Terceiro, seu comentário também expressa agressividade, porque ela se sente ameaçada: ver uma pessoa negra ocupar um lugar que apenas pessoas brancas ocupam significa que membros de um grupo que ela julga ser essencialmente inferior está ocupando um lugar que deveria ser uma prerrogativa branca. Ela se sente, individual e coletivamente, ameaçada porque acredita que uma pessoa negra está usurpando lugares criados para brancos, estes os quais ela acredita ser inerentemente superiores. Quarto, essa ameaça também decorre da percepção de que uma pessoa negra está desempenhando uma função de forma competente, o que contradiz as cognições sociais que a fazem classificar pessoas negras como indivíduos incapazes de atuar de forma competente no espaço público. Muitos políticos brancos brasileiros formulam plataformas políticas em torno do tema da segurança pública. O discurso desses indivíduos é sempre o mesmo: a segurança pública depende do aumento do aparato policial e do endurecimento da legislação penal. Esses candidatos defendem o aumento das penas de crimes muito específicos: *crimes contra o patrimônio*, comumente conhecidos como crimes de rua. Um número significativo deles afirma que “bandido bom é bandido morto”. Essa frase é *racialmente codificada*. Por quê? Os meios de comunicação brasileiros, integralmente controlados por pessoas brancas, sempre associam a palavra *bandido* a homens negros periféricos. Essa associação é, insistentemente, reproduzida por programas de televisão que falam sobre crimes contra o patrimônio e crimes de agressão que ocorrem em áreas periféricas, regiões majoritariamente habitadas por pessoas negras e pobres. Essa categoria engloba tanto pessoas negras, que praticam o furto famélico, quanto pessoas negras que roubam e matam. Pessoas brancas que roubam e matam raramente aparecem nesses programas, a não ser que elas roubem e matem pessoas brancas de classe alta. Em tempos recentes, a figura do bandido tem sido amplamente associada ao traficante, figura sempre representada nos meios de comunicação por homens negros. Obviamente, homens brancos de classe média que praticam o tráfico em lugares frequentados por pessoas brancas de classe média e de classe alta como restaurantes, casas noturnas ou universidades nunca aparecem nesses programas, o que leva a massa de pessoas brancas a associar a delinquência a homens negros periféricos, embora brancos de todas as classes pratiquem crimes de toda ordem.

É importante mencionar outro aspecto da vida psíquica do racismo: a sexualização da identidade negra. Falas racistas frequentemente promovem a objetificação de grupos sociais, expressão que indica a instrumentalização dessas pessoas para o alcance de algum objetivo. A objetificação restringe as expectativas sociais em relação às pessoas a algum tipo de atividade subordinada, fato que impede a ascensão social de seus membros. Vemos que pessoas negras foram racialmente objetificadas ao longo de toda a História, especialmente a mulher negra. A celebração da sensualidade da mulher negra sempre fez parte da cultura popular brasileira, embora alguns de seus aspectos sempre sejam ignorados. Esse processo não implica o reconhecimento da mulher negra como uma parceira socialmente aceitável, não significa que ela seja vista como ideal de feminilidade, representação que ainda permanece vinculada à mulher branca. Enquanto mulheres brancas são vistas como aquelas que merecem o afeto de todos os homens, o que contribui para a preservação do *status* social delas, a mulher negra continua sendo retratada apenas como um corpo sexual que carece de subjetividade própria. A sexualização da identidade negra traz consequências em outras áreas da vida, uma vez que grande parte dos estereótipos racistas sobre pessoas negras está ligada a esse processo.[236] Homens negros têm sido amplamente representados como agressivos e ameaçadores, especialmente a mulheres brancas, imagem amplamente reproduzida nos meios de comunicação. Incontáveis prisões, linchamentos, violações físicas têm sido cometidas contra homens negros em função desse estereótipo, problema nunca enfrentado por homens brancos, indivíduos que cometeram atos de agressão sexual ao longo de todo o período colonial, inclusive contra homens negros. Os estereótipos raciais sobre homens negros permitem a reprodução de mecanismos sociais de violência institucionalizada vistos como socialmente aceitáveis.[237]

Muitos atores sociais, sejam eles negros ou brancos, fazem uma leitura equivocada ou restrita de muitas manifestações racistas. Eles geralmente ignoram que elas não fazem referência necessariamente à condição racial da pessoa, mas são, na verdade, expressão de um sentimento de ameaça ao *status* racial privilegiado. *Não podemos esquecer que falas racistas procuram legitimar a subordinação social de minorias raciais, procuram garantir a reprodução do status privilegiado de pessoas brancas.* Isso significa que falas racistas procuram garantir gratificação psicológica para elas por meio da afirmação da convicção de superioridade racial e reproduzir a noção de que membros de minorias raciais não são atores sociais competentes. Elas também procuram ordenar a realidade, moldar o comportamento de minorias raciais, limitar suas ambições, estabelecer lugares que eles podem ocupar. Assim, quando brancos comparam

---

236 Cf. HUTCHINSON, Darren Lenard. "Ignoring the sexualization of race; heteronormativity, critical race theory and anti-racist politics". *Bufallo Law Review*, vol. 47, nº 1, 1999, pp. 1-111; CARNEIRO, Sueli. *Escritos de uma vida*. São Paulo: Jandaíra, 2019, pp. 150-182.

237 ACHO, Emmanuel. *Uncomfortable conversations with a black man*. Nova York: Flatiron Books, 2020, pp. 48-65.

negros a animais, eles estão procurando obter gratificação psicológica por meio da afirmação deles como seres humanos e de negros como indivíduos que não podem ser classificados como tal. Quando mulheres brancas acessam as redes sociais de mulheres negras que se casaram com homens brancos ricos e as chamam de macacas, elas estão, na verdade, expressando ressentimento em relação a elas porque esse casamento impediu que uma mulher branca pudesse ascender socialmente por meio do matrimônio com um homem branco rico. Quando estudantes brancos ameaçam cotistas eles estão expressando o medo de terem o *status* racial privilegiado ameaçado com o avanço de medidas inclusivas. Esses comportamentos se tornam mais comuns na medida em que um número cada vez maior de pessoas negras ascende socialmente, na medida em que um número cada vez maior delas demonstra que são atores sociais competentes. Isso ocorre porque as pessoas esperam que grupos subalternizados permaneçam em uma situação de vulnerabilidade; o sucesso delas problematiza todos os estereótipos utilizados para sustentar o sistema de dominação racial.[238]

O fenômeno da transparência merece novamente nossa atenção por alguns motivos relevantes. Muitas pessoas brancas estão convencidas de que as recompensas sociais que elas recebem são produto de seus esforços individuais, realidade que encobre alguns aspectos da vida psíquica do racismo. A transformação da raça em uma referência de determinação do valor social das pessoas influencia o comportamento destas de forma consciente e inconsciente, criando uma série de vieses, de inclinações cognitivas implícitas. A atribuição constante de características positivas a pessoas brancas e de características negativas a pessoas negras faz com que aquelas realizem julgamentos automáticos sobre estas, motivo pelo qual as últimas podem ter acesso a oportunidades ou perder oportunidade

---

238 MOREIRA, Adilson José. *Racismo recreativo*. São Paulo: Jandaíra, 2018, pp. 117-146; WILKERSON, Isabel. *Caste*: the origins of our discontents. Nova York: Random House, 2020, pp. 178-244.

em função do pertencimento racial. Pessoas brancas acreditam que elas chegaram ao lugar em que estão em função do esforço pessoal, porque passaram por um processo seletivo no qual vários candidatos e candidatas foram avaliadas. É possível que essa avaliação seja correta, mas é também muito provável que os entrevistadores, pessoas brancas, na sua maioria, tenham uma atitude positiva em relação a candidatos e candidatas brancas, porque são culturalmente treinadas para reconhecerem atributos positivos em pessoas da própria raça e atributos negativos em pessoas negras, indivíduos estes com os quais eles e elas possivelmente têm contato reduzido, motivo pelo qual elas suas percepções podem estar baseadas em teses genéricas sobre disposições naturais das pessoas.[239]

A reprodução de ideologia racista decorre do uso estratégico do *status* racial: muitas pessoas brancas utilizam o poder social que possuem para poderem garantir vantagens competitivas para os que pertencem a esse grupo. Esses procedimentos precisam ser justificados, a sociedade precisa continuar acreditando que apenas pessoas brancas podem desempenhar funções sociais de forma competente. Por esse motivo, a ascensão social de pessoas negras desperta o medo entre grande parte da população branca. Ao se depararem com pessoas negras competentes, que estão certas de suas capacidades, que almejam os mesmos objetivos de pessoas brancas, muitos membros do grupo racial dominante reagem de forma imediata. Isso pode ocorrer nas relações interpessoais por meio da classificação de pessoas negras que ascenderam socialmente como arrogantes ou por meio do apoio a candidatos que procuram implementar políticas que impedirão a ascensão de pessoas negras. Assim, a tradicional fala, segundo a qual "todos os negros que sobem na vida ficam arrogantes", expressa uma ansiedade diante de uma possível transformação do *status* racial entre negros e brancos: esses indivíduos se sentem, individual e coletivamente, ameaçados por se depararem

239 ACHO, Emmanuel. *Uncomfortable conversations with a black man.* Nova York: Flatiron Books, 2020, pp. 21-31.

com negros ocupando posições por meio da competência pessoal, lugares nos quais muitas delas chegaram apenas por meio de conexões pessoais. O maior número de pessoas negras nas universidades, nos meios de comunicação, nos espaços políticos provoca oposição em muitas pessoas brancas porque esses movimentos contrariam o roteiro estabelecido por uma sociedade baseada em uma hierarquia de *status* social, uma sociedade que adquire uma consciência racial cada vez maior, um afastamento da lógica da assimilação, baseada na inclusão subordinada. Esse é um dos motivos pelos quais grande parte das pessoas brancas apoia candidatos de direita e de extrema direita: eles procuram garantir a preservação de um dinâmica social na qual o *status* racial branco continue sendo uma forma de acesso privilegiado ou exclusivo a oportunidades sociais.[240]

É importante, então, enfatizar o caráter discursivo do racismo. Essa ideologia social está baseada na possibilidade de construção de sentidos sociais pelos membros do grupo racial dominante, sentidos que procuram racionalizar as hierarquias de *status* racial entre brancos e não-brancos nas sociedades ocidentais. Por esse motivo, os que se beneficiam dele estão sempre procurando manter controle sobre o discurso público relacionado a relações raciais para que estratégias de dominação sejam encobertas. Dessa forma, a reação à pressão por assimilação racial, a defesa do multiculturalismo e a denúncia do caráter estrutural do racismo são, imediatamente, caracterizadas como ameaças à unidade cultural brasileira. Muitos brancos procuram reverter a lógica da hierarquia de *status* racial – presente na nossa sociedade – ao se caracterizarem como vítimas de políticas voltadas a pessoas negras, embora continuem se beneficiando, continuamente, do racismo. A noção da fragilidade branca é utilizada

---

240 Cf. SANTOS, Ynaê Lopes dos. *Racismo brasileiro*: uma história da formação do país. São Paulo: Todavia, 2022, pp. 277-285; EDDO-LODGE, Reni. *Why I'm no longer talking to white people about race*. Londres: Bloomsbury Circle, 2017, pp. 117-143; WILKERSON, Isabel. *Caste*: The origins of our discontents. Nova York: Random House, 2020, pp. 178-190.

como estratégia de proteção contra as medidas reparativas, iniciativas representadas como expressão de racismo reverso. Todas essas falas representam a busca da preservação do protagonismo branco em todas as dimensões da vida social, elemento essencial para a preservação do sistema de dominação racial presente entre nós.[241]

O fenômeno da transparência leva pessoas brancas a pensarem que a sociedade opera de forma justa, que os indivíduos podem alcançar seus objetivos porque práticas discriminatórias são individuais e circunstanciais. Essa negação do reconhecimento de como o racismo sistematicamente beneficia pessoas brancas no passado e no presente tem levado muitas delas a formular um discurso estratégico chamado de racismo reverso. Essas pessoas brancas recorrem à noção de fragilidade branca para afirmar que elas estão na mesma situação social que negros, motivo pelo qual elas podem ser vítimas dos mesmos tipos de práticas que negros atribuem a elas. Essa narrativa racista está construída sobre o pressuposto de que negros possuem poder institucional para impor desvantagens sistêmicas a brancos e brancas, que medidas integradoras expressam animosidade contra membros dessa raça. O discurso do racismo reverso merece nossa atenção, porque demonstra como muitas pessoas brancas estrategicamente deturpam a realidade para encobrirem a forma como o racismo as beneficia sistematicamente e como a vasta maioria delas é totalmente conivente com essa prática, porque quer manter essa situação. Elas retratam medidas inclusivas como expressão da animosidade negra, afirmam que elas são exemplo do ódio dirigido a pessoas brancas, que essas ações afirmativas podem comprometer os interesses delas. Obviamente, elas não mencionam o fato de que elas controlam praticamente todas as instituições sociais e que essas instituições sempre operaram para concentrar oportunidades nas mãos dos membros do grupo racial dominante. É certo que negros podem desenvolver atitudes preconceituosas em relação a brancos,

---

241 *Cf.* DIANGELO, Robin. *White fragility*. Boston: Beacon Press, 2018, pp. 115-123.

eles podem partir do pressuposto de que todas as pessoas brancas são racistas. Mas essa percepção inadequada não permite que negros possam agir a partir delas, porque eles não possuem meios institucionais para oprimir brancos. Negros não possuem poder institucional para alcançar esse propósito.[242]

Embora negros não possam praticar racismo contra brancos porque não possuem poder institucional para isso, devemos nos perguntar se as ideologias racistas, criadas e reproduzidas por brancos, podem prejudicar eles mesmos. Isso pode ocorrer em várias situações, uma vez que o racismo ensina pessoas brancas a utilizar a raça para fazer julgamentos morais, sendo que elas fazem isso em relação a negros, mas também em relação a brancos. Estereótipos são generalizações feitas sobre grupos de indivíduos, sendo que eles podem ter uma natureza positiva, embora retratem a realidade de maneira falsa. A ideologia da superioridade branca pode nos ajudar a explicar, por exemplo, a violência contra mulheres brancas, embora apenas parcialmente. Mulheres brancas são socialmente ensinadas a interagirem apenas com homens brancos, porque eles são representados como os únicos parceiros sexuais socialmente aceitáveis para elas. Homens brancos, especialmente os de classe média e de classe alta, estão plenamente cientes desse fato. Eles sabem que mulheres brancas sempre farão avaliações positivas deles porque são brancos; elas serão ainda melhores se eles forem pessoas afluentes. Eles podem agredir suas companheiras, mas conseguirão encontrar outra no dia seguinte, porque sabem que representam o ideal que a quase totalidade de mulheres brancas procura e estas se envolvem com esses homens brancos a partir de vários motivos, mas, especialmente, em função do julgamento moral feito a partir do pertencimento racial e do posicionamento deles na hierarquia de classes.

---

242 *Cf.* BLUM, Lawrence. *"I'm not a racist, but..." The moral quandary of race*. Ithaca: Cornell University Press, 2002, pp. 33-53.

A ideologia da superioridade branca prejudica pessoas brancas ainda de outras formas. Por exemplo, inúmeros empregadores brasileiros utilizam a raça para contratar indivíduos, um dos fatores responsáveis pelo que tem sido chamado de discriminação estética. O raciocínio é claro: pessoas brancas são superiores, motivo pelo qual terão melhor desempenho em toda e qualquer situação. A discriminação estética privilegia especialmente indivíduos de aparência ariana, ou seja, que são loiras de olhos verdes ou azuis. A mera aparência ariana implica a preferência imediata por esses candidatos. Essa avaliação se mostra problemática porque não há nenhuma correlação entre raça e competência profissional, o que pode provocar perdas financeiras significativas para pessoas brancas porque contrataram alguém apenas em função da aparência. Muitos homens brancos e muitas mulheres brancas reclamam porque seus amigos e amigas demonstraram que não são pessoas sinceras. É realmente possível que elas não sejam, mas devemos levar em consideração que muitas pessoas brancas utilizam a raça para escolher suas amizades, fator que não guarda nenhuma correlação com o caráter da pessoa. Várias pessoas brancas utilizam a raça para escolher seus líderes, para escolher seus candidatos, sempre fazendo uma correlação direta entre raça e integridade moral ou com competência social. Essa associação frequentemente se mostra falsa, mas muitas delas continuam operando dessa maneira, porque preferem ter uma pessoa branca em posições de comando em quaisquer situações.

7.5 A dinâmica das emoções raciais

O caráter estrutural do racismo, em muitas sociedades liberais, faz com que grande parte das interações humanas tenham um caráter racializado, realidade que afeta de maneira significativa as reações emocionais de indivíduos de todos os grupos raciais. Se as diversas ideologias racistas, criadas ao longo do tempo, fornecem razões para ações ao justificarem práticas discriminatórias, se essa realidade promove a mobilização de minorias raciais em torno da justiça social, essas ideologias discriminatórias ou libertárias também motivam uma pluralidade de emoções em todos os indivíduos, além de comportamentos sociais concretos. Os especialistas definem o termo emoção como uma experiência cognitiva consciente ou inconsciente de caráter reativo a algum estímulo externo ou interno que gera modificações no plano fisiológico e que também orienta o comportamento em diferentes direções. Emoções são marcadas, então, por avaliações cognitivas sobre determinados estímulos; embora muitos deles gerem reações emocionais similares ou coletivas, a atribuição de sentidos a esses eventos depende de experiências anteriores ou de disposições ideológicas que um indivíduo pode ter. Emoções são reações cognitivas a determinados estímulos cuja interpretação depende do universo cultural no qual o indivíduo está envolvido, das formas de satisfação ou de frustração que ele pode provocar, do nível de segurança ou de ameaça que pode trazer. Emoções produzem modificações fisiológicas que motivam reações comportamentais imediatas, circunstanciais ou duradouras. Emoções possuem, então, uma natureza social ou contextual, uma vez que elas orientam as pessoas a responderem a eventos específicos a partir de parâmetros aprendidos ao longo do processo de socialização.[243]

O conceito de emoções raciais está relacionado com as reações comportamentais que ocorrem dentro de interações entre indivíduos de diferentes grupos raciais, situações nas quais as pessoas apresentam reações que expressam as particularidades do contexto sociológico, a partir do qual as relações raciais são estabelecidas em uma dada sociedade. O conceito, em questão, expressa as formas como pessoas de diferentes grupos interpretam as particularidades de uma interação racial, o que está baseado na ideologia social, no contexto específico e nas experiências prévias dos participantes. As interações humanas são marcadas por um processo muito específico: elas são meios a partir dos quais processos identificatórios são constantemente formados em função dos parâmetros que regulam

243 WEITEN, Wayne. *Introdução à psicologia*: temas e variações. São Paulo: Cenage Learning, 2016, pp. 302-305.

um determinado encontro. As pessoas procuram por elementos para fazerem apreciações cognitivas daquele contato interracial, o que as leva a identificar se ele será baseado em estereótipos raciais circulantes em uma sociedade ou se ele se dará a partir de uma perspectiva igualitária. Se os indivíduos percebem que a raça terá algum papel na regulação do encontro, seus vários participantes poderão ter reações emocionais que podem assumir a forma de desprezo, agressividade, indiferença, ansiedade, frustração, raiva, evasão, superioridade, inferioridade ou raiva. Essas emoções geram tanto reações físicas quanto reações comportamentais que podem estar circunscritas àquela situação ou então servirão como base para a criação de padrões de reações emocionais sempre que esse tipo de interação ocorre.[244]

A posição que os indivíduos ocupam nas hierarquias raciais determina, em grande parte, o tipo de reação emocional que eles terão em contatos interraciais. Estudos sobre o tema demonstram que grande parte de membros de grupos raciais subalternizados têm a expectativa de que serão discriminados por pessoas brancas ou em ambientes majoritariamente brancos. Eles interpretam diferentes aspectos de interações interraciais a partir da perspectiva de que enfrentarão algum tipo de discriminação, de insensibilidade, de desprezo ou de hostilidade racial aberta. Esses indivíduos passam por experiências de ansiedade e medo antes e durante interações como os que pertencem ao grupo racial dominante por uma pluralidade de motivos. Muitos deles já passaram por repetidas situações discriminatórias em interações com pessoas brancas, especialmente em condições nas quais alguns interesses especialmente relevantes estavam em questão, sendo que elas foram prejudicadas nesses encontros. Membros de minorias raciais frequentemente enfrentam

---

244 *Cf*. KIM, Janine Young. "Racial emotions and the feeling of equality". *University of Colorado Law Review*, vol. 87, nº 1, 2016, pp. 442-448; GREEN, Tristin. "Racial emotion in the workplace". *Southern California Law Review*, vol. 86, 2013, pp. 961-970.

o que tem sido chamado, pela literatura especializada, de ameaça do estereótipo: o medo de que não serão avaliados em função da competência ou do caráter, mas a partir de generalizações negativas sobre minorias raciais. Essa ameaça do estereótipo provoca ansiedade em muitos indivíduos, o que os prejudica em situações relevantes de suas vidas. Assim, grande parte de membros de grupos raciais subalternizados percebem interações raciais como um ameaça à integridade da identidade individual, o que gera emoções negativas como ansiedade e frustração.[245]

Pessoas brancas também interagem com pessoas de outras raças a partir de lentes específicas. Grande parte deles acredita que o racismo não possui uma natureza sistêmica ou estrutural, que esse problema, quando acontece, expressa apenas concepções de pessoas específicas e não um padrão comportamental de pessoas brancas. Por esse motivo, muitos homens brancos e mulheres brancas enfrentam sentimentos de desconfiança quando minorias denunciam o racismo, ou de culpabilidade quando se deparam com dados sociológicos que não podem ser negados a partir do discurso da cordialidade racial. Muitos se sentem, individual e coletivamente, ameaçados com a afirmação do caráter estrutural do racismo, o que os leva a reagir com discursos que procuram proteger a imagem coletiva de pessoas brancas. Acusações de racismo despertam um tipo específico de mecanismo psíquico: a denegação. Esse termo designa a propensão de indivíduos negarem a relevância de um aspecto da realidade ou do próprio comportamento para manter uma compreensão integrada de sua personalidade. Obviamente, pessoas brancas também sofrem com a ameaça do estereótipo, no caso deles, a presunção de que todas as pessoas brancas são racistas, outro fator que motiva muitos deles a evitar interações interraciais, para que não sejam considerados

245 *Cf.* GREEN, Tristin. "Racial emotion in the workplace". *Southern California Law Review*, vol. 86, 2013, pp. 961-970; CAST, Alicia; STETS, Jan E.; BURKE, Peter J. "Does the self conform to the views of others?" *Social Psychology Quarterly*, vol. 62, nº 1, 1999, pp. 68-82.

racistas. Muitas pessoas brancas também sofrem ansiedade antes e durante contatos com pessoas de outras raças em função da possibilidade de que ressentimentos individuais e coletivos de pessoas negras possam determinar a forma como essa interação ocorrerá. A perspectiva de ser classificado como racista faz com que pessoas brancas evitem contato com negros ou que se recusem a discutir a questão racial.[246]

Um tema relevante está associado ao conceito de emoções raciais: a ideia de trabalho emocional. Estamos diante de algo que descreve o esforço emocional que as pessoas precisam fazer para adequar aspectos da identidade pessoal com a cultura corporativa, o que assume a necessidade de atender às expectativas externas de como elas devem se comportar no espaço profissional. Esse é um problema que afeta pessoas de todos os grupos sociais, mas membros de minorias são especialmente suscetíveis de ter que apagar, administrar ou modificar traços da própria identidade para que possam manter seus postos de trabalho. Membros dos grupos raciais dominantes não são afetados da mesma forma porque eles são as referências dos padrões que regulam a cultura corporativa. O conceito de trabalho emocional implica, então, a ideia de que as hierarquias, presentes em outros espaços sociais, são reproduzidas no mundo corporativo, motivo pelo qual precisam enfrentar o desgaste emocional decorrente de expectativas comportamentais que não correspondem ao estado emocional ou às características de uma pessoa. As pessoas precisam se adequar ao que se espera delas, mais especificamente à administração das emoções durante as diversas interações profissionais. As pessoas desenvolvem expectativas sobre como indivíduos que ocupam determinadas funções devem se comportar no espaço de trabalho, o que exige um processo constante de regulação das emoções, o que

---

246 GREEN, Tristin. "Racial emotion in the workplace". *Southern California Law Review*, vol. 86, 2013, pp. 973-977; GONZALEZ, Lélia. *Por um feminismo afro-latino-americano*. São Paulo: Zahar, 2020, pp. 75-94.

pode causar estresse emocional significativo. Esse problema afeta membros de minorias raciais de maneira especial, porque, além da ideia de que eles devem se comportar de modos específicos em função do cargo que ocupam, eles ainda precisam adequar outros aspectos de sua identidade às expectativas de clientes. Muitos não esperam interagir com pessoas negras, não apreciam penteados ou roupas associados às tradições africanas, esperam que as expressões de orientação sexual e identidade de gênero sejam padronizadas. Além da necessidade do que é esperado delas em relação à administração das emoções, minorias precisam, ainda, adequar-se às referências relacionadas aos parâmetros identitários dos grupos dominantes.[247]

Os dois termos, acima discutidos, são relevantes para entendermos como o racismo afeta a vida de pessoas negras de forma bem mais ampla do que a maioria das pessoas pensa. A posição que os indivíduos ocupam nas hierarquias raciais determina as chances de controlarem diferentes aspectos de sua vida, sejam as emoções, seja a possibilidade de articulação política para promover transformações. Essas transformações dependem, em grande parte, do nível de resiliência emocional que uma pessoa desenvolve ao longo da vida, o que está relacionado com suas formas de pertencimento. Essas formas de ser designam as identidades que os indivíduos possuem, sendo que elas terão maior ou menor possibilidade de afirmação em função da forma como elas comandam maior ou menor nível de respeitabilidade social. Mas as identidades dos indivíduos também indicam o nível de acesso a recursos que uma pessoa possui, motivo pelo qual identidades operam como um mecanismo de estratificação social. Além disso, elas também tem um impacto direto no controle das emoções dos indivíduos, uma vez que a articulação desses fatores determina a possibilidade da autoverificação, da percepção de que a pessoa pode operar, de forma competente, no espaço público. A

---

247 ASHFORTH, Blake; HUMPREY, Ronald. "Emotional labor in service roles: the influence of identity". *The Academy of Management Review*, vol. 18, nº 1, 1993, pp. 88-94.

ausência de respeitabilidade social e de acesso a recursos e a oportunidades se torna uma fonte permanente de emoções negativas as quais produzem estresse emocional permanente aos indivíduos. Os seres humanos precisam de acesso a recursos para poderem sobreviver na sociedade, mas também necessitam de aceitação social, para que possam ter maior controle sobre como elas podem criar os meios para sobreviverem socialmente. O racismo se mostra como uma ameaça existencial para os indivíduos, porque ele consiste em uma série de práticas que criam obstáculos significativos, a fim de que o indivíduo possa operar, de forma eficiente, na sociedade.[248]

Este capítulo nos ensinou algumas lições importantes. A compreensão dos motivos da reprodução da estratificação racial que existe entre nós depende do entendimento de dinâmicas institucionais, mas também de processos psicológicos ancorados em cognições sociais. Por esse motivo, devemos observar que ideologias racistas desempenham um papel de imensa importância na dinâmica psíquica de muitas pessoas brancas racistas. A presunção da superioridade racial é um aspecto essencial da socialização racial de pessoas brancas, motivo pelo qual a dinâmica de superioridade/inferioridade marca a forma como elas organizam suas formas de pensar e como pautam suas ações. Esse aspecto é especialmente importante: ideias racistas não são apenas falsas representações da realidade, elas são razões para as ações de agentes públicos e privados em uma pluralidade de situações. Devemos, então, ter muito cuidado com o que tem sido chamado de "histeria do politicamente correto". Os que recorrem a esse discurso estrategicamente afirmam que não há qualquer relação entre falas racistas e ações racistas, posição inteiramente falsa, pois preconceitos e estereótipos são motivações para a ação dos seres humanos. É por isso que precisamos estabelecer limites para mensagens que circulam nos espaços sociais, porque as pessoas

---

248 BURKE, Peter J. "Identity, social status, and emotion". *In*: ROBINSON, Dawn; CLAY-WARNER, Jody. *Social structure and emotion*. Nova York: Academic Press, 2011, pp. 75-93.

aprendem a representar os outros a partir delas, provavelmente o único tipo de informação que elas têm delas. Devemos ter cuidado com o que falamos sobre outros grupos ou sobre os nossos grupos, porque podemos estar, direta ou indiretamente, justificando a violência contra os nossos.

CAPÍTULO VIII

LETRAMENTO RACIAL NAS INTERAÇÕES COTIDIANAS

O racismo está presente na vida cotidiana de minorias raciais de todas as formas possíveis. Eu estava especialmente triste alguns anos atrás em função de um namoro que não deu certo. Fui a uma loja de bolos perto de minha casa. Havia uma fila de umas sete pessoas; uma moça de ascendência asiática atendia os clientes. Uma mulher branca que estava na minha frente virou para mim e disse que estava surpresa, porque a funcionária falava português muito bem. Eu disse a ela que sim, que japoneses chegaram ao Brasil cento e cinquenta anos atrás e, portanto, tiveram tempo para aprender português. Essa mulher branca ficou histérica. Ela me perguntou se eu estava sugerindo que ela era racista. Disse que não estava sugerindo nada, que estava afirmando categoricamente. Outras pessoas brancas que estavam na fila começaram a se manifestar. Elas disseram que vivemos em um momento histórico no qual não se pode falar nada que as pessoas se tornam agressivas, que a senhora branca estava apenas fazendo uma observação para iniciar uma conversa. Outro exemplo. O funcionário da instituição orientava as pessoas a entrarem em uma fila ou outra em função do tipo de visto para o qual elas tinham solicitado. Segui as orientações dele. Um homem branco que estava um pouco mais na frente olhou para mim e disse que aquela era uma fila para pessoas que estavam se candidatando para vistos acadêmicos e que eu deveria ir para a fila de vistos turísticos. Obviamente, ele não poderia pensar que um homem negro brasileiro poderia estar solicitando aquele tipo de visto. Disse que estava no lugar certo porque estava indo para um pós-doutorado na Universidade de Berkeley, a melhor universidade pública do mundo. A mudança da cor do seu rosto mostrava seu constrangimento. Um outro homem branco que estava na fila sugeriu que eu estava falando alto para poder anunciar para todo mundo que eu estava indo para Berkeley, que estava querendo me gabar. Outros episódios mostram como muitas pessoas brancas têm expectativas bastante restritas das funções que minorias raciais podem desempenhar na sociedade. Estava sentado em uma mesa de bar com alguns colegas de magistério e um deles fez algumas perguntas sobre minha experiência em Harvard. Ao final do meu relato, ele me parabenizou pela conquista e disse que eu também daria muito certo como cantor de pagode porque tenho uma voz de locutor. Disse para ele que não tinha nascido para entreter brancos, resposta que o deixou furioso. Ele disse que não era racista, que era um homem cristão; enfim, procurou se esconder atrás da identidade religiosa, uma estratégia bastante comum no Brasil. O comentário dele é realmente bastante curioso: muito legal que você tenha estudado em Harvard, mas eu realmente tenho a expectativa de que pessoas como você deveriam existir para divertir brancos.

A construção de uma sociedade democrática depende do compromisso de seus membros com a solidariedade cívica, motivo pelo qual eles devem estar preocupados com a dinâmica das interações humanas na vida cotidiana. As pessoas tendem a generalizar suas experiências; elas procuram se afastar de situações que podem conduzir à repetição de vivências negativas. Esse problema se torna ainda maior quando elas ocorrem às interações com membros de outras raças:

muitos são levados a pensar que todos os membros daquele grupo se comportarão de forma similar, motivo pelo qual a construção da solidariedade interracial se mostra difícil. Muitos indivíduos fazem julgamentos generalizados em relação a membros de outros grupos raciais; enquanto particularizam os comportamentos de pessoas do mesmo grupo. Esse mecanismo psicológico desperta a desconfiança entre membros de todos os grupos raciais, especialmente porque muitos também tomam fatos ocorridos com outras pessoas como exemplo do que também pode ocorrer com elas em todas as outras situações. Membros de minorias raciais também discriminam pessoas do próprio grupo em função de gênero, classe e sexualidade, o que contribui para a criação de minorias dentro de minorias. Por esses motivos, devemos seguir alguns princípios nas nossas interações com pessoas de outros grupos raciais, sendo que eles também serão importantes para entendermos nossa própria posição dentro das hierarquias raciais presentes na nossa sociedade.

Um primeiro parâmetro importante, que deve ser observado nas interações cotidianas com pessoas de outros grupos raciais, está relacionado à forma como nos dirigimos a elas. A informalidade, característica das interações humanas na nossa sociedade, não significa que uma certa etiqueta social não deva ser seguida. É certo que muitas pessoas se sentem orgulhosas do seu pertencimento racial, mas todos os seres humanos almejam ser individualizados. Embora nossa identidade coletiva seja parte importante de nossa identidade individual, as pessoas esperam ser tratadas com civilidade. Então, da mesma forma que procuramos individualizar pessoas que pertencem ao nosso grupo racial, também devemos procurar abordar as pessoas primeiro por formas genéricas de tratamento e depois pelo nome delas. Por isso, não devemos utilizar quaisquer tipos de palavra que façam menção ao pertencimento racial dessa pessoa quando nos dirigimos a indivíduos de outros grupos raciais. O uso desses tipos de palavras, as quais designam grupos raciais no vocabulário popular, imediatamente desperta o sentimento de ausência de respeito, de que a pessoa será tratada de maneira estereotipada. Essa ameaça do estereótipo causa danos para suas vítimas e impede a construção de uma relação de cordialidade, requisito para a construção da solidariedade cívica. Não se trata apenas da escolha da palavra certa na hora certa, mas sim o uso de termos que expressam desrespeito e que despertam sentimento de ameaça. A utilização de termos como "negão", "japa" ou "alemão" já indica à pessoa que aquela interação social se dará de forma racializada, que ela será tratada a partir de estereótipos raciais, que não correspondem ao que elas são, nem às características da situação. A identidade social é produto das formas como as interações humanas ocorrem na vida cotidiana, motivo pelo qual palavras dessa natureza indicam o tipo de imaginário que organizará uma determinada interação. A respeitabilidade é a melhor forma de construir uma relação positiva com uma pessoa. Os termos acima mencionados possuem conotações pejorativas e foram criados em contextos racializados; eles, provavelmente, não serão interpretados como tentativas de aproximação de caráter amistoso. Eles também não devem ser utilizados mesmo dentro de relações íntimas, porque estas reiteram a noção de distinção racial entre indivíduos, encorajam outros que não fazem parte do círculo de amigos a utilizarem esses termos e promovem constrangimento pessoal. Essas expressões são lidas por membros de grupos raciais subalternizados como tentativa de demarcação de lugares e funções raciais, como tentativa de obtenção de gratificação psicológica por meio do uso humorístico, o que desperta o sentimento de vulnerabilidade e desconfiança coletiva.[249]

É importante ter em mente que perguntas, aparentemente inocentes, despertam emoções negativas nas pessoas. Muitos podem pensar que questões sobre a ancestralidade de uma pessoa não tem qualquer tipo de significação, mas essa premissa está errada. Esta pode ser a primeira vez que uma pessoa específica faz esse tipo de

249 Para uma análise desse tema a partir da noção de microagressão ver MOREIRA, Adilson José. *Tratado de Direito Antidiscriminatório*. São Paulo: Contracorrente, 2020, pp. 498-508

pergunta para outra pessoa específica, mas membros de grupos raciais minoritários já ouviram os mesmos questionamentos dezenas de vezes. Devemos, então, pensar sobre porque esse tipo de conhecimento se torna relevante em uma interação pessoal. A primeira coisa que pessoas brasileiras de origem asiática ouvem, quando alguém demonstra interesse pela ancestralidade, é que essa pessoa não a reconhece como brasileiras, mas como imigrantes ou estrangeiros. A situação já está então instalada: eu não quero me relacionar com essa pessoa porque ela não me reconhece como brasileiro; ela acha engraçado que uma pessoa asiática exija o reconhecimento de que são brasileiras; elas percebem que brasileiros de outras raças acham engraçado que uma pessoa com aqueles traços fenotípicos possa ser brasileira. Devemos, então, sempre nos perguntar: qual é o propósito de uma pergunta dessa natureza? Estou procurando demonstrar interesse genuíno pela história pessoal desse indivíduo, ou estou procurando entender o que, para mim, parece não fazer sentido, ou seja, que uma pessoa asiática seja brasileira?

Interações entre membros de grupos raciais podem motivar conversas sobre experiências de práticas discriminatórias sofridas em uma pluralidade de circunstâncias. É certo que os eventos narrados podem ter sido interpretados pela pessoa de forma equivocada, mas isso não autoriza ninguém a negar a possível dimensão racista do fato narrado. Devemos, então, seguir alguns preceitos para nos posicionarmos diante dessa situação. Primeiro, devemos demonstrar uma atitude de empatia, o que ocorre por meio da escuta atenta. Membros de grupos raciais subalternizados relutam em compartilhar experiências discriminatórias porque a lembrança é uma atualização emocional da experiência negativa; a própria narrativa pode ser lida como uma tentativa dessa pessoa de poder entender o ocorrido de forma correta. Portanto, tenha cuidado ao fazer comentários sobre o relato dessa pessoa, especialmente se você for branco ou branca. Ela pode pedir sua opinião e é importante que você considere o aspecto cultural e institucional do racismo, é importante que você considere que o racismo é uma forma normal da operação de nossas instituições. Segundo, observe se ela relata uma experiência individual ou se ela está falando sobre o que grande parte de pessoas desse grupo enfrentam na nossa sociedade. Reflita, antes de dar qualquer opinião, se sua posição reflete uma análise fundada em dados interpretados por perspectivas adequadas ou se sua opinião expressa a característica de evasão da discussão da questão racial. Um abraço ou o silêncio são as melhores opções se você não possui conhecimento adequado para interpretar o fato narrado. Isso pode gerar frustração, mas isso não impede a busca de informação fundamentada sobre a questão para que você possa emitir uma opinião que reflita a realidade social da melhor forma possível. A negação do racismo é sempre a pior escolha na ausência da certeza ou da ignorância sobre esse aspecto da nossa realidade social.

Terceiro, ofereça interpretações plausíveis sobre o fato ocorrido, interpretações baseadas em análises sociológicas, históricas ou jurídicas caso você tenha conhecimento sobre a situação que a pessoa caracteriza como racismo. Isso permitirá a elaboração emocional desse indivíduo. É possível que ele tenha interpretado como racismo uma regra que deve ser aplicada a todas as pessoas em todas as situações e, devido a experiências discriminatórias anteriores, ele tenha classificado um ato como expressão de discriminação. Mas esteja atento ou atenta ao fato de que essa regra neutra pode ter um efeito racista, ela pode impactar a vida de pessoas negras de forma desproporcional. Você pode também dizer a ela que aquela situação realmente consiste em uma prática racista, uma vez que ela pode ter um impacto desproporcional em pessoas negras, embora a questão racial não esteja mencionada de forma aberta. Quarto, leve em consideração que essa pessoa pode estar esperando que você também apresente orientações para ações que ela pode tomar no caso em particular ou em situações semelhantes. Essa pessoa acredita que teve seus direitos violados e está à procura de algum tipo de reparação em função das consequências negativas que ela sofreu. Quinto, lembre-se de que o suporte que você der a essa pessoa facilitará o desenvolvimento da solidariedade interracial e da solidariedade intrarracial. Esses serão passos importantes para a construção de uma moralidade pública construída em torno da solidariedade cívica, objetivo maior do regime democrático.

Todas as pessoas possuem uma identidade. Ela é composta de várias outras que expressam tipos de pertencimentos que permitem que desenvolvamos um sentimento de continuidade e de integridade psíquica. Eles são também a maneira como as pessoas se reconhecem e os parâmetros a partir dos quais estabelecemos relações com outros indivíduos e grupos. Entretanto, é importante que estejamos cientes de que nossas identidades não devem ser utilizadas para a legitimação de relações hierárquicas entre grupos raciais. Nosso sentimento de pertencimento não pode redundar em um sentimento de superioridade em relação a outros que possuem formas de pertencimento distinto do nosso. Isso significa que as instituições sociais não podem ser utilizadas para impor nossas identidades às outras pessoas, nem para determinar que identidades serão valorizadas e quais serão estigmatizadas. Por esse motivo, não se deve utilizar traços identitários para julgar o valor de outros grupos e das expressões culturais deles. A crença na superioridade de uma identidade sobre a outra, o que geralmente implica na superioridade de uma cultura sobre a outra, é uma fonte constante de conflitos raciais. Por esse motivo, todos e todas devem estar cientes de algumas questões especialmente importantes, mas geralmente ignoradas.

Julgar características de outros grupos raciais, a partir de seus traços identitários, provoca dissensões sociais de toda ordem, dificulta a construção de uma cultura solidária. Esse tipo de comportamento estabelece uma relação de hierarquia de valores entre a cultura de um grupo em relação a outro; ele imediatamente produz a mensagem que aquele grupo como um todo não tem o mesmo valor e não deve ter o mesmo apreço social. Esse tipo de comportamento legitima, então, práticas discriminatórias contra esses segmentos e suas manifestações culturais. Por isso, é importante ter em mente que as tradições de seu grupo racial podem oferecer explicações para todos os sentidos da vida, elas podem fornecer parâmetros seguros para guiar suas ações em diferentes momentos, mas, mesmo assim, eles expressam as tradições de seu grupo racial. É bem possível que ela seja institucionalizada, que ela expresse a percepção que a sociedade tem da realidade. Não se esqueça de que isso pode refletir o fato de que isso é possivelmente o resultado do fato de que seu grupo racial tem ocupado posições de poder ao longo do tempo, o que tornou suas referências culturais universais. Partir do pressuposto de que as tradições culturais de outros grupos raciais são negativas porque são diferentes da sua, pode motivar uma série de estados mentais que tomam forma de atitudes a partir das quais você julgará todos os membros daquele grupo. A pressuposição de que uma cultura é superior a outra motiva comportamentos conscientes e inconscientes em relação a membros de outros grupos porque o pertencimento é automaticamente interpretado como alguém essencialmente diferente.

Poder expressar aspectos benignos de nossa identidade é mais do que um direito constitucionalmente garantido. Ele tem um papel central no processo de construção da nossa integridade psíquica; o gozo desse direito constitucional implica a possibilidade de as pessoas não serem penalizadas por expressarem suas identidades. Por esse motivo, devemos estar atentos às falas e às práticas que reproduzem a noção de que apenas minhas expressões identitárias são referências que podem ser legalmente protegidas, são as únicas que podem ter respeitabilidade social. Esse princípio possui relevância para a construção da solidariedade interracial e intrarracial. Se, de um lado, devemos estar compromissados com a possibilidade de expressões de todos os grupos raciais, do outro, devemos também criar os meios para que outras formas de identidade, presentes dentro de um mesmo grupo racial, também possam encontrar plena expressão. A presunção de identidades universais tem sido o motor central da aculturação e do assimilacionismo, processos responsáveis por tensões permanentes entre grupos raciais ao longo de nossa história. A imposição da adoção da cultura do grupo racial dominante como condição para aceitação social e a criação de uma identidade cultural nacional, baseada em uma hierarquia de valores, motiva inúmeras práticas discriminatórias, fundadas na percepção de que a pessoa não se comporta de acordo com as expectativas do grupo racial dominante. Não podemos esquecer que a cultura do outro também não pode ser vista como um produto de consumo; ela não deve ser reduzida a um parâmetro; eu construo uma relação de oposição a esse outro cujas expressões culturais eu posso consumir dentro da segurança de que a identidade cultural do meu grupo racial sempre será a referência, a partir da qual todas as outras são julgadas. Tratar a cultura do outro como um objeto de consumo significa que essa cultura se torna aceitável apenas na medida em que pode proporcionar algum tipo de entretenimento ou enriquecimento, significa instrumentalizar o outro para a obtenção de interesses que não proporcionarão maiores níveis de inclusão ou respeitabilidade social dos membros desse grupo.

A circulação estereotipada de traços culturais de minorias raciais motiva a construção de falsas generalizações de membros desses grupos que causam danos coletivos significativos. Aliada à segregação característica de nossa sociedade, esse problema faz com que esses estereótipos sejam as únicas formas de conhecimento que muitas pessoas possuem desse grupo. Eles se tornam os parâmetros a partir dos quais as atitudes dessas pessoas serão interpretadas em todas as esferas de relações sociais. Como afirmado anteriormente, estereótipos operam por um processo de categorização e generalização, motivo pelo qual muitas pessoas criam expectativas sobre como membros de outros grupos raciais se comportam nas mais diversas situações. Essas expectativas podem assumir as mais diferentes formas nas mais diferentes situações. Por exemplo, muitos indivíduos podem esperar que membros de grupos raciais se comportem de acordo com personagens de programas humorísticos a que eles assistem por ser uma das poucas representações que elas têm acesso. Esses exemplos de humor racista fazem com que suas falas e ações possam espelhar essas expectativas, o que provoca situações de profundo desconforto para membros de outros grupos porque sua individualidade foi apagada. Estereótipos dessa natureza podem suscitar reações violentas em função de piadas que associam membros de certos grupos a imagens de degradação moral. Eles também podem dar origem a pressuposições aparentemente positivas, mas que também não correspondem à realidade. Pessoas frequentemente fazem generalizações morais positivas sobre grupos que correspondem a ideais estéticos vigentes, um tipo de julgamento que leva à frustração porque não há correspondência necessária entre aparência física e qualidades morais. Empregadores contratam pessoas brancas de aparência ariana porque acreditam que a aparência física é um indicador de que são competentes, um falso julgamento que pode trazer prejuízos significativos para eles.

8.1 Parâmetros comportamentais para membros do grupo racial majoritário

Pessoas de todos os grupos raciais têm um papel relevante no processo de construção da solidariedade cívica, mas o comprometimento dos membros do grupo racial dominante nesse processo é especialmente importante. Por que classificar brancos como membros de um grupo racial dominante? Porque eles controlam diversas formas de poder social, o que tem permitido o modelamento da operação de nossas instituições ao longo dos séculos para expressar seus interesses coletivos. Ser uma pessoa branca nas sociedades ocidentais significa fazer parte de uma cultura que se pretende hegemônica, motivo pelo qual esse *status* social é acompanhado de uma série de expectativas positivas, o que fornece benefícios significativos na forma de julgamentos positivos sobre diferentes esferas do *status* cultural e material dos membros desse segmento social. Esses benefícios ocorrem independentemente das ações, das intenções, da anuência de pessoas brancas. A universalização dos referenciais da cultura europeia como critério para o julgamento do valor social dos indivíduos significa que o mero pertencimento a esse segmento implica tratamento vantajoso para essas pessoas ou pelo menos a ausência de animosidade expressa pelo simples pertencimento a grupos raciais subalternizados.

Pessoas brancas podem contribuir para a luta antirracista de uma forma muito simples: *não discriminar membros de outros grupos raciais*. Essa afirmação tem alguns desdobramentos. Elas não devem utilizar a raça como um critério arbitrário de distribuição de oportunidades e de exercício de direitos. O abandono da prática da discriminação negativa constitui um modo muito importante de colaboração para a justiça racial. Elas certamente podem utilizar a raça para praticar a discriminação positiva, para implementar programas que promovem maiores níveis de representatividade para pessoas negras. Pessoas brancas também podem contribuir para a luta antirracista ao estarem atentas aos efeitos que normas e práticas sociais aparentemente neutras podem ter na vida de grupos subalternizados. A preocupação com a discriminação indireta é especialmente importante porque esta agrava a situação de pessoas que já se encontram em uma situação de desvantagem. Os que estão engajados na construção de uma democracia solidária, também devem organizar esforços para a transformação da cultura institucional às quais estão associados. Ajudar a criar uma cultura, baseada na civilidade e na solidariedade, pode ter uma série de consequências positivas, uma vez que práticas discriminatórias decorrem da circulação de estereótipos que motivam ações discriminatórias. Pessoas brancas também podem contribuir para a formação de uma cultura solidária no espaço público e no espaço privado, por meio do combate às microagressões, aos gestos, às falas, às mensagens que expressam desprezo social por pessoas não-brancas. O combate às diferentes formas de discriminação implica um compromisso com o letramento racial: é preciso conhecer como elas operam e como elas podem ser eliminadas. Por esse motivo, a prática social da evasão, atitude motivada por um tipo de socialização baseada na noção de transcendência racial, precisa ser evitada a todo custo. A construção de uma cultura pública, baseada na solidariedade interracial, depende do reconhecimento da natureza estrutural e sistêmica do racismo: esse problema não afeta pessoas brancas, pois ele consiste em um conjunto de práticas criadas para beneficiar membros do grupo racial dominante.

Pessoas brancas precisam levar em consideração certos fatores relevantes quando emitem opiniões sobre as disparidades raciais na nossa sociedade independentemente da situação na qual elas estejam. Primeiro, elas devem estar atentas ao fato de que a situação de vantagem de pessoas brancas e de desvantagem de pessoas negras está *efetivamente* ligada ao que aconteceu no passado. Padrões de relações raciais são construídos ao longo do tempo e eles não regulam apenas as ações das pessoas de um grupo racial em relação às de outro grupo racial. Eles consistem em uma série de práticas institucionais responsáveis pela estratificação racial, eles criam mecanismos que instituem obstáculos temporários ou duradouros para a ascensão social de grupos raciais subalternizados. Eles se tornam subalternizados exatamente porque não gozam dos mesmos recursos materiais e oportunidades institucionais para poderem ascender socialmente. As perdas econômicas, sofridas por pessoas negras que não conseguem emprego condizente com sua formação acadêmica, terão impactos nas gerações seguintes, porque elas não conseguirão usufruir dos benefícios materiais que deveriam acompanhar uma melhor formação universitária. Essas desvantagens adquirem um caráter coletivo, porque os estereótipos que as legitimam persistem ao longo do tempo; eles determinam a maneira como as pessoas são percebidas, ponto de partida para o julgamento da capacidade profissional delas.[250]

Pessoas brancas devem estar especialmente atentas a falas baseadas no pressuposto de que a busca pela afirmação da identidade racial provoca dissenções sociais, que as pessoas deveriam procurar afirmar traços presentes em todos os seres humanos. Esse tipo de fala está baseada em dois equívocos significativos. Vimos, anteriormente, que as pessoas formulam demandas de direitos quando suas

---

250 *Cf.* MOREIRA, Adilson José. *Tratado de Direito Antidiscriminatório*. São Paulo: Contracorrente, 2020, pp. 465-481; SHAPIRO, Mario. *The hidden costs of being African American*. Oxford: Oxford University Press, 2005.

expectativas de igualdade de tratamento são frustradas, a situação cotidiana de pessoas negras na nossa sociedade. Pessoas negras não formulam demandas de direitos apenas para afirmar uma identidade coletiva, elas o fazem pois é algo importante para que possam construir estratégias de luta contra a opressão racial. Por esse motivo, a igualdade racial decorre da necessidade de superação de uma situação causada por pessoas brancas e por instituições controladas por pessoas brancas. Não estamos simplesmente diante da utilização estratégica da identidade racial para criar privilégios sociais; pessoas negras não têm e nunca tiveram qualquer tipo de privilégio na história da nação brasileira. Privilégios são vantagens indevidas proporcionadas a membros de certos grupos em função do simples pertencimento a grupos majoritários ou em função do tratamento discriminatório sofrido por membros de outros grupos, processos que procuram concentrar oportunidades e recursos nas mãos de pessoas brancas. Assim, demandas de direitos não podem ser classificadas como comportamento estratégico, porque não há nenhum tipo de *status* privilegiado a ser protegido.

O tipo de discurso mencionado no parágrafo anterior também está baseado no falso pressuposto de que as identidades negras e brancas possuem o mesmo tipo de valor social, motivo pelo qual elas não deveriam ser ponto de partida para a formulação de demandas de direitos. Identidades sociais não são meras construções autônomas dos grupos humanos, especialmente quando elas são construídas em uma realidade marcada por várias hierarquias entre grupos sociais. Devemos lembrar que negros e brancos nunca tiveram o mesmo *status* racial na história do Brasil; a escravização de negros implementou uma diferenciação de *status* racial entre esses grupos que perdura até hoje. Identidades raciais podem ser resultado da construção coletiva de membros de um grupo ou podem ser produto da atribuição de *status* por membros de grupos dominantes. A identidade negra não é apenas o produto de um processo de afirmação de traços culturais de um grupo. Ela tem um caráter fortemente descritivo e prescritivo porque tem sido historicamente construída a partir das projeções de teorias religiosas, culturais, científicas e sociológicas elaboradas por pessoas brancas. A dificuldade de ter controle sobre a representação da identidade coletiva é uma das consequências dos sistemas de hierarquia racial. A negritude implica na nossa cultura uma série de aspectos negativos associados à suposta degeneração moral, à ausência de capacidade intelectual, à suposta indolência. Ela também opera como um signo social que indica os lugares nos quais pessoas negras podem circular, o tipo de cultura presente nesses lugares, as funções que elas podem ocupar, sendo que há uma expectativa de que elas serão ocupações de menor prestígio social.

Essa dimensão descritiva e prescritiva das identidades raciais faz com que pessoas brancas engajem em uma série de microagressões que podem ser evitadas. Elas encontram pessoas negras em muitos lugares e perguntam se elas são funcionárias, pergunta que indica a pressuposição de que a presença delas nesses lugares se justifica porque elas só podem estar ali como trabalhadoras, nunca como consumidoras, turistas, transeuntes. Pessoas brancas não devem, então, partir do pressuposto de que a presença de pessoas negras, em certos lugares, implica que estas só podem desempenhar funções subalternas, nem que estas devam ter uma atitude de subserviência em relação àquelas. Microagressões ocorrem quando pessoas brancas partem do pressuposto que o pertencimento racial designa inclinações ou preferências naturais de pessoas de outros grupos raciais. Os seres humanos possuem uma pluralidade de interesses que não estão ligados às representações que fazemos de membros de outros grupos raciais. Nossas expectativas não podem ser o ponto de partida para avaliar se os planos de outras pessoas são legítimos ou passíveis de ser alcançados. Dizer a uma pessoa negra que ela deve ser realista quando demonstra ter altas aspirações significa dizer a ela que deve se contentar com as funções de menor prestígio destinadas a ela; dizer esse tipo de mensagem a pessoas negras significa afirmar que as ambições delas só podem ser alcançadas por pessoas brancas, porque apenas elas possuem as qualidades para poderem alcançar esses propósitos.

Alguns diriam que essas pessoas brancas estão apenas sendo sinceras, que elas estão fazendo uma avaliação realista da nossa sociedade. Não podemos, então, esquecer que a noção de letramento racial não implica apenas o desenvolvimento da capacidade para identificar processos de subordinação, ele também está construído em torno da necessidade de ação para a transformação da sociedade. É por esse motivo que a avaliação das possibilidades de uma pessoa negra alcançar seus objetivos deve ser acompanhada das seguintes perguntas: de que forma eu posso ajudar essa pessoa a superar as dificuldades que ela certamente enfrentará? Quais membros do meu círculo de relacionamentos podem ajudar esse indivíduo a encontrar oportunidades acadêmicas ou profissionais? Quem pode fornecer ajuda econômica para essa pessoa negra? Que tipo de informação posso dar a ela para que ela consiga enfrentar possíveis dificuldades? Quantas vezes voltarei a encontrar essa pessoa para estimulá-la a perseverar com seus objetivos? Pessoas brancas devem se lembrar que cada palavra de questionamento pode representar um futuro profissional perdido, porque essa pessoa negra entendeu que ela não poderá ser bem-sucedida. Questionar a viabilidade dos projetos de pessoas negras pode ser uma manifestação da crença pessoal de que negros estão coletivamente destinados a permanecerem em uma condição de subalternidade.

As reflexões desenvolvidas nos dois parágrafos anteriores sugerem a importância de outro tipo de indagação que deve ser feita por pessoas brancas. Ela está relacionada com as formas a partir das quais estabelecemos padrões de interação social. Ter um círculo de relacionamento composto quase exclusivamente de pessoas brancas indica duas coisas: esses indivíduos circulam em lugares exclusivamente brancos, ou elas tomaram a decisão consciente de interagirem apenas com pessoas brancas. Muitos poderiam pensar que esse tipo de escolha não tem qualquer tipo de relevância, mas essa é uma posição equivocada. O poder social sempre esteve concentrado nas mãos de pessoas brancas, motivo pelo qual ele também circula entre elas. Esse poder permite que elas tenham acesso a oportunidades profissionais e acadêmicas, faz com que elas tenham respeitabilidade social, porque essas oportunidades garantem *status* social privilegiado, situações que criam ciclos nos quais recursos ficam fechados nas mãos de pessoas do mesmo grupo racial. Esse fechamento reproduz padrões de estratificação que mantém os membros de grupos raciais em posições sociais diversas. Não podemos esquecer que a raça é o critério fundamental para o ingresso nesses círculos de relacionamentos que controlam o acesso a posições de poder e prestígio; o simples pertencimento à raça branca significa que a pessoa possui uma série de características que justificam a interação com ela e o acesso dela a oportunidades controladas por membros desses grupos. Observamos, então, que muitas pessoas brancas chegam aos lugares que estão, fundamentalmente, porque o pertencimento racial garante acesso a oportunidades que estão fechadas a membros de outros grupos raciais.

Há uma ampla abundância de dados demonstrando que a raça determina a possibilidade de acesso a inúmeras oportunidades; que esse fato decorre simplesmente do fato da pessoa ser branca. Os indivíduos fazem associações imediatas sobre outros em função do pertencimento racial deles, sendo que eles são feitos a partir das generalizações presentes na sociedade sobre os membros dos diferentes grupos raciais. Como pessoas brancas são representadas de forma positiva em todas as produções culturais, a quase totalidade de indivíduos é levada a pensar que todas elas, especialmente as de aparência ariana, são moralmente superiores. Essas falsas presunções prejudicam pessoas brancas de várias maneiras. Contratar um indivíduo branco porque ele é branco significa fazer falsos julgamentos da capacidade profissional deste, significa contratar um profissional ou uma profissional potencialmente medíocre, o que prejudicará o desempenho da empresa. Garantir uma oportunidade acadêmica a uma pessoa branca porque ela faz parte do círculo de relacionamentos, formado apenas por pessoas brancas, significa impedir a possibilidade do desenvolvimento profissional de uma pessoa negra ou indígena que pode ter um potencial muito maior do que uma pessoa branca. Contratar uma pessoa branca para atender aos interesses de indivíduos brancos de quererem ser atendidos apenas por pessoas brancas, significa não apenas poder prejudicar a eficiência do negócio, mas também contribuir com a perpetuação da estratificação racial.

Voltemos à questão das microagressões. A circulação de estereótipos negativos sobre pessoas negras leva muitas pessoas brancas a se comportarem de forma sutilmente racista. Mulheres brancas frequentemente seguram suas bolsas ou atravessam para o outro lado da rua quando se deparam com homens negros, independentemente da forma como eles estão vestidos. Seguranças brancos seguem homens negros e mulheres negras motivados pela presunção de que eles são potencialmente criminosos e que eles não deveriam circular em espaços considerados como brancos. Antes de engajar em atos que negros e negras interpretarão como racistas, pessoas brancas devem responder a algumas perguntas importantes. É certo que a criminalidade é um problema grave na nossa sociedade, mas pessoas negras são os únicos criminosos? Eu estou atravessando para o outro lado da rua porque um homem negro está vindo na minha direção, mas eu já fui atacada ou assaltada por um homem negro? Quantas pessoas, ao meu redor, já sofreram algum ato de violência de homens negros? Esse número é suficiente para fazer quaisquer tipos de generalização ou essa generalização está sendo feita apenas do "ouvir falar"? Será que eu ouvi alguma pessoa conhecida dizer que foi assaltada e eu imediatamente pensei que fosse uma pessoa negra, mesmo que ela não tenha mencionado a raça dessa pessoa? Eu sempre faço generalizações dos comportamentos de pessoas brancas com a mesma frequência que eu faço de pessoas negras?

Vimos, em capítulos anteriores, que a noção de letramento racial implica conhecimento da realidade racial e ações transformadoras. De que forma pessoas brancas podem atuar na luta contra o racismo? Elas podem adotar uma série de estratégias. Primeiro, elas precisam identificar e lutar contra o racismo; elas precisam confrontar pessoas racistas, comportamentos racistas, mensagens racistas. Isso deve ser feito em todas as situações e com todas as pessoas, uma vez que a construção de uma sociedade solidária depende da eliminação de representações baseadas na reprodução da degradação moral de minorias raciais. Segundo, pessoas brancas podem contribuir para a construção de uma democracia solidária ao não utilizarem o *status* racial privilegiado para prejudicar pessoas negras. Elas devem fazer o contrário: devem abrir oportunidades para pessoas negras, de forma que elas tenham acesso a indivíduos e a instituições que elas normalmente não teriam. Terceiro, elas devem abandonar a expectativa de estarem em uma situação de protagonismo em todas as situações em todos os lugares. A solidariedade racial pressupõe interações baseadas na cooperação entre pessoas de todas as raças para a construção de uma sociedade melhor. Quarto, é preciso estar atento ao fato de que todos nós somos responsáveis pela busca por informações sobre os motivos reais das disparidades raciais existentes na nossa sociedade, motivo pelo qual o letramento racial não deve ser visto como uma função natural de pessoas negras. Quinto, pessoas brancas devem estar cientes de que a construção de alianças interraciais não implica a expectativa de que elas operem como salvadoras de pessoas negras. Membros de grupos raciais subalternizados lutam por terem protagonismo sobre a própria história, motivo pelo qual não esperam que a luta antirracista seja liderada por pessoas brancas. Sexto, o engajamento na luta antirracista exige que pessoas brancas reconheçam a natureza estrutural do racismo, algo distante da experiência de privilégio de não ter que enfrentar o racismo todo o tempo. É preciso reconhecer a raça das pessoas que sempre estão ocupando um papel de protagonismo em todas as situações, é preciso reconhecer como esse problema social é sistematicamente negado.[251]

Sétimo, os aliados, na luta antirracista, também devem estar cientes do caráter dinâmico do racismo, que ele pode assumir formas diversas ao longo do tempo para manter as estruturas de poder que

---

251 KIVEL, Paul. *Uprooting racism*: How white people can work for racial justice. 3ª ed. Gabriola Island: New Society Publishers, 2017, pp. 131-134.

beneficiam pessoas brancas. Embora possa assumir formas diversas, ele sempre procura articular aspectos econômicos, políticos, culturais, educacionais, religiosos para justificar privilégios raciais. Oitavo, pessoas brancas precisam reconhecer que racismo não está simplesmente relacionado com raça, mas como essa categoria está relacionada com *status* social diferenciado. Pessoas racistas não detestam negros porque eles pertencem a outra raça; elas detestam negros porque os percebem como indivíduos que pertencem a uma casta, a um grupo que possui *status* social inferior. Assim, raça é uma designação de poder social. Nono, a luta antirracista não implica uma luta em favor de pessoas negras, ela é uma luta pela democracia, é uma luta para a realização do ideal da solidariedade cívica e da democracia substantiva. Décimo, pessoas brancas devem estar atentas ao fato de que problemas estruturais sempre estão por trás de questões que parecem insignificantes. Isso significa que um episódio de abuso policial pode ser sintoma de uma prática institucional sistemática de discriminação racial contra negros, a negação de emprego a uma pessoa negra pode ser uma manifestação de uma política institucional de não empregar negros. Obviamente, pessoas brancas podem ajudar a luta antirracista usando seu *status* racial de forma estratégica para ajudar pessoas negras. Elas podem disponibilizar o poder institucional que elas possuem para lutar contra o racismo, elas podem fornecer expertise profissional para auxiliar vítimas de racismo, elas podem utilizar suas redes de relacionamento para garantir a formação de lideranças negras, testemunhar, gravar, interromper e denunciar casos de racismo que elas presenciem. Mais do que isso, pessoas brancas, preocupadas com a luta antirracista, devem também educar outras pessoas brancas sobre as formas como o racismo opera e como ele compromete a formação de uma verdadeira cultura democrática, uma verdadeira democracia solidária.[252]

---

252 KIVEL, Paul. *Uprooting racism*: How white people can work for racial justice. 3ª ed. Gabriola Island: New Society Publishers, 2017, pp. 135-143.

Ser um aliado na luta antirracista implica o compromisso com a transformação de um aspecto importante da sociedade brasileira: a luta contra a cultura assimilacionista da sociedade brasileira. Isso se mostra relevante porque ela está baseada na criação de um parâmetro cultural a partir do qual hierarquias culturais entre grupos raciais são estabelecidas. Esse processo contribui para a reprodução da dinâmica de superioridade/inferioridade que caracteriza nossa cultura, realidade na qual a herança europeia se torna o parâmetro universal de humanização das pessoas; enquanto as tradições culturais de outros grupos são representadas como sinais de degradação inerente de seus membros. Julgamentos morais, julgamentos estéticos, julgamentos profissionais são frequentemente feitos a partir do pertencimento racial e da assimilação racial, o que relega pessoas não-brancas a uma situação problemática porque precisam negar suas origens para poderem sobreviver socialmente. Negar as origens culturais significa, muitas vezes, desenvolver um sentimento de desprezo racial internalizado, o que pode trazer danos psicológicos significativos para os indivíduos. Por esse motivo, brancos antirracistas são aqueles que procuram criar meios para a equalização das diferentes tradições culturais para que os indivíduos não sofram consequências negativas por expressarem aspectos centrais de suas identidades.[253]

Muitas pessoas brancas argumentam que medidas inclusivas, baseadas na classe social, podem promover a integração de pessoas negras, motivo pelo qual ações afirmativas não são necessárias. Os que estão interessados em atuar na luta antirracista precisam estar cientes de que o capitalismo é um sistema econômico que opera de forma racializada. Ele certamente produz divisões sociais baseadas na classe, mas ele também produz divisões econômicas baseada na raça dos indivíduos, sendo que elas são criadas para garantir que recursos econômicos estarão sempre concentrados nas mãos de pessoas brancas

---

253 Para uma análise das consequências desse processo ver SOUZA, Neusa Santos. *Tornar-se negro*. São Paulo: Zahar, 2021.

de todas as classes sociais. O capitalismo produz certas dinâmicas raciais paralelas às que existem no mundo econômico. Por exemplo, brancos formam verdadeiros cartéis raciais, mecanismos por meio dos quais pessoas brancas concentram oportunidades econômicas nas mãos de pessoas brancas de todas as classes sociais. Brancos pobres ganham salários cinquenta por cento maiores do que pessoas negras, porque os donos de empresas são geralmente homens brancos que procuram garantir oportunidades econômicas para homens brancos. Essa operação racializada do capitalismo mostra-nos que políticas públicas universais não conseguirão promover a inclusão de pessoas negras e indígenas em função da centralidade da raça na distribuição de oportunidades econômicas.[254]

8.2 Parâmetros comportamentais para membros de grupos raciais subalternizados

É interessante que muitas pessoas negras acham que possuem amplo conhecimento do racismo e suas manifestações pelo simples fato de serem negras. Muitas delas também afirmam nunca terem sofrido racismo, que este é uma mera bandeira política a qual certas pessoas utilizam para alcançar projeção social. Outras ainda afirmam que, por serem economicamente privilegiadas, nunca enfrentaram situações discriminatórias. É cada vez maior o número de pessoas negras periféricas que afirmam estar protegidas de quaisquer tipos de discriminação, porque são protegidas por forças divinas. Muitas pessoas negras se sentem desorientadas, porque as chances de inserção social dependem, em grande parte, da conivência delas com mecanismos de aculturação: elas não podem revelar suas práticas religiosas, não podem discutir a questão racial, não podem denunciar o racismo, mesmo quando são vítimas desse problema. Há

254 *Cf.* KENDI, Ibram X. *How to be an antiracist*. Nova York: One World Books, 2019, pp. 151-165; ROTHMAYR, Daria. "Racial cartels". *Michigan Journal of Race and Law*, vol. 15, nº 1, 2010, pp. 45-80.

ainda muitas delas que procuram amizades e relacionamentos com pessoas brancas como forma de aceitação pessoal ou evidência de que adquiriram respeitabilidade social. Essa pressão se torna ainda maior quando pessoas negras ascendem socialmente; quanto maior for o lugar delas na estrutura de classes, maior será a pressão para aculturação e assimilação, maior será a pressão para que essas pessoas se comportem de acordo com os valores culturais do grupo racial dominante. Uma porcentagem imensa de pessoas negras na nossa sociedade sofre o que tem sido classificado como uma consciência dupla: a consciência de ser membro de uma comunidade política organizada de acordo com preceitos democráticos e a consciência de ser sistematicamente discriminado.[255]

Membros de grupos raciais subalternizados devem estar cientes de algumas questões importantes. *Nenhuma pessoa negra está livre do racismo; todas elas sofrem racismo nas suas diversas manifestações, sendo que muitas delas são atingidas por mais de uma de suas várias manifestações, além de outros sistemas de dominação.* Vimos, ao longo da vida, que o racismo tem uma dimensão cultural, uma dimensão institucional e uma dimensão estrutural. Todas as pessoas negras sofrem desvantagens sociais em função da circulação de estereótipos racistas presentes nas mais diversas produções culturais. Esses estereótipos influenciam o comportamento de grande parte de pessoas brancas em maior ou menor nível, fato responsável por uma série de comportamentos, desde a recusa a interagir com pessoas de outras raças e a manutenção do poder social nas mãos de pessoas desse grupo. O racismo é um sistema de dominação social que não pode ser reduzido a manifestações de discriminação interpessoal. Sua dimensão cultural afeta todas as pessoas negras porque reproduzem falsas representações que prejudicam pessoas negras ao longo de toda a vida e em diferentes esferas da vida. A circulação dessas imagens deturpadas de pessoas negras também influencia os próprios negros de forma negativa, uma vez que comprometem o

---

255 Cf. SOUZA, Neusa Santos. *Tornar-se negro*. São Paulo: Zahar, 2021.

desenvolvimento de um senso positivo de autoestima, pois atribuem características negativas à quase todos os aspectos da cultura negra, porque determinam quem pode ser considerado como indivíduo que merece respeitabilidade e quem não merece.

Membros de grupos raciais subalternizados devem estar cientes de que estereótipos raciais não afetam apenas o comportamento individual de pessoas brancas, eles também operam a partir do que tem sido chamado de imagens de controle. Eles criam expectativas entre pessoas de que membros de outros grupos podem fazer, motivo pelo qual pessoas brancas e instituições controladas por brancos sempre se sentem autorizadas a dizer o que negros podem fazer na vida e muitos daqueles reagem quando uma porcentagem de pessoas negras ascende socialmente. Assim, estereótipos racistas não são apenas "coisas irrelevantes que não atingem pessoas que sabem o que querem", nem são "construções que não podem atingir aquelas pessoas negras que estão protegidas por Deus". A violência policial contra pessoas negras de todas as classes sociais e de todas as religiões é produto de imagens que são intencionalmente construídas e reproduzidas com o objetivo específico de impedir que pessoas negras possam ser vistas como atores sociais competentes. O discurso de que as pessoas que se esforçam para alcançar seus objetivos conseguem alcançar todos seus objetivos e de que a crença religiosa permite a superação de todos os obstáculos pertence ao mesmo grupo social que sistematicamente discrimina pessoas negras. Grande parte de pessoas brancas que defendem a meritocracia e a resiliência agem estrategicamente, uma vez que estão apenas utilizando conceitos com os quais elas não possuem qualquer tipo de compromisso.

A circulação de falsas generalizações sobre pessoas negras legitima práticas discriminatórias que não se expressam necessariamente na forma de discriminação interpessoal. Muitas instituições adotam normas que são racialmente neutras, mas que impactam pessoas negras de forma desproporcional. Portanto, pessoas negras podem sofrer desvantagens em função de normas que têm o objetivo encoberto de impedir que elas tenham acesso a oportunidades profissionais. Algumas pessoas negras podem alcançar cargos de grande prestígio, mas isso não significa que normas sociais não impeçam a vasta maioria delas de terem acesso às oportunidades que elas tiveram. Mesmo quando pessoas negras chegam a altas posições, elas ainda não ganham os mesmos salários de pessoas brancas que possuem a mesma qualificação; elas poderão encontrar barreiras para chegar a cargos de comando, posições basicamente reservadas para homens brancos heterossexuais. É também importante estar atento ao fato de que o colorismo cria diferenças significativas nas chances de ascensão entre pessoas negras; quanto mais clara for a pele, menores serão as resistências enfrentadas. Pessoas negras podem pensar que, embora não tenham conseguido um emprego, o processo de seleção pela qual elas passaram foi justo, que as qualificações foram julgadas objetivamente. Mas a discriminação inconsciente pode ter desempenhado um papel central nesse processo, pois disposições cognitivas implícitas podem fazer com que uma pessoa faça associações entre identidade racial e competência profissional, fato que pode ter prejudicado ela e outros candidatos negros.[256]

Devemos voltar a discutir o tema do racismo cultural. É também comum encontrar pessoas negras que classificam a luta contra essa manifestação de racismo como manifestação do que tem sido comumente chamado de politicamente correto. Elas reproduzem a noção de que o componente cognitivo que motiva uma piada racista opera apenas naquele momento e que pessoas brancas tratarão pessoas de ascendência africana ou asiática de maneira civilizada em outros contextos. Essa premissa é inteiramente falsa, uma vez que esse componente psíquico influencia as percepções das pessoas nas mais diversas situações. Pessoas brancas contam piadas racistas e riem de piadas racistas porque elas acreditam nos estereótipos racistas que elas reproduzem. As pessoas não acham graça em certas

256 *Cf*. KRIEGER, Linda Hamilton. "The content of our categories: a cognitive bias approach to discrimination and equal employment opportunity". *Stanford Law Review*, vol. 47, nº 6, 1994, pp. 1161-1254.

piadas, porque elas não fazem sentido ou porque elas não acreditam que o conteúdo dela seja motivo de humor hostil. Pessoas brancas que contam piadas racistas provavelmente não contratarão negros, porque elas efetivamente acreditam que negros não são atores sociais competentes; elas não se casam com pessoas negras porque acreditam que negros e negras realmente são pessoas moralmente degradadas. O humor hostil não surge do nada; ele é utilizado para garantir gratificação psicológica para pessoas brancas porque ele é um meio de elas afirmarem a convicção de superioridade racial. Piadas racistas são cognições sociais, são meios a partir dos quais as pessoas compreendem o mundo e o lugar do outro nesse mundo. Essas cognições afetam a percepção sobre pessoas negras em uma pluralidade de situações, o que pode afetar as oportunidades sociais delas. Elas podem ser imunes ao humor racista, mas isso não significa que ele não terá impactos negativos na vida delas.

O projeto de reconstrução da moralidade pública brasileira a partir da defesa de uma concepção da solidariedade cívica transformadora implica também mudanças de posições dentro da comunidade negra. Muitos membros desse grupo social são afetados por mais de um tipo de desvantagem, motivo pelo qual eles se encontram em uma situação de grande desvantagem. Este é o caso de mulheres negras e homens homossexuais. Eles estão entre os grupos mais vulneráveis à depressão por serem atravessados por uma série de sistemas de dominação. É necessário lembrar que eles são pessoas negras e que devem ter o mesmo nível de empatia que outros membros dessa comunidade possuem. Pessoas negras que classificam as pautas de libertação de mulheres negras e de negros e negras homossexuais como estranhas à luta contra o racismo concorrem para a criação de uma situação na qual a superação do racismo beneficiará apenas o homem negro heterossexual. Pessoas negras heterossexuais devem estar cientes de que a sexualização da identidade negra não afeta apenas pessoas homossexuais, mas todos os membros dessa comunidade. Esse tem sido um processo histórico por meio do qual membros do grupo racial dominante reproduzem o sistema de opressão racial presente na nossa sociedade. Há um claro paralelo entre a experiências de pessoas negras heterossexuais e homossexuais. Elas são vistas como parceiros sexuais inadequados em função do julgamento estético da negritude como um atributo negativo, eles são representados como contaminação do *status* social privilegiado de pessoas brancas, eles são vistos apenas como parceiros sexuais casuais, são percebidos como pessoas que não podem ser objeto de afeto genuíno em função da suposta inferioridade moral constitutiva. Por esses motivos, negros e negras precisam criar alianças contra todas as formas de discriminação que afetam seus membros porque práticas discriminatórias afetam todas as pessoas negras; há apenas uma diferença de nível de vulnerabilidade entre elas.[257]

Em resumo, a construção da solidariedade intrarracial depende do reconhecimento de que a condição de privação na qual pessoas negras se encontram decorre da operação paralela de diferentes sistemas de dominação. Muitos homens negros acreditam que a luta pela inclusão de pessoas negras deve privilegiar a raça porque esse é o fator central da proteção de hierarquias raciais. Essa posição é equivocada. Desvantagens produzidas pelo racismo e pelo sexismo afetam mulheres negras de forma simultânea, o que torna a situação de homens negros heterossexuais diferentes de mulheres negras heterossexuais. A situação desses dois grupos é também diferente da experiência social de homens negros e mulheres negras homossexuais: os que pertencem a esse grupo estão em uma situação de imensa vulnerabilidade porque estão expostos a uma pluralidade de desvantagens que possuem um caráter sistêmico. A luta pela justiça racial precisa englobar necessariamente a oposição ao sexismo e à homofobia, sistemas que criam divisões entre pessoas negras. A

---

257 *Cf.* CARNEIRO, Sueli. *Dispositivo da racialidade*: a construção do outro como não ser como fundamento do ser. São Paulo: Zahar, 2022; BOLA, J. J. *Seja homem*: a masculinidade desmascarada. 2ª ed. São Paulo: Dublinense, 2020; HOOKS, bell. *A gente é da hora*: homens negros e masculinidade. São Paulo: Elefante, 2022; LORDE, Audre. *Sou sua irmã*. São Paulo: Ubu, 2020.

construção de níveis maiores de solidariedade intrarracial implica o apoio de pessoas negras por pessoas negras em todas as situações da vida social; a pauta da justiça racial precisa estar presente em todas as formas de mobilização política dos membros desse grupo devido à natureza estrutural do racismo.

8.3 Parâmetros de ação para agentes institucionais

Agentes institucionais, sejam eles públicos ou privados, precisam estar atentos a alguns elementos bastante importantes. O primeiro diz respeito à necessidade de letramento racial, o que se mostra relevante por uma pluralidade de motivos. Muitos acreditam que operam de forma moralmente neutra, que não atuam a partir de estereótipos raciais, que estão apenas cumprindo suas funções institucionais. Embora muitos possam realmente estar agindo sem nenhuma animosidade consciente, muitos representantes de instituições públicas e privadas atuam de forma preconceituosa em função do processo de socialização pelo qual todas essas pessoas passam. Não podemos esquecer que ele não determina apenas conteúdos conscientes, mas também disposições cognitivas a partir das quais as pessoas julgam o valor moral, a competência, a capacidade profissional de membros de outros grupos raciais. Essas predisposições fazem com que agentes públicos e privados apliquem normas de forma distinta porque avaliam a situação de modo diferente em função da raça das pessoas. Então, a implementação de programas institucionais de letramento racial deve ser visto como uma iniciativa de suma relevância tendo em vista o papel que agentes estatais desempenham nos processos de opressão de pessoas negras.

Segundo, representantes de instituições públicas e privadas também devem estar atentos ao fato de que processos de estratificação racial são produto de uma pluralidade de fatores que não se resumem à discriminação racial. As desvantagens que afetam membros desse grupo racial decorrem da operação de diferentes sistemas de dominação, situação que cria desvantagens educacionais, políticas, jurídicas, culturais, emocionais e trabalhistas. Essa produção múltipla de desvantagens implica que políticas públicas voltadas para a inclusão de minorias raciais devem levar em consideração a intersecção de vários sistemas de dominação na vida de pessoas negras e de todos os outros grupos sociais. Desse modo, quaisquer ações voltadas para esse objetivo devem observar os vários motivos que provocam a situação de vulnerabilidade social na qual pessoas brancas se encontram. Pessoas negras que se encontram em situação de rua não são afetadas apenas pela pobreza. Elas podem ser vítimas de homofobia, de transfobia, podem ter algum transtorno psiquiátrico, podem ser vítimas de racismo ou de xenofobia.

Terceiro, representantes de instituições públicas e privadas devem estar cientes de que a igualdade racial precisa ser promovida a partir de várias formas. Ações inclusivas podem assumir a forma de ações afirmativas, de treinamento de funcionários responsáveis por processos de seleção; elas podem ser alcançadas por mecanismos que permitam as pessoas estabelecerem novos padrões de interação social. Como veremos adiante, isso se mostra especialmente relevante nas escolas, instituições hostis a pessoas negras, mas que deveriam ser lugares de inclusão. Esse problema é especialmente sério porque as instituições de ensino desempenham um papel central no processo de inclusão social de todas as pessoas; o acesso a instituições de ensino superior se mostra especialmente relevante para que ciclos de estratificação social sejam quebrados. Os profissionais que operam nessas instituições precisam estar cientes dos impactos do racismo na vida consciente e inconsciente das pessoas, da forma como essas influências determinam a percepção de quem tem mais valor, de quem deve receber mais oportunidades, mais atenção institucional.

Quarto, atores públicos e privados precisam estar atentos ao fato de que muitas propostas de políticas públicas têm grupos raciais subalternizados como alvo ou têm um impacto desproporcional sobre esses segmentos; elas objetivam reproduzir a opressão na qual esses grupos vivem retirando direitos, dificultando acesso a recursos, concentrando poder institucional nas mãos de atores públicos sem criar meios para a monitoração do exercício desse poder. Muitas políticas públicas que diminuem gastos públicos com políticas sociais, que aumentam autonomia de vigilância das instituições estatais, que restringem a participação da população civil nos processos deliberativos geralmente produzem efeitos negativos severos na vida de pessoas negras. Isso se mostra especialmente verdadeiro no caso de propostas de políticas de segurança pública, um assunto que candidatos brancos frequentemente utilizam para impulsionar sua popularidade por meio do apelo ao desprezo e ao medo em relação a pessoas negras periféricas.

É importante, então, estar atento ao fato de que muitas medidas governamentais aparentemente neutras impactam pessoas negras e indígenas de forma desproporcional. Estamos aqui diante do fenômeno da discriminação indireta, um tipo de prática que, embora não seja intencional, impacta grupos de indivíduos de forma desproporcional. A elaboração de políticas públicas precisa sempre considerar o fato de que pessoas negras são frequentemente sujeitos interseccionais, elas sofrem as consequências da ação paralela de diferentes sistemas de dominação, motivo pelo qual elas se encontram em uma situação de maior vulnerabilidade do que outros grupos. Essa situação não decorre de supostas disposições naturais dos membros desse grupo, mas sim de práticas discriminatórias que estão sempre reforçando a situação de desvantagem de membros desse grupo. Eles são amplamente invisíveis para pessoas brancas, porque elas não estão submetidas aos problemas que pessoas negras estão. Não podemos esquecer que a possibilidade de ação autônoma existe apenas em uma situação na qual as pessoas efetivamente têm acesso a oportunidades e recursos, o que tem sido fechado a pessoas negras ao longo da história. Regras podem parecer neutras, elas podem obrigar todas as pessoas, mas isso não significa que as pessoas realmente as seguem ou as aplicam de forma igualitária. Representantes de instituições públicas e privadas não podem esquecer que a discriminação racial é a forma de operação normal da sociedade brasileira e que esses processos de discriminação afetam pessoas negras de todas as formas. Eles também não podem olvidar o fato de que alguns processos que criam desvantagens operam de forma independente da vontade de atores sociais específicos. Assim, a ausência de pessoas negras em posições de poder e prestígio dentro de grandes empresas pode não decorrer simplesmente de possíveis regras que restringem essas vagas a pessoas brancas. A necessidade de alta qualificação para o desempenho nesses cargos significa a exclusão desses lugares porque o nível de preparação profissional precisa ser significativo, precisa incluir a fluência em línguas estrangeiras, cursos de mestrado no exterior, contatos no mundo corporativo, entre outros fatores. Esse é um dos motivos pelos quais empresas interessadas na diversidade precisam operar ativamente para que esse processo seja atingido.

Representantes de instituições públicas e privadas também devem estar cientes de que estereótipos raciais operam na mente das pessoas motivando ações de forma consciente e inconsciente. Isso significa que as ações humanas não são pautadas apenas por valores que expressam o consenso sobre como as pessoas devem se comportar no espaço público. Por esse motivo, não podemos partir do pressuposto de que agentes públicos sempre operam a partir de normas legais. Agentes públicos são agentes psicológicos que passam pelo mesmo processo de socialização racial que todos os outros indivíduos. Seus atos são também motivados por representações culturais sobre os diversos grupos raciais; suas percepções também são pautadas por falsas generalizações sobre membros de determinados grupos. Esse é um dos motivos pelos quais programas de diversidade são relevantes para instituições públicas e privadas. Ter programas de sensibilização são importantes porque eles permitem que as pessoas problematizem diversos aspectos do próprio comportamento que são vistos como atos legítimos porque são baseados em supostos aspectos concretos da realidade. A realidade que as pessoas percebem é produto de uma pluralidade de processos de estratificação na qual raça, classe, gênero e sexualidade cumprem um papel central para diferenciar pessoas. Muitos indivíduos, ignorantes da dinâmica da operação desses processos, acreditam que eles são consequências reais do comportamento dos indivíduos e não o resultado da ação de atores e estruturas sociais que operam ao longo do tempo para reproduzir desvantagens de caráter estrutural. A atenção sobre os meios a partir dos quais agentes públicos e privados processam informações deve ser uma preocupação constante de nossas instituições.

Agentes institucionais não podem ignorar, então, os meios a partir dos quais diversos processos operam de forma paralela para produzir disparidades entre grupos raciais. Esse é um dos motivos pelos quais políticas governamentais devem considerar sempre a interseccionalidade como uma lente de leitura da realidade social. Grande parte das pessoas possuem uma pluralidade de identidades, motivo pelo qual elas também estão inseridas em diferentes grupos sociais, fator que pode gerar uma pluralidade de formas de desvantagens. Elas aparecem em vários contextos nos quais os sujeitos estão inseridos; os indivíduos podem ter um tipo de *status* comum, mas eles estão faticamente em situações distintas. Mulheres brancas e negras podem sofrer as consequências da discriminação de gênero, mas mulheres negras estão em uma situação de desvantagem maior por causa da ação do racismo; negros heterossexuais e homossexuais sofrem as consequências do racismo, mas negros homossexuais também enfrentam as consequências da homofobia, o que os coloca em uma situação distinta. Vemos, então, que a desvantagem social é produzida pela ação paralela de uma variedade de sistemas de discriminação. O racismo opera ao lado do machismo, do classismo e da homofobia para situar homens negros homossexuais periféricos em uma situação de grande desvantagem, motivo dos altos níveis de suicídio entre membros desse grupo.

Este capítulo nos permitiu tomar conhecimento sobre várias expressões do racismo na vida cotidiana, nos permitiu entender como ele influencia interações sociais nos mais diversos espaços. Vimos que práticas racistas podem comprometer a construção de uma cultura democrática solidária, motivo pelo qual precisamos adotar alguns parâmetros para que a solidariedade interracial e intrarracial seja possível. Devemos estar cientes de que o alcance de uma sociedade mais justa depende da formação de vínculos de empatia entre grupos de todos os grupos raciais, mas também das minorias que existem dentro deles. É importante estar ciente de que não estamos falando de lutas setoriais, não estamos diante de grupos que estão à procura de privilégios, mas sim de direitos básicos constitucionalmente garantidos. Podemos, por meio da construção de coligações entre grupos, construir uma cultura pública baseada na solidariedade cívica, uma realidade na qual formas de desvantagens sistêmicas são vistas como incompatíveis com os valores que regulam nossa ordem constitucional.

CAPÍTULO IX

LETRAMENTO RACIAL NAS ESCOLAS

Uma simples busca genérica em portais de notícias demonstram que escolas são ambientes especialmente hostis a estudantes negros e negras. A quase totalidade de pessoas negras brasileiras disseram já ter presenciado ou sofrido racismo quando estavam na idade escolar; a vasta maioria de alunos e alunas que abandonam a escola são negros. Crianças negras são vítimas de violência física por parte de professores e colegas, o que não desperta consternação nas autoridades escolares. Elas também enfrentam os mais bárbaros exemplos de violência psicológica. Muitas delas são comparadas a animais, são taxadas de burras e idiotas, o que provoca uma prática de segregação, outra manifestação do problema que também não desperta reações das autoridades. Professores levam meninas negras de sala em sala para demonstrarem como era uma escrava; colegas brancos perguntam a crianças negras se elas não gostariam de ser suas escravas de estimação; meninas brancas dizem para suas colegas negras que elas não podem brincar com elas porque não existem princesas negras. Elas são comparadas a fezes, o que é visto por diretores de escolas como uma mera brincadeira. Meninos e meninas negras

> *não são encorajados a almejar objetivos profissionais, são hostilizados pelos professores em sala de aula. Eles entram na escola e se deparam com livros escolares que retratam pessoas negras como um grupo que tiveram um papel secundário na história. Grande parte dos livros didáticos não mencionam personagens negros; todas as referências que eles recebem são brancas. Questionamentos sobre essa realidade encontram resistência tremenda de pais brancos e mães brancas que não admitem a discussão sobre as tradições culturais da população negra, o que muitos classificam como negativas. Embora a legislação tenha tornado obrigatória o ensino da história negra, esse ensino, quando ocorre, assume apenas a forma de menção a tradições folclóricas, nunca como um tipo de ensino que pode provocar a superação do eurocentrismo como referência cultural para a escolarização de crianças de um país periférico majoritariamente negro. Na verdade, certos professores brancos dizem em sala de aula que o racismo persiste porque negros insistem em falar da escravidão, um problema que não existiria se negros esquecessem o passado.*

O projeto de letramento racial elaborado neste livro está baseado no pressuposto de que as escolas devem desempenhar um papel central no processo de construção e expansão da solidariedade cívica. O sucesso dessa iniciativa depende da articulação política entre membros de diferentes grupos raciais, mas requer também o aperfeiçoamento de categorias cognitivas que precisam ser cultivadas desde a infância. Isso implica um compromisso com uma pedagogia politicamente engajada, engajamento que deve assumir uma forma bastante específica: *nossas escolas devem contribuir para o desenvolvimento de categorias cognitivas que permitam alunas e alunos adquirirem competências para compreender e debater questões básicas sobre justiça.* A sala de aula deve ser um lugar no qual as pessoas devem aprender a interpretar a realidade a partir de preceitos jurídicos e políticos que sustentam a moralidade democrática. Por ser uma questão de ordem política, por ser um problema que impede a construção da solidariedade cívica, as pessoas precisam aprender desde a infância que tratamentos arbitrários baseados na raça não podem ocorrer em uma sociedade comprometida com a promoção do bem-estar coletivo. Escolas devem oferecer a alunos e alunas referências básicas para compreenderem a realidade social e para atuarem como atores políticos dentro de um regime comprometido com a igualdade de direitos. Por esse motivo, devemos, primeiro, indicar quais são os parâmetros educacionais que devem facilitar a formação do compromisso com a criação da solidariedade cívica. O conceito de justiça não pode ser uma categoria conhecida apenas por operadores do Direito, nem por pessoas adultas; seu sentido deve ser compreendido desde a infância, momento no qual se formam as categorias a partir das quais as pessoas guiam seus comportamentos de adquirem parâmetros de interpretação da realidade social à sua volta.

9.1 Educando educadores sobre letramento racial

Escolas podem ter um papel central na formação da solidariedade cívica na medida em que professores estão adequadamente preparados para debater esse tópico, o que depende também de uma formação voltada para a discussão sobre esse tema. Por esse motivo, devemos, primeiro, discutir os preceitos que professores devem seguir para proporcionar as melhores diretrizes para a formação de seus alunos e de suas alunas. Um primeiro tópico importante para esse processo decorre do fato de que o processo educacional tem uma dimensão política. Ele não existe apenas para a aquisição de conteúdos, ele não almeja apenas a preparação das pessoas para o mercado de trabalho; seus propósitos não se resumem à formação e ao aprimoramento de categorias cognitivas, embora esses sejam também objetivos centrais. O processo educacional também almeja permitir que as pessoas se tornem atores sociais competentes, que elas possam adquirir as categorias necessárias para o exercício da cidadania, o que depende também do desenvolvimento de conteúdos e de habilidades necessárias para a formação e aprimoramento da solidariedade cívica. O exercício responsável da cidadania requer a existência de uma consciência crítica, o que ocorre quando o processo educacional deixa de ser meramente procedimental, deixa de ser voltado apenas para a transmissão e absorção de conteúdo para se tornar um meio para a possibilidade de apreensão da realidade a partir dos preceitos que regulam a ordem democrática. A solidariedade cívica depende então de uma prática social que deve ter início na escola, momento no qual as pessoas devem aprender a discutir os sentidos e aspectos de preceitos centrais da nossa ordem política como as noções de igualdade, liberdade, dignidade e justiça.[258]

Uma educação politicamente engajada que permita a construção de uma consciência crítica que possibilite a formação de um forte senso de solidariedade cívica precisa ter um caráter dialógico, ela precisa estar fundamentada no diálogo entre professores e alunos, sendo que os primeiros operam como facilitadores para a discussão desse tema. O diálogo permite que alunos e alunas possam estar envolvidos em um processo de aprendizagem no qual eles e elas aprendem a atingir níveis maiores de entendimento da realidade e de si mesmos por meio do debate com outras pessoas que são vistas como iguais. O desenvolvimento de categorias cognitivas e intelectuais para o debate sobre justiça racial permite a humanização de todos os atores envolvidos, uma vez que eles podem, a partir disso, formar um consenso sobre a relevância do tratamento igualitário entre todas as pessoas. Alunos e alunas já chegam nas escolas com uma série de categorias internalizadas, motivo pelo qual as escolas devem ser um espaço no qual elas vão aprender a reconhecer a inadequação delas e aprender outras compatíveis com a lógica do regime democrático. Isso se torna possível a partir do momento no qual elas introjetam categorias intelectuais que as permitem identificar os motivos pelos quais o que foi aprendido está errado. A formação dessas categorias de pensamento que possibilitam a formação de uma consciência crítica não pode ocorrer quando o debate sobre

---

258 *Cf.* FREIRE, Paulo. *A pedagogia do oprimido*. 6ª ed. Rio de Janeiro: Paz e Terra, 2018, pp. 78-82.

categorias políticas é visto apenas como um conteúdo secundário ou periférico do processo de aprendizagem.[259]

Um projeto pedagógico politicamente engajado concorre para a formação da consciência crítica de alunos e alunas, o que tem início com a construção de um projeto pedagógico de caráter participativo, no qual os sentidos de temas podem ser coletivamente debatidos. Isso permite que as pessoas possam fazer construções culturais a partir do entendimento de alguns princípios lógicos que crianças podem começar a entender desde os primeiros anos de vida como a noção de empatia. Os seres humanos começam a desenvolver a capacidade de categorização das pessoas a partir dos primeiros anos de vida; eles incorporam a noção de que a raça é um critério para classificação de seres humanos desde muito cedo. Eles aprendem a utilizar esse parâmetro para entender a si mesmos, para entender o outro, o valor social deles mesmos e dos outros. Mas na medida em que eles começam a desenvolver o raciocínio simbólico, eles se tornam capazes de reconhecer princípios que devem ser aplicados a eles e aos outros. Os princípios da igualdade e da justiça estão amplamente fundamentados na noção de tratamento equitativo entre pessoas que estão igualmente situadas. É importante então que crianças aprendam desde cedo a utilizar as habilidades cognitivas desenvolvidas para desenvolver raciocínios sobre modos como as relações humanas devem ser organizadas em uma sociedade democrática. Desde esse momento da vida, as crianças podem aprender a aplicar raciocínios lógicos a uma pluralidade de situações entre elas a discussões sobre justiça. Discussões sobre preceitos básicos sobre como as pessoas devem ser tratadas na vida cotidiana podem ser temas geradores que depois serão aplicados a debates sobre justiça racial. As pessoas podem aprender desde cedo a identificar padrões sociais que tornam a injustiça racial um aspecto central de nossa

259 FREIRE, Paulo. *A pedagogia do oprimido*. 6ª ed. Rio de Janeiro: Paz e Terra, 2018, pp. 128-137.

realidade, algo incompatível com as percepções sobre o justo, ideias que elas desenvolvem desde os primeiros anos de vida.[260]

Como afirma bell hooks, o projeto de uma prática pedagógica politicamente engajada requer que educadores e educadoras tenham uma atitude específica: *o entusiasmo para operar como facilitadores do debate sobre justiça racial*. Essa atitude expressa o interesse dos professores em despertar uma consciência crítica entre alunos e alunas, uma condição para que eles possam desenvolver conteúdos cognitivos e atitudes psicológicas que os induzam à construção da solidariedade cívica. O alcance desse objetivo exige uma reconstrução dos programas das disciplinas para que certas habilidades sejam alcançadas, implica o desenvolvimento de um ambiente de cooperação em sala de aula, além da possibilidade de abrir espaço para que as pessoas se sintam seguras para discutir questões que podem despertar reações emocionais. O estímulo à participação se mostra importante para que o maior número de alunos e alunas estejam engajadas no debate sobre a questão da justiça racial, tema cuja operacionalização em sala de aula será tratada ainda neste capítulo. É importante, nos diz essa autora, que todas as pessoas se sintam tranquilas para poderem intervir em sala de aula, que elas possam expressar possíveis dificuldades de entendimento sobre questões que elas nunca discutiram em outros ambientes. O engajamento se torna eficaz na medida em que as escolhas das estratégias utilizadas para a discussão do tema da justiça racial não reflitam posições superadas sobre relações raciais; docentes não podem atingir o objetivo de formar uma consciência crítica que permita o desenvolvimento da solidariedade cívica a partir da defesa de teorias tradicionais de relações raciais que negam a relevância desse debate na nossa sociedade.

---

260 MOREIRA, Adilson José; OLIVEIRA, Philippe de; CORBO, Wallace. *Manual de educação jurídica antirracista*: Direito, justiça, e transformação social. São Paulo: Contracorrente, 2022, pp. 47/48.

Não podemos promover a solidariedade cívica sem o conhecimento adequado da realidade social existente na nossa sociedade.[261]

Um projeto pedagógico politicamente engajado com a criação da solidariedade cívica permite que pessoas desenvolvam uma postura crítica em relação ao que elas aprenderam, de forma que novas formas de percepção da realidade possam transformar suas concepções do mundo. A aquisição da compreensão de processos sociais que devem reger a vida das pessoas em uma nação democrática abre então os meios para que elas possam se autoatualizar em função de novas realidades com as quais elas se deparam. Mais do que fazer com que o indivíduo se sinta um ator competente no processo educacional, um projeto pedagógico dessa natureza abre espaço para que as pessoas possam contribuir para a construção de uma vida social mais integrada. A solidariedade cívica, princípio central da moralidade democrática, permite o afastamento da ideia de que a experiência de discriminação sofrida por membros de grupos raciais subalternizados não seja um problema coletivo, mas apenas uma questão que afeta apenas os membros desse grupo em certas circunstâncias. Esse tipo de experiência educacional pode contribuir para a formação de um sentimento de solidariedade cívica na medida em que as pessoas desenvolvem elementos básicos de como uma sociedade democrática deve ser organizada. A construção de um ambiente de solidariedade e de engajamento na escola motivará as pessoas a se mobilizarem contra práticas responsáveis pela promoção de disparidades na vida adulta. Ao abrir espaço para a participação de alunos e alunas em sala de aula, docentes podem diagnosticar o nível de conhecimento que discentes possuem sobre aspectos básicos do funcionamento da vida democrática, ponto de partida para a construção de atividades

261 HOOKS, bell. *Ensinando a transgredir*: a educação como prática da liberdade. São Paulo: Martins Fontes, 2020, pp. 17-20.

que possam fomentar o aprendizado de conteúdos relevantes para a construção da solidariedade cívica.[262]

O desenvolvimento de categorias cognitivas que permitam o desenvolvimento da capacidade de utilizar elementos básicos de preceitos democráticos é algo muito importante para o conhecimento adequado da dinâmica de uma sociedade claramente plural. As relações raciais dentro dessa realidade podem assumir formas mais compatíveis com a democracia na medida em que as pessoas aprendem a conviver com a diversidade de grupos e de tradições dentro de uma sociedade. A solidariedade cívica dificilmente será alcançada a partir de perspectivas pedagógicas que ignoram o pluralismo de experiências, em uma prática de ensino que reproduza a noção de homogeneidade social, sem que as pessoas saibam se situar dentro de uma perspectiva multicultural. Se a pedagogia e os discursos políticos tradicionais estão baseados na noção de que a realidade social pode ser compreendida a partir de uma única forma, o papel da educação no tipo de solidariedade cívica que estamos defendendo precisa reconhecer a relevância do pluralismo, requisito para que as pessoas aprendam desde a infância a necessidade de debater interesses de grupos diversos nos diferentes espaços sociais. A presunção da homogeneidade social e da homogeneidade de experiência não pode ser utilizada como escudo contra os questionamentos que uma perspectiva pluralista pode ter na nossa sociedade; a consideração desse fato é um requisito fundamental para que o projeto constitucional da construção de uma sociedade justa e solidária possa ocorrer. Assim, uma educação antirracista precisa ser politicamente engajada e multicultural. A construção coletiva de sentidos de justiça requer a participação de pessoas de todos os grupos; esse é um requisito para os que as pessoas desenvolvam a consciência de um aspecto

---

262 HOOKS, bell. *Ensinando a transgredir*: a educação como prática da liberdade. São Paulo: Martins Fontes, 2020, pp. 25-30.

central da democracia: traços sociais benignos não podem ensejar práticas discriminatórias.[263]

O fato social do multiculturalismo apresenta dificuldades para docentes comprometidos com uma prática pedagógica politicamente engajada porque implica o questionamento ou até mesmo o abandono de epistemologias tradicionalmente utilizadas para preservar o *status* dos grupos sociais dominantes. A construção da solidariedade cívica em uma sociedade multicultural como a brasileira requer o questionamento de perspectivas epistemológicas que expressam concepções de mundo do grupo racial dominante, posições que refletem a noção de que a problematização das relações raciais na nossa sociedade não faz sentido. Negar o multiculturalismo a partir da defesa da homogeneidade racial e cultural é uma característica central do nosso sistema de ensino que precisa ser abandonada, pois ela impede a construção da solidariedade interracial. Nosso sistema educacional precisa se afastar de uma acomodação de culturas vistas como inferiores às tradições referendadas como expressão dos padrões que devem guiar as relações raciais na nossa sociedade. O cruzamento de culturas é um aspecto positivo que precisa ser celebrado, inclusive para que as pessoas possam aprender desde cedo a necessidade de expressão e de proteção das identidades culturais do outro. A defesa do pluralismo cultural se mostra relevante porque educa as pessoas a considerarem os pontos de vista e as referências culturais de outros grupos nos processos de deliberação, exercício relevante para a promoção da solidariedade cívica. Aprender a ouvir a experiência de pessoas negras, de pessoas indígenas, de pessoas asiáticas desde a infância permite a construção da noção de que o alcance do bem comum depende da consideração dos interesses de

263 HOOKS, bell. *Ensinando a transgredir*: a educação como prática da liberdade. São Paulo: Martins Fontes, 2020, pp. 53-58.

todos os grupos presentes na nossa sociedade nos diversos debates sociais.[264]

9.2 Ensinando professores a estimular uma consciência crítica

Vimos na introdução deste livro que o desenvolvimento da solidariedade cívica depende da formação de uma consciência cívica que engloba o que chamamos de realismo racial. Um aspecto importante desse elemento da consciência cívica é o reconhecimento dos lugares que os *vários grupos* ocupam dentro de uma sociedade racializada. A habilidade de poder identificar padrões de desvantagens que podem suscitar ações voltadas para a eliminação delas permite que as pessoas reconheçam o caráter estrutural do racismo, problema que afeta as pessoas das mais variadas formas. Vimos que ele não pode ser reduzido à noção de discriminação, uma vez que práticas discriminatórias precisam ser legitimadas no plano cultural. Por esse motivo, professores e professoras comprometidos com um projeto pedagógico politicamente engajado precisam passar por um longo processo de questionamento dos critérios que eles utilizam para categorizar as pessoas. Docentes precisam questionar as formas a partir das quais eles utilizam certos critérios para classificar pessoas, as formas a partir das quais eles utilizam elementos que consideram ser universais, mas que expressam valores e identidades dos grupos sociais dominantes. A atividade docente tem uma dimensão cognitiva e interacional, motivo pelo qual as pessoas interagem de forma distinta com pessoas distintas, razão pela qual as pessoas abordam certos temas e ignoram outros, uma vez que eles se tornam relevantes em função da experiência social dos indivíduos. Um projeto de educação voltado para o desenvolvimento da solidariedade cívica começa com um exame individual do quanto nossas presunções sobre

---

264 *Cf.* ARROYO, Miguel. *Outros sujeitos, outras pedagogias*. Petrópolis: Vozes, 2014, pp. 10-13.

as pessoas motivam ações que podem causar danos a elas; passar toda a vida ensinando a partir das perspectivas dos grupos dominantes faz com que desenvolvamos modos de percepção do mundo que parecem ser inócuos, embora possam produzir desvantagens para alunos e alunas.[265]

O letramento racial nas escolas se mostra necessário porque permite que as pessoas interajam ou deixem de interagir a partir de determinadas predisposições. Uma vez que isso ocorre, elas podem estabelecer novos parâmetros de interação, podem conhecer novos aspectos da realidade, podem construir interações sociais que fomentam interesse pelo entendimento de outras dimensões da realidade que são invisíveis para elas porque nunca foram questionadas. A consciência crítica que permite o desenvolvimento de uma solidariedade cívica implica o questionamento constante das ideias que moldam nosso comportamento em relação ao outro, exercício que nos permitirá compreender a realidade social a partir de posições diversas daquelas que aprendemos a examinar a realidade desde nossa infância. Essa postura se mostra importante porque ela determina a postura que professores terão em sala de aula, ela determina os aspectos da realidade que o professor abordará em sala de aula e as perspectivas a partir das quais ele fará isso. Assim, a atitude presente em sociedades cuja cultura pública está moldada na lógica da assimilação cria obstáculos para que alunos e alunas possam desenvolver uma postura crítica em relação à realidade porque os professores aprenderão a não questionar a lógica das relações raciais na nossa sociedade. Professores devem estar cientes de que ocupam uma posição de poder perante os alunos porque eles determinam o conteúdo, o modo de transmissão de conteúdo e as implicações dele para a vida das pessoas. Essas escolhas determinarão o modo como as pessoas perceberão a realidade ao longo de toda a vida, motivo

---

265 PRICE-DENNIS, Detra; SEALE-RUIZ, Yolanda. "Advancing racial literacy in teacher education: Activism for equity in digital spaces". *Teachers College Press*, 2021, pp. 62-65.

pelo qual eles precisam estar conscientes da função importantíssima que eles podem desempenhar no letramento racial das pessoas.[266]

A preparação de professores para o engajamento em um projeto de implementação de uma educação antirracista precisa ser uma prática institucionalizada, uma vez que o racismo também é um problema que estrutura as práticas das instituições escolares. Dessa forma, o letramento racial dos professores implica o reconhecimento de que o racismo é um aspecto essencial da reprodução de disparidades sociais, tema anteriormente abordado neste livro. Ele está baseado na possibilidade de professores se tornarem agentes de transformação social por meio de um aprendizado da operação de sistemas de injustiça, o que permitirá que eles possam estruturar planos de ensino que permitirão o desenvolvimento dessas habilidades nos seus alunos e alunas. A formação de professores também deve incluir a possibilidade de eles poderem falar sobre as limitações de conhecimento que eles possuem sobre esse tema, sobre os receios que possuem a respeito da discussão desse assunto, prática que permite uma discussão coletiva sobre como esses problemas podem ser superados. Esse também deve ser um espaço no qual as pessoas possam desenvolver maior consciência dos processos pelos quais elas são racializadas e como a raça determina a posição que elas ocupam na nossa sociedade, o que também influencia a maneira como eles discutirão temas com seus alunos e alunas. Isso se mostra relevante tendo em vista a predominância de professores brancos nos cursos de pedagogia, sendo que a grande maioria não possui ou desenvolve qualquer tipo de reflexão sistemática sobre questões raciais, situação que se estende ao ensino superior, em instituições que também não fornecem esse tipo de formação para professores. Estamos então diante de um problema significativo: o descompasso entre um corpo docente racialmente e ideologicamente homogêneo e

---

266 MOREIRA, Adilson José; OLIVEIRA, Philippe de Almeida; CORBO, Wallace. *Manual de educação jurídica antirracista*: Direito, educação e transformação social. São Paulo: Contracorrente, 2022, pp. 180-185.

salas de aula multiculturais. Esse processo deve ocorrer ao longo de toda a formação dos professores, uma vez que eles precisam passar a refletir sobre o lugar que ocupam na sociedade enquanto sujeitos racializados.[267]

O processo de preparação de professores precisa, então, superar uma perspectiva baseada no liberalismo racial característico da sociedade brasileira, perspectiva responsável pela noção de que raça e racismo não são temas relevantes para a formação de docentes e de discentes. A inclusão transversal desse tema na formação de professores e professoras permite que eles e elas possam adquirir elementos para poderem identificar os meios a partir dos quais forças sociais instituem a raça como um critério de tratamento diferenciado, as ideologias que sustentam esse tipo de prática e as consequências que elas efetivamente possuem na vida de minorias. Pessoas racialmente letradas são capazes de discernir como formas abertas e encobertas de racismo afetam a vida das pessoas, elas estão aptas a identificar a operação de ideologias racistas na operação de instituições sociais, elas podem reconhecer como estereótipos racistas motivam práticas que causam danos individuais e coletivos, institucionais e estruturais. Para que esse estágio possa ser alcançado, o processo de formação de professores precisa estar centrado na elaboração de uma pedagogia culturalmente sensível aos problemas postos pela diversidade racial, ele deve estar centrado na ideia de que a educação precisa refletir a pluralidade de experiências culturais presentes na sala de aula. É também necessário que ele esteja pautado em uma série de teses antirracistas, de modo que eles possam fomentar a formação de uma cultura crítica entre seus alunos. O letramento racial deve permitir o reconhecimento da natureza dinâmica do racismo, ele deve ser visto como um sistema de dominação social e não expressões

---

267 Para uma análise dos problemas postos por essa realidade ver, entre outros, PRICE-DENNIS; Detra; SEALE-RUIZ, Yolanda. "Advancing racial literacy in teacher education: Activism for equity in digital spaces". *Teachers College Press*, 2021, pp. 5-23.

de comportamentos individuais. Ele também deve ajudar alunas e alunos a perceberem como o racismo se articula com outros sistemas de dominação para reproduzir sistemas de dominação racial.[268]

Os currículos de nossas instituições de ensino superior, inclusive os de pedagogia, são influenciados por um tipo de ideologia baseada na transcendência racial, narrativa que possui alguns aspectos específicos. Eles são influenciados por um tipo de liberalismo racial que envolve formas de pensamento, tipos de discurso e uma série de práticas que promovem a evasão e a deslegitimação de quaisquer debates sobre a questão racial; seus defensores procuram ativamente eliminar debates sobre raça e racismo de todos os espaços sociais. Ao mesmo tempo que defendem a suposta irrelevância da raça na nossa sociedade, eles operam por meio de manifestações racializadas de poder, estratégias que procuram centralizar o poder nas mãos de pessoas brancas. Muitos dos autores e autoras estudados nas nossas instituições, quando abordam a questão racial, afirmam sua insignificância e negam seu caráter estrutural. Eles também procuram defender concepções superficiais de identidades coletivas ao mesmo tempo que utilizam a raça como critério de associação individual; esses atores sociais sempre utilizam narrativas da transcendência racial para promover a despolitização da raça e do racismo de forma a deslegitimar quaisquer tipos de medidas e mobilizações antirracistas que possam desestabilizar as relações hierárquicas de poder presentes na nossa sociedade. Embora as premissas dessa narrativa tenham sido sistematicamente questionadas no meio acadêmico, ela ainda influencia amplamente a forma como instituições públicas e privadas entendem a dinâmica das relações raciais na sociedade brasileira.[269]

---

268 KING, LaGarrett Jarriel. "Teaching black history as a racial literacy project". *Race, Ethnicity and education*, vol. 19, nº 6, 2016, pp. 1-3.

269 *Cf.* COSTA, Alexandre Emboaba da. "The significance of post-racial ideology, black political struggle, and racial literacy for Brazilian anti-racist education policy". *Policy Futures in Education*, vol. 14, nº 3, 2016, pp. 345-359; MOREIRA, Adilson José; OLIVEIRA, Philippe de

A superação do liberalismo racial se mostra necessária porque a educação antirracista deve permitir que membros de grupos raciais subalternizados possam desenvolver um senso positivo de identidade. É importante observar que a superação do liberalismo racial no nosso sistema de ensino permite que pessoas negras e indígenas possam ter chances de obter referências positivas para a formação de suas identidades individuais e coletivas, possibilidade aberta apenas aos membros dos grupos raciais dominantes, uma vez que materiais didáticos espelham a experiência de seus membros. O letramento racial passa também pela possibilidade de engajamento de grupos raciais subalternizados nos debates sobre racismo nos vários espaços sociais, inclusive dentro das escolas. Permitir que alunos negros possam discutir a forma como eles vivenciam sua experiência social em uma sociedade racializada abre a possibilidade para que eles possam ter maior controle sobre os processos sociais a partir dos quais identidades sociais são construídas e reproduzidas. Transformar a sala de aula em um espaço seguro para que as pessoas possam refletir sobre suas experiências permite que os indivíduos possam construir sentidos sobre suas experiências no lugar de simplesmente internalizar parâmetros alheios ou se verem em uma situação passiva diante da circulação de estereótipos que estigmatizam suas identidades.[270]

Professores podem se sentir inseguros para abordar esse tema em uma sala de aula composta por crianças, mas diversos estudos demonstram que elas aprendem a utilizar a raça como critério de diferenciação social logo nos primeiros anos de vida. Mais do que internalizar essa categoria, elas aprendem que ela designa grupos que possuem maior ou menor apreço social; a incorporação de estereótipos raciais ou a percepção de que pessoas brancas sempre

---

Almeida; CORBO, Wallace. *Manual de educação jurídica antirracista*: Direito, justiça e transformação social. São Paulo: Contracorrente, 2022.

270 PRICE-DENNIS, Detra; SEALE-RUIZ, Yolanda. "Advancing racial literacy in teacher education: Activism for equity in digital spaces". *Teachers College Press*, 2021, pp. 58-60.

estão em situação de protagonismo social também ensinam crianças brancas de que as hierarquias sociais presentes na nossa sociedade são naturais. Ao longo da vida, mesmo que não se engajem em práticas racistas, pessoas brancas não problematizarão as relações hierárquicas de poder, uma vez que são sistematicamente beneficiadas por elas. Membros de grupos minoritários também aprendem as consequências sociais da raça nas suas vidas, um dos principais motivos pelos quais muitos desenvolvem problemas de ordem emocional nos primeiros anos de vida. Por esse motivo, professores devem criar mecanismos que permitam as pessoas afirmarem suas identidades raciais de forma positiva, ao mesmo tempo que devem problematizar narrativas que recorrem a conceitos de meritocracia para justificar disparidades entre grupos raciais. Crianças brancas precisam entender que a situação de desvantagem enfrentada por pessoas negras não deve ser atribuída a elas, entendimento que depende de discussões anteriores do que seja igualdade, liberdade, fraternidade.[271]

Devemos voltar à nossa discussão sobre a socialização racial. A possibilidade do desenvolvimento da solidariedade cívica depende do papel que fatores desempenham no desenvolvimento de categorias cognitivas ao longo da vida. A maneira como falamos sobre raça para uma criança nos diferentes espaços e interações sociais determinará a forma como ela perceberá a realidade. Vimos que os seres humanos podem desenvolver uma atitude de empatia em relação aos outros ou podem internalizar estereótipos que impedirão esse processo porque eles impedirão o desenvolvimento de um sentimento de igualdade moral entre todas as pessoas. Profissionais do ensino que reproduzem estereótipos raciais nas suas falas ou por meio do material didático estão promovendo a desconfiança entre membros de grupos raciais porque afirmam que o pertencimento racial é uma categoria relevante de diferenciação entre as pessoas. A promoção

---

271 COLE, Kirsten; VERWAYNE, Diandra. "Becoming upended. Teaching and learning about race and racism with children and their families". *Young Children*, vol. 73, nº 2, 2018, pp. 34-43.

da desconfiança faz com que as pessoas desenvolvam categorias cognitivas baseadas nos princípios da superioridade, da diferença e da hierarquia. Atitudes racistas como meninas brancas que se recusam a interagir com meninas negras decorrem do fato de que elas já aprenderam a se posicionar dentro do sistema de hierarquias raciais; elas já aprenderam que classificações raciais determinam a posição que as pessoas devem ocupar na sociedade e que essa diferenciação de respeitabilidade social é legitima porque negros são efetivamente diferentes de pessoas brancas. As escolas devem ser, portanto, um lugar no qual as pessoas vão desaprender o que aprenderam, vão abandonar as categorias cognitivas a partir das quais elas julgam membros de outros grupos raciais.[272]

Como tem sido observado por vários autores e autoras, o ensino da história negra deve seguir alguns parâmetros relevantes. Observamos, anteriormente, que o racismo não se resume a uma questão de animosidade, uma vez que ele está relacionado com a diferenciação de status entre grupos raciais, fator responsável pelo acesso diferenciado à respeitabilidade social e ao acesso a recursos e oportunidades. As pessoas desenvolvem atitudes racistas porque estão acostumadas a ver pessoas brancas em posição de protagonismo em todas as produções culturais desde o dia que elas nascem. Elas desenvolvem, então, a forte percepção de que apenas pessoas brancas são atores sociais competentes, motivo pelo qual devem ocupar posições de comando em todas as situações. Essa situação nos mostra que pessoas brancas desenvolvem atitudes racistas porque vivem dentro de uma sociedade na qual não estão acostumados a ver membros de outros grupos raciais em situação de protagonismo social. A ausência de contato social e o conhecimento deformado da história dos povos negros faz com que essa percepção seja duradoura. Esse é motivo pelo qual o ensino da história negra deve ter um foco especial: *o comprometimento com o protagonismo negro.*

---

272 *Cf.* KENDI, Ibram X. *How to raise an antiracist*. Nova York: One World Books, 2022, pp. 7-10.

Isso deve ser feito por meio de leituras e atividades que demonstram a longa história civilizatória das nações africanas, o papel que negros e negras tiveram no estabelecimento da democracia nas Américas, na leitura de autores e autoras negras. Alunos e alunas de todos os grupos raciais precisam ter conhecimento dessas histórias a fim de que possam desenvolver uma consciência crítica mediada por versões alternativas de história, não aquelas centradas nas histórias dos povos brancos, não naquela centrada no protagonismo total de homens brancos. Esse processo se mostra relevante para a formação de um bom senso de autoestima de crianças negras, pessoas que passam grande parte da vida acreditando que são indivíduos sem história, processo responsável pelo comprometimento da formação de uma identidade racial positiva ao longo da vida.[273]

A educação antirracista está, na verdade, marcada pela necessidade de superação da assimilação como parâmetro das relações raciais na nossa sociedade. Esse projeto de intervenção na realidade está baseado no reconhecimento da existência e da igualdade de diferentes identidades sociais que devem ter as mesmas oportunidades de reconhecimento de expressão no processo de ensino. A escola deve ser um espaço de afirmação de todas as identidades e não apenas da identidade do grupo racial dominante; não deve ser um espaço no qual as pessoas devem ser forçadas a adotar a assimilação como forma de inserção social. Nesse sentido, a educação antirracista tem uma natureza necessariamente multicultural, uma vez que está baseada em princípios democráticos e procura fomentar o respeito pelo pluralismo em sociedades altamente diversas. Estamos, portanto, diante de um movimento que almeja promover a equidade por meio da adoção de um currículo multicultural, pontos de partida para a

---

273 *Cf.* KENDI, Ibram X. *How to raise an antiracist*. Nova York: One World Books, 2022, pp. 108-115; TOLENTINO, Luana. *Outra educação é possível*: feminismo, antirracismo e inclusão em sala de aula. Belo Horizonte: Mazza Edições, 2018, pp. 23-53; CARINE, Bárbara. *Como um ser um educador antirracista*. São Paulo: Planeta, 2023, pp. 87-114.

superação de práticas discriminatórias que afetam a sociedade como um todo. O pluralismo cultural se distancia por completo do ideal da assimilação, o parâmetro característico das relações raciais na sociedade brasileira. Esses objetivos são atingidos na medida em que observamos o alcance da igualdade de oportunidades educacionais e tratamento equitativo entre estudantes de todos os grupos sociais, especialmente minorias raciais. A busca pela realização desse programa não pode ser apenas nominal: o respeito pelo pluralismo, condição para o desenvolvimento da solidariedade cívica, não pode se resumir a demonstrações da relevância de personagens negros e negras. Ela precisa fomentar a criação de categorias cognitivas para que as pessoas sejam capazes de entender como as interseções entre raça, classe e gênero produzem desigualdades ao longo da história.[274]

9.3 A dinâmica cotidiana da educação antirracista

A promoção do desenvolvimento de uma consciência crítica, em uma sociedade que sempre recorre à negação e à evasão para impedir a mobilização política em torno da raça, apresenta alguns desafios significativos. O primeiro deles está relacionado à ausência de preparação de professores para abordar esse tema, uma vez que nosso processo de socialização tem sido construído em torno da negação da relevância social da raça. Inúmeros professores terão receio em abordar esse tópico por não terem conhecimento teórico sobre ele; outros continuarão a achar que esse é um tipo de discussão que pode causar conflitos sociais, enquanto muitos se recusarão a abordar quaisquer temas relacionados com esse assunto por acreditarem na necessidade de manutenção da ordem social vigente.

---

274 *Cf.* FREIRE, Paulo. *Pedagogia da autonomia*. Rio de Janeiro: Paz & Terra, 2021, pp. 41-47; BENNETT, Christine. *Comprehensive multicultural education*: Theory and practice. 3ª ed. Boston: Allyn and Bacon, 1995, pp. 13-20; KAILIN, Julie. *Antiracist education*: from theory to practice. Nova York: Rowman & Littlefield, 2002, pp. 47-55.

Entretanto, essas formas de resistência precisam ser transcendidas em função do papel central dessa discussão na construção de uma sociedade solidária. A realização desse princípio indica a importância da superação de resistências que as pessoas possam apresentar em relação ao projeto de transformação social que está presente no nosso sistema constitucional. É certo que muitas delas decorrem da ausência do debate sobre esse assunto na realidade social, mas ele também é consequência da resistência de muitos membros do grupo racial dominante em questionar um sistema de organização social que as beneficia de forma direta e indireta. Independentemente da natureza da resistência ou da oposição que as pessoas podem ter, a preparação para qualquer tipo de engajamento sobre esse assunto precisa considerar uma série de temas que são extremamente complexos, motivo pelo qual sua abordagem também precisa ser diferenciada. Consequentemente, interessa mencionar algumas contribuições de autores negros e de autoras negras sobre como analisar a desigualdade racial para membros do grupo racial majoritário.

Aqueles e aquelas que escrevem na tradição da teoria crítica racial afirmam a necessidade de desenvolvermos uma postura crítica em relação à forma como relações raciais são analisadas nas sociedades liberais. Eles e elas argumentam que a vasta maioria de pessoas brancas não têm conhecimento das formas como esse sistema de dominação social opera, não acreditam que ele tenha um caráter sistêmico e pensam que esse termo apenas descreve ações intencionais e preconceituosas de indivíduos específicos que não se comportam de acordo com os princípios que regulam a ordem democrática. Baseado na premissa de que quase todas as pessoas guiam suas ações a partir de princípios básicos desses parâmetros, grande parte delas acredita que o racismo não impacta a vida de todas as pessoas negras e aquelas afetadas podem recorrer ao sistema judiciário para buscar compensação pelas discriminações sofridas. Muitas delas apontam a miscigenação racial como evidência da irrelevância da raça como critério de diferenciação social, motivo pelo qual elas articulam essas teses sociológicas com princípios liberais para advogar um tipo de relações raciais baseadas em premissas liberais. Esse liberalismo racial cumpre um papel importante: defender a neutralidade racial como parâmetro para a compreensão das relações raciais na sociedade na qual vivem. Esse tipo de retórica tem sido utilizada ao longo das últimas décadas em diversas sociedades para negar a relevância de medidas reparadoras sob o argumento de que elas comprometem a operação de sociedades que conseguiram superar o problema da discriminação racial.[275]

Procurando problematizar esse tipo de discurso, autores e autoras começaram a advogar a importância do *storytelling* como uma perspectiva epistemológica capaz de mostrar às pessoas uma realidade que elas desconhecem. Essa metodologia surge como uma resposta crítica à premissa da neutralidade que anima o discurso da neutralidade racial ao utilizar relatos reais ou imaginários sobre o impacto do racismo na vida de negros e negras. Histórias podem ter um impacto significativo na vida dos seres humanos porque introduzem elementos que mobilizam reações emocionais, por permitirem que as pessoas possam analisar a realidade a partir de pressupostos que elas não conhecem porque eles não fazem parte da vida delas. O *storytelling* permite a construção de uma narrativa que procura desestabilizar premissas presentes no debate público sobre relações raciais ao trazer a perspectiva de membros de grupos subalternizados para pessoas cujas vidas não são afetadas por práticas racistas. O uso dessa metodologia permite que pessoas se abram a perspectivas ignoradas ou encobertas por discursos sociais dominantes, motivo pelo qual pode impactar atores sociais ao abrirem novas possibilidades de compreender o mundo. Por meio da utilização de dados autobiográficos, por meio de narrativas ficcionais, autores e autoras negras apontam a importância de as pessoas ouvirem fatos sociais sendo

275 Para uma análise do papel dessa retórica nas Américas ver, entre outros, COCHRAN, David Carroll. *The color of freedom*: Race and contemporary American liberalism. Nova York: State University of New York Press, 1999; ANDREWS, George Reid. *Afro-Latin America, 1800-2000*. Oxford: Oxford University Press, 2004.

narrados a partir de perspectivas alternativas; no lugar de narrativas baseadas em pressupostos abstratos que ajudam a perpetuar a noção de que todas as pessoas possuem a mesma experiência social, os que utilizam essa técnica procuram despertar a empatia de membros de outros grupos raciais ao demonstrar como práticas discriminatórias afetam uma pluralidade de aspectos da vida de membros de grupos raciais subalternizados. Isso se mostra então relevante porque é um meio para criticar um entendimento de relações raciais baseado na articulação entre homogeneidade racial e princípios liberais.[276]

Esses autores defendem a utilização dessa técnica em função de um motivo especialmente relevante: o impacto emocional que as histórias provocam nas pessoas, especialmente aquelas que vivem em uma realidade diferente daquela nelas retratada. Grande parte da resistência de pessoas brancas à discussão sobre desigualdades raciais decorre do fato de que muitas delas acreditam que todos os membros de todos os grupos raciais têm a mesma experiência social, motivo pelo qual eles podem atingir os mesmos objetivos. O uso do *storytelling* nas suas diversas formas tem o propósito de desconstruir essa premissa que encobre as operações do racismo na vida social, sendo que conhecimentos de dados estatísticos têm menor impacto no pensamento das pessoas do que o impacto emocional causado por histórias fictícias ou reais. Minha proposta parte do pressuposto de que esse impacto emocional pode ser potencializado, quando professores e professoras, alunos e alunas têm um forte conhecimento da organização e dos princípios de um regime democrático. O *storytelling* traz a oportunidade de conhecimento de realidades desconhecidas ou intencionalmente ignoradas, o caso de sociedades que procuram encobrir o impacto do racismo na vida cotidiana. Esse processo pode então produzir algo central para a edificação da solidariedade cívica: *a formação da empatia com membros de grupos marginalizados*. É importante que esse processo tenha início na infância, momento da vida na qual os seres humanos estão mais

---

276 DELGADO, Richard; STEFANCIC, Jean. *Critical race theory*: an introduction. Nova York: New York University Press, 2001, pp. 40-63.

inclinados a desenvolver atitudes empáticas com outras pessoas, especialmente as que se encontram em uma situação de desvantagem.[277]

O recurso à técnica do *storytelling* tem uma função importante para a adoção de um programa de educação antirracista: *a exposição de alunos e alunas a uma perspectiva contra-hegemônica.* É importante que os casos trabalhados em sala de aula contenham elementos que possam ser utilizados para a desconstrução do discurso da cordialidade racial. Por esse motivo, eles devem espelhar as experiências e as perspectivas de minorias raciais, o que permitirá que a pessoa seja exposta a outro tipo de narrativa que espelha a realidade social brasileira. Os casos, tratados de sala de aula, devem estar baseados no protagonismo negro, devem espelhar a visão de pessoas negras sobre a realidade em que elas vivem, devem, ao mesmo tempo, demonstrar como membros desse grupo possuem todos os elementos para operar de forma competente no espaço público e como a discriminação racial, nas suas diversas manifestações, impede que isso ocorra. O trabalho em sala de aula com esses casos deve ser um momento no qual se promova a empatia, mas não com uma imagem de negros como sujeitos impotentes, mas como atores sociais que encontram dificuldades estruturais para poderem atingir seus propósitos. É importante então que os professores e professoras engajados nesse projeto também sejam racialmente letrados, que eles saibam escolher com o devido cuidado os casos analisados para que o debate sobre justiça racial não se torne mais uma estratégia para defender a assimilação racial como o modelo ideal para a regulação das relações raciais na nossa sociedade.[278]

---

277 *Cf.* DELGADO, Richard; STEFANCIC, Jean. *Teoria crítica da raça*: uma introdução. São Paulo: Contracorrente, 2021, pp. 65-69; KENDI, Ibram X. *How to raise an antiracist*. Nova York: One World, 2022, pp. 65-78.

278 Cf. DELGADO, Richard; STEFANCIC, Jean. *Teoria crítica da raça*: uma introdução. São Paulo: Contracorrente, 2021, pp. 70-72; TOLENTINO, Luana. *Outra educação é possível*: feminismo, antirracismo e inclusão em sala de aula. Belo Horizonte: Mazza Edições, 2018, pp. 74-90; MOREIRA, Adilson José; OLIVEIRA, Philippe Almeida; CORBO,

A utilização da técnica do *storytelling* pode ser uma técnica bastante importante para a construção de uma consciência crítica. Acreditamos que esse processo deve observar alguns pressupostos importantes. Primeiro, devemos estar atentos ao fato de que o debate sobre o racismo é um debate de natureza política, motivo pelo qual nossa primeira preocupação deve ser com o domínio de conceitos políticos e jurídicos básicos. O processo de letramento racial tem início com um letramento político, uma vez que certos conceitos jurídicos e políticos serão o ponto de partida para a discussão sobre a questão da justiça racial. Assim, professores e professoras precisam ter amplo conhecimento sobre os diversos significados de conceitos básicos de nossa ordem constitucional, notoriamente sobre igualdade, liberdade, dignidade, justiça, solidariedade e democracia. Muitos pensariam que pessoas com formação superior possuem conhecimento sobre esses temas, mas nada poderia estar mais longe da realidade. A compreensão que grande parte das pessoas têm sobre esses temas expressa um senso comum com pouca ou nenhuma correspondência que eles possuem na nossa ordem constitucional. Esse é um dos principais motivos pelos quais a vasta maioria de docentes expressa insegurança na discussão sobre esse tema: eles não sabem como o debate sobre racismo pode ser articulado dentro de um debate mais amplo sobre nosso regime democrático. Por esse motivo, muitos profissionais não se atentam ao fato de que estamos diante de um debate de natureza fundamentalmente política e não diante de um assunto baseado na experiência ou na opinião de grupos sociais específicos. A formação de uma educação antirracista começa, então, com uma formação aprofundada sobre teoria política e teoria constitucional para nossos professores e professoras.[279]

Wallace. *Manual de educação jurídica antirracista*: Direito, justiça, e transformação social. São Paulo: Contracorrente, 2022, pp. 43-60.

279 MOREIRA, Adilson José; OLIVEIRA, Philippe de; CORBO, Wallace. *Manual de educação jurídica antirracista*: Direito, justiça, e transformação social. São Paulo: Contracorrente, 2022, pp. 147-175.

Segundo, docentes deverão estar cientes de como práticas discriminatórias afetam de forma sistêmica a operação do regime democrático. O debate sobre justiça racial entre professores continua com discussões sobre como práticas discriminatórias podem ser consideradas como uma disrupção do aspecto procedimental da democracia e da dimensão substantiva desse regime político. Professores e professoras precisam estar cientes de como o racismo, como sistema de dominação racial, impede que pessoas negras possam exercer a possibilidade de escolhas entre oportunidades possíveis, como o racismo institui diferenças de tratamento entre grupos raciais, como ele estabelece diferenças de apreço social, motivo pelo qual a solidariedade interracial ainda aparece como um objetivo longe de ser realizado. As pessoas engajadas com uma educação jurídica antirracista, a partir de uma formação política adequada, podem identificar os meios a partir dos quais desvantagens sistêmicas comprometem a autonomia individual. O conhecimento desses processos permitirá que docentes possam estruturar os programas de suas disciplinas, a fim de que alunos possam desenvolver uma consciência capaz de apontar quais são as condições para o exercício da cidadania. Esses programas precisam ser elaborados de tal forma que permitam alunos e alunas a terem conhecimento básico de uma gramática da igualdade, o que expressa uma perspectiva política de como a realidade deve ser interpretada, como normas devem ser aplicadas de forma a promover o tratamento equitativo entre indivíduos e grupos. Esse mesmo conhecimento será relevante para que docentes possam operar como facilitadores do debate sobre justiça racial em sala de aula; eles devem estar cientes de que o letramento racial não se resume ao debate sobre o racismo, uma vez que estamos diante de um problema que afeta a democracia.[280]

A técnica do *storytelling* deve ser utilizada para promover o letramento racial dos que ensinam e dos que aprendem. Ela deve ser

280 MOREIRA, Adilson José; OLIVEIRA, Philippe de; CORBO, Wallace. *Manual de educação jurídica antirracista*: Direito, justiça, e transformação social. São Paulo: Contracorrente, 2022, pp. 181-234.

utilizada para permitir que alunos e alunas possam compreender a dinâmica da democracia como regime político e, depois, para que eles e elas possam entender como o racismo compromete a operação desse regime político. Professores e professoras podem iniciar a educação política de alunos e alunas com histórias que fornecem elementos para que eles entendam a lógica de operação do regime democrático e da lógica de princípios constitucionais. Esse processo pode incluir histórias que permitam estudantes entenderem dimensões básicas da cidadania, sobre o que esse *status* implica na vida cotidiana das pessoas, como ele institui a obrigatoriedade de tratamento igualitário entre todas as pessoas. A complexidade dessas histórias depende do nível de desenvolvimento cognitivo de alunos e alunas: quanto maior for a idade, maior pode ser a complexidade e as implicações do racismo na vida das pessoas. A participação ativa dos que pertencem a grupos raciais subalternizados pode ser especialmente relevante nesse processo, desde que seus relatos não se tornem mais um meio para a reprodução de estereótipos. A escolha dessas histórias deve ser feita de tal maneira que elas não sejam mais um obstáculo para a construção de um senso positivo de identidade para essas pessoas. Da mesma forma, essas histórias precisam estabelecer uma relação entre privilégio branco e opressão negra; é importante que as pessoas tenham a consciência de que o racismo existe para garantir privilégios para alguns em detrimento do outro, o que contraria as premissas da democracia. Isso se mostra relevante especialmente em ambientes nos quais pessoas brancas se recusam a se enxergar como pessoas que também possuem uma raça, em ambientes nos quais indivíduos afirmam que se identificam enquanto nacionais e não como membro de algum grupo racial.[281]

Um exemplo certamente nos auxiliará a entender esse processo de forma mais eficaz. O processo de educação antirracista está voltado

---

281 KAILIN, Julie. *Antiracist education*: From theory to practice. Lanham: Rowman & Littlefield Publishers, 2002, pp. 93-99; COLE, Kirsten; VERWAYNE, Diandra. "Becoming upended. Teaching and learning about race and racism with children and their families". *Young Children*, vol. 73, nº 2, 2018, pp. 35-36.

para a construção da solidariedade cívica. Isso significa que alunos e alunas precisam, primeiro, entender a lógica do funcionamento do regime democrático. Professores e professoras podem elaborar atividades em sala de aula baseadas em histórias que abordem esses princípios, cuja complexidade variará de acordo com a idade escolar do público em questão. Se histórias dirigidas a crianças de seis a sete anos terão um nível de sofisticação mais básico; aquelas direcionadas a crianças de faixas etárias posteriores poderão ser mais detalhadas. Independentemente da idade dos alunos e alunas, é relevante que essas histórias sejam o ponto de partida para a discussão sobre como as pessoas devem ser tratadas nas diversas situações da vida. Assim, se elas podem assumir a forma de contos para crianças entre cinco a dez anos, elas certamente podem descrever casos reais a partir dos doze anos de idade, sendo que podemos discutir casos judiciais com adolescentes. A situação, discutida nessas histórias, tem um objetivo específico: possibilitar o entendimento dos significados dos termos, democracia, igualdade, liberdade, dignidade e solidariedade. Essas histórias ou casos são o ponto de partida para o desenvolvimento de raciocínios morais complexos, a partir dos quais serão abordados o tema discriminação racial. Mais uma vez: educação antirracista é um tipo de prática pedagógica politicamente engajada, visto que ela procura preparar as pessoas para a prática democrática.

O conteúdo dessas histórias deve ser elaborado de forma que alunos e alunas compreendam preceitos básicos do regime democrático. Essas narrativas precisam permitir que eles e elas compreendam os motivos pelos quais todas as pessoas possuem o mesmo valor moral, as razões a partir das quais todas elas devem ser tratadas da mesma forma. Essas histórias devem ser elaboradas de modo que discentes possam conhecer preceitos para a discussão sobre justiça, notoriamente os motivam a necessidade de tratamento igualitário e a necessidade de padrões de distribuição adequados de recursos e oportunidades. Essas histórias fictícias ou esses casos concretos devem permitir que eles entendam aspectos básicos da noção de liberdade, especialmente a noção de que as pessoas precisam ter controle sobre suas ações e sobre as condições de ação. Esses retratos da realidade social precisam estabelecer relações entre igualdade e liberdade para que alunos e alunas reconheçam que o alcance da felicidade depende da possibilidade de que todas as tenham os mesmos direitos; eles precisam estar cientes de que eles só podem ser quem são na medida em que todos tenham os mesmos direitos. A preparação para o debate sobre a justiça racial requer então uma preparação prévia que permita a alunos e alunas entenderem preceitos básicos da democracia e os motivos pelos quais o tratamento igualitário entre todas as pessoas é relevante ao seu funcionamento. Obviamente, essas histórias devem ter como objetivo central mostrar como o funcionamento da democracia depende da existência da solidariedade, uma vez que as pessoas precisam entender e confiar nos pressupostos da democracia para que depois sejam convencidas de que a discriminação racial prejudica sua operação.

O primeiro passo para o projeto de uma educação antirracista consiste no comprometimento dos indivíduos com os ideais democráticos, de modo que eles depois possam aplicar esse esquema de raciocínio a outras questões, inclusive ao problema da discriminação racial. A formação de um comprometimento intelectual com a democracia possibilita a construção de um sentimento de empatia com o outro a partir do reconhecimento do status comum de cidadãos. Isso pode ser um ponto de partida para a eliminação de ideias baseadas na noção de que as pessoas não merecem os mesmos direitos por pertencerem a esse ou àquele grupo classificados como diferentes ou inferiores. A compreensão e atuação por meio de valores democráticos é um ponto de partida para o entendimento da relação de interdependência entre todas as pessoas que vivem em sociedade, o que pode levar as pessoas a desenvolver a empatia com os mais diversos grupos sociais. Vemos então que a educação para a democracia procura desenvolver um tipo específico de competência: o engajamento em uma série de processos que possam permitir o indivíduo perceber e apreciar diferenças culturais como um aspecto normal da vida em sociedades democráticas e multiculturais. Isso permitirá que a pessoa desenvolva competências de forma que ela perceba a relevância do pluralismo social, ponto de partida para que sua percepção e sua prática sejam transformadas. Os indivíduos aprenderão a negociar sentidos culturais dentro de sua sociedade no lugar de pensar a partir de uma única perspectiva tida como universal.[282]

Obviamente, esse modelo de educação para a democracia precisa estar adequadamente articulado com a maneira como outros conteúdos são ensinados, no caso da história da sociedade brasileira. Ao lado do realismo racial, a demonstração de como a raça impede a realização da cidadania, professores e professoras devem trabalhar com conteúdos que demonstram o protagonismo na história das sociedades ocidentais, motivo pelo qual esse projeto de educação antirracista requer uma transformação de toda a grade curricular. O sucesso desse projeto depende da superação de uma perspectiva histórica baseada na transcendência racial, perspectiva que promove a deturpação de processos históricos. Crianças negras e brancas precisam estar acostumadas com a presença de negros em situação de protagonismo, ou seja, elas precisam ter contato com a história real das sociedades ocidentais, realidade que tem sido estrategicamente apagada por autores brancos. Essa perspectiva é relevante para a desconstrução de estereótipos raciais baseados em uma suposta inferioridade constitutiva de pessoas negras. O *storytelling* pode cumprir outro papel relevante nesse processo ao demonstrar as consequências de falsas generalizações na vida de pessoas negras: esse pode ser um meio poderoso para demonstrar como práticas consideradas inocentes ou irrelevantes afetam de forma negativa a vida de pessoas negras. Por ser um espaço no qual se desenvolve uma situação comunicacional, um lugar no qual sentidos culturais são criados e reproduzidos, docentes precisam estar engajados com o compromisso com a educação para a democracia, mas um tipo de democracia substantiva e pluralista. Os conteúdos trabalhados

---

282 *Cf.* BENNETT, Christine. *Comprehensive multicultural education*: theory and practice. 3ª ed. Boston: Allyn & Bacon, 1995, pp. 13-16.

em sala de aula não podem ser escolhidos em função da defesa da neutralidade, mas sim do papel que ele pode ter em tornar alunos e alunas em sujeitos com competência para operar em ambientes multiculturais.[283]

O passo seguinte do processo de utilização do *storytelling* é o trabalho com exemplos de discriminação racial. O debate anterior modulará a discussão sobre a adequação das formas de tratamento dirigidas a membros de minorias raciais. Tem início, aqui, a discussão sobre o termo discriminação, um aspecto central do debate sobre práticas democráticas. Uma vez que princípios democráticos começam a fazer parte do repertório cognitivo de alunos e alunas, eles terão, agora, categorias cognitivas para entender os vários significados do termo discriminação. Os exemplos de discriminação, nas histórias trazidas por professores e professoras, possibilitarão que eles e elas possam aplicar os parâmetros que moldam a percepção de como a sociedade devem funcionar a essas situações. Esse tipo de exercício, que confronta princípios democráticos e práticas discriminatórias, abre espaço para que alunos e alunos desenvolvem a empatia: a discussão permitirá que eles cheguem à conclusão de que os membros de uma sociedade, democraticamente organizada, não podem ser submetidos a práticas que violam os princípios anteriormente aprendidos. O letramento racial é facilitado na medida em que as pessoas desenvolvem uma consciência crítica que as permite identificar a contradição entre o compromisso coletivo com a construção de uma sociedade democrática e a existência de mecanismos que mantêm largas parcelas da população fora de oportunidades sociais.

A utilização do *storytelling* como método de letramento racial passa, necessariamente, pela abordagem dos mecanismos responsáveis pela estigmatização de minorias raciais. Toda essa dinâmica precisa estar, também, centrada na contradição entre valores democráticos

---

283 MOREIRA, Adilson José; OLIVEIRA, Philippe Oliveira de; CORBO, Wallace. *Manual de educação jurídica antirracista*: Direito, justiça e transformação social. São Paulo: Contracorrente, 2020, pp. 183-190.

baseados na igualdade entre todas as pessoas e as falsas generalizações feitas de membros de grupos raciais subalternizados. O trabalho com essas estórias precisa ser feito de forma que as pessoas observem como falsas representações motivam práticas discriminatórias e as diversas injustiças sociais decorrentes desse processo. Discussões sobre as diversas acepções da noção de raça devem fazer parte dessas dinâmicas; alunos e alunas precisam entender que ela é um parâmetro inadequado para o julgamento do valor moral das pessoas, o que pode ser feito a partir de análises sobre sua ausência de valor científico. Esse debate pode ser articulado com outros conceitos como inverdades, estigmas, segregação, afastamento, desconfiança, ideologia, desvantagem, vulnerabilidade, minoria. O elemento mais importante nesse processo é a formação de um aparato conceitual a partir do qual as pessoas possam atingir alguns objetivos importantes: identificar os mecanismos responsáveis pela criação de diferença de *status* entre grupos raciais, observar que essa diferença de posição dos indivíduos dentro da sociedade decorre de fatores que não estão correlacionados com a capacidade de eles operarem na sociedade, criar referências para dirigir as emoções raciais do desconforto para uma ação transformadora e cooperativa. A educação antirracista pretende, então, desestabilizar narrativas que tornam a branquitude uma identidade normativa e detentora de prerrogativas naturais para a consideração da igualdade de *status* entre todos os grupos raciais.

Obviamente, este projeto de uma educação antirracista tem uma natureza política, motivo pelo qual professoras e professores, investidos nesse processo, precisam estar cientes das resistências que enfrentarão de muitos genitores fechados à possibilidade de uma educação que não esteja baseada em preceitos tradicionais, o que podemos identificar como uma defesa de uma postura etnocêntrica e neoliberal. Narrativas raciais recentes questionam iniciativas que procuram tornar a questão racial um debate dentro das escolas; elas estão centradas na noção de que disparidades sociais são produtos de escolhas individuais e não de processos institucionalizados de discriminação. O que tem sido chamado de *novo racismo* é uma narrativa social baseada na tentativa de categorizar conceitos de igualdade, justiça, democracia e o papel central deles na discussão sobre justiça racial, como elementos de natureza ideológica que não refletem práticas de instituições que estão supostamente comprometidas com a realização dos direitos de todos. Realidade esta concebida com uma aplicação estrita de igualdade como simetria de tratamento e a desconsideração de suas dimensões substantivas como restrições de direitos de pessoas, cujos direitos não devem ser restringidos para a promoção de interesses de pessoas que são responsáveis pelo tipo de inserção social que possuem. Professores e professoras devem estar cientes de que membros do grupo racial dominante não gostam de falar sobre desigualdades, posto que isso implica o questionamento dos sistemas de dominação, o que se manifesta, desde muito cedo, na vida das pessoas. O projeto de educação antirracista, aqui formulado, tem como propósito desestabilizar narrativas que procuram legitimar arranjos sociais existentes, passo necessário para a construção da solidariedade cívica.[284]

As reflexões desenvolvidas neste capítulo oferecem parâmetros para a reconstrução de certos aspectos importantes de nosso sistema de ensino, requisito central para a construção da solidariedade cívica. Nós dificilmente conseguiremos construir uma sociedade igualitária se não promovermos uma educação para a democracia, se não prepararmos as pessoas desde a infância para o desenvolvimento de uma consciência crítica que abra a possibilidade de elas poderem refletir sobre suas ações individuais e coletivas a partir de princípios básicos da cultura democrática. Precisamos repetir um

---

284 GIROUX, Henry. "Spectacles of race and pedagogies of denial: anti-black racist pedagogy under the reign of neoliberalism". *Communication Education*, vol. 52, nº 3-4, 2003, pp. 191-211. Uma análise da manifestação desse problema na realidade brasileira pode ser encontrada em COSTA, Alexandre Emboaba da. "The signficance of post-racial ideology, black political struggle, and racial literacy for Brazilian anti-racist education policy". *Policy Futures in Education*, vol. 14, nº 3, 2016, pp. 345-359.

argumento desenvolvido ao longo deste livro: a propagação de ideais igualitários como a justiça racial, objetivo central de nossa ordem constitucional, poderá ser alcançado se estivermos engajados com a criação de uma cultura pública baseada na promoção da empatia entre pessoas e grupos de pessoas. Essa sensibilidade política permite que as pessoas possam desenvolver os meios para combaterem diversas práticas responsáveis pela reprodução de formas de hierarquias sociais na nossa sociedade. O racismo representa um déficit democrático, porque demonstra que nossas instituições públicas e privadas não operam de acordo com os princípios jurídicos que deveriam reger uma nação comprometida com a dignidade humana. A formação e consolidação de uma cultura pública baseada na busca pela respeitabilidade social de todos os grupos deve ser vista como um requisito para a realização do ideal da dignidade humana em todas as suas dimensões.

CAPÍTULO X

LETRATAMENTO RACIAL E MEIOS DE COMUNICAÇÃO

O papel dos meios de comunicação na reprodução e legitimação do racismo na sociedade brasileira é considerável, problema que se manifesta de diferentes formas, mas uma delas merece nossa atenção neste capítulo. Patricia Moreira é uma mulher branca que estava assistindo a um jogo de futebol. Ela cometeu o crime de injúria racial contra o jogador do time adversário. Um inquérito policial foi aberto para investigar o ocorrido, sendo que a gravação de seus atos não deixava dúvida nem da materialidade, nem da autoria do crime. Essa mulher branca contou com a atenção permanente dos meios de comunicação durante os meses que se seguiram. Ela concedeu entrevistas em diversos programas de televisão de âmbito nacional nos quais ela apresentou sua versão dos fatos, oportunidades para se apresentar ao público como uma pessoa que merecia empatia. Ela sempre disse estar arrependida; ela pediu desculpas ao atleta negro diversas vezes. Esse goleiro negro não recebeu a mesma atenção. Os mesmos veículos de comunicação que deram voz à essa mulher branca, não deram a mesma oportunidade para ele. Na verdade, muitos comentaristas brancos o culparam pela repercussão do caso. Para eles, o pedido de desculpa deveria encerrar o debate sobre o crime cometido contra o atleta negro. Esse é um exemplo bastante evidente de como nossos meios de comunicação procuram preservar a imagem positiva de pessoas brancas em toda e qualquer situação, mesmo quando são criminosas. Comentaristas brancos procuraram humanizar a mulher que cometeu o crime de injúria, ao mesmo tempo que culpavam a vítima pela polêmica. A finalidade dos comentários da mídia branca era sempre a mesma: individualizar e racionalizar o comportamento da mulher branca afirmando que aquele crime não representa seu caráter ou personalidade. Patrícia recorreu à mesma estratégia utilizada por várias pessoas brancas flagradas cometendo atos de racismo: arregimentaram testemunhas negras para mostrar que não podem ser racistas porque mantêm interações sociais com pessoas negras, porque contratam pessoas negras ou porque têm algum parente negro. Todo esse ritual procura então apagar a ideia de que os incidentes possam ser classificados como crimes ou que eles sejam uma ocorrência normal na nossa sociedade, o que prejudica a imagem coletiva de pessoas brancas. Ao abrir a possibilidade de fala apenas à mulher branca, a mídia corporativa procurou proteger a reputação dos membros do grupo racial dominante ao apelar para o velho discurso da cordialidade racial. Ele restringe os danos do racismo a pessoas negras, o que ocorreu com o atleta em questão. Sabemos que essa mulher branca sofreu sanções legais, mas o atleta negro viu sua carreira declinar. Sua insistência em defender seus direitos provocou uma série de retaliações de donos de grandes corporações midiáticas e de times de futebol, grupo de pessoas que têm prejuízos significativos quando o time é punido por racismo. Como os interesses econômicos de pessoas brancas são sempre mais relevantes do que a dignidade de negros e negras, esses indivíduos retaliam quaisquer indivíduos que procurem denunciar o racismo. Esse caso demonstra como os meios de comunicação procuram comandar o debate sobre igualdade racial na nossa sociedade, sempre espelhando os interesses de pessoas brancas.

10.1 Meios de comunicação e disseminação do racismo

O debate sobre letramento racial não poderia deixar de incluir considerações sobre o papel que os meios de comunicação têm neste processo. Precisamos examinar essa dimensão da nossa realidade social em função de um aspecto fundamental: eles são uma das principais ou a principal fonte de conhecimento do mundo para a grande maioria das pessoas em todo o globo. Isso significa que eles criam inúmeras referências por meio das quais as pessoas adquirem parâmetros para a compreensão da dinâmica social; eles são uma fonte importante da compreensão delas mesmas e dos outros, sobre o lugar que elas ocupam no mundo e o lugar que o outro deve ocupar, sobre as formas como a sociedade deve ser organizada e as funções que os diversos grupos sociais devem ocupar na sociedade. Essas afirmações partem, então, do pressuposto de que os meios de comunicação não produzem apenas entretenimento: eles reproduzem um conjunto de ideias que conformam, diretamente, a percepção das pessoas sobre diversos aspectos da realidade. Eles disseminam ideologias, termo que designa, neste livro, formas dominantes de pensamento que procuram legitimar arranjos sociais existentes, o que inclui a melhor forma de regime político, o melhor sistema econômico, as maneiras mais eficazes de organização social e os grupos que devem exercer o poder nas mais diversas esferas da vida. Meios de comunicação criam então modos de representação da realidade que moldam o olhar das pessoas sobre a realidade, motivo pelo qual eles desempenham um papel central nas relações raciais em todo o planeta.

É importante observar que meios de comunicação são, na maior parte dos casos, grandes empresas; são conglomerados econômicos cujos donos pertencem a grupos sociais específicos. Esse fato tem algumas consequências relevantes para nossa discussão. Primeiro, eles refletem as referências culturais de seus membros, círculos de indivíduos que têm o poder de criar uma série de sentidos sociais por meio do controle de imagens e mensagens por eles veiculados.

Segundo, o controle sobre os meios de comunicação implica o controle sobre o imaginário social, motivo pelo qual eles são capazes de estabelecer certas características como universais, sendo que elas serão utilizadas como ponto de partida para uma série de fatores, inclusive julgamentos estéticos, morais, políticos, jurídicos e culturais. Terceiro, a dominação econômica da mídia por pessoas brancas significa que elas sempre a utilizarão para legitimar de forma direta ou indireta as hierarquias de poder existentes nas sociedades nas quais eles operam. Quarto, esse domínio permite que pessoas brancas associem uma série de valores negativos e positivos às várias características dos diversos grupos que existem na sociedade. Isso pode ocorrer de forma direta, por meio de representações negativas dos membros de outros grupos, ou pela simples invisibilidade dos membros de outros segmentos.[285]

Os meios de comunicação contribuem para a reprodução de práticas racistas? De que maneira específica esse processo ocorre? As respostas para a primeira pergunta é positiva; a resposta da segunda requer uma explicação bem mais longa. Meios de comunicação têm uma característica extremamente relevante: eles são capazes de produzir *campos representacionais*, eles podem criar e recriar os parâmetros a partir dos quais as pessoas entendem a realidade na qual vivem. Esse campo representacional é construído por uma série de valores ideológicos dos grupos dominantes, o que inclui a possibilidade de institucionalização de aspectos da identidade racial desse grupo como critérios de avaliação moral de todos os outros grupos. Isso significa que, por meio da criação desse campo representacional, pessoas brancas conseguem reproduzir uma série de valores para legitimar o poder social que possuem, inclusive hierarquias raciais. Esse espaço de construção de sentidos é um dos veículos privilegiados a partir dos quais o racismo cultural opera. É importante reconhecer que

---

285 *Cf.* SANTOS, Tiago Vinicius André. *Desigualdade racial midiática*: o direito à comunicação exercido e o direito à imagem violado. Belo Horizonte: Casa do Direito, 2018.

o racismo não decorre apenas ou principalmente de representações abertamente racistas, de mensagens baseadas na representação negativa de membros de grupos raciais subalternizados. Os seres humanos adquirem categorias para representar o mundo a partir dos primeiros anos de vida e elas permanecem um elemento importante para compreensão e representação da realidade ao longo de toda a vida. Uma vez consolidadas como mecanismos de categorização de pessoas e situações, elas dificilmente serão modificadas, motivo pelo qual elas precisam ser questionadas desde cedo para que não sejam sedimentadas.[286]

As diferentes formas de mídia que operam na nossa sociedade possuem um papel central na internalização de categorias representacionais de pessoas brancas. A presença quase exclusiva de membros desse grupo em quase todos os meios de comunicação faz com que todos aprendam a fazer associações positivas com eles, uma vez que os vemos em situações de protagonismo em praticamente todas as situações e em todos os lugares. A presença desse protagonismo permite a construção de uma identidade racial positiva. Esse fato também consolida, na mente de muitas pessoas brancas, que a sociedade deve ser estruturada de uma forma específica na qual a raça desempenha um papel central na distribuição de oportunidades materiais e na atribuição de respeitabilidade social. Esse processo permite o desenvolvimento de uma identidade racial identificada como hegemônica, uma identidade associada aos espaços de poder. A exposição a conteúdos que atribuem a respeitabilidade, a competência, a amabilidade, a beleza, a inteligência e a coragem a pessoas brancas faz com que muitas delas desenvolvam a percepção de que também devem estar em uma posição de protagonismo em todas as situações. Isso significa ainda que pessoas de outras raças não podem estar nesses lugares porque elas não possuem as qualidades necessárias para poder operar de forma competente no espaço

286 GRAY, Herman. *Watching race*: Television and the struggle for blackness. Minneapolis: University of Minnesota Press, 1995, pp. 70-93.

público. A animosidade de muitas pessoas brancas contra as de outras raças deriva da percepção de que estas estão naturalmente destinadas a ocupar posições subalternas, posto que não possuem as mesmas qualidades que brancos possuem. Atitudes racistas surgem exatamente da percepção de que os que são vistos como racialmente superiores devem estar em uma situação de protagonismo em todas as situações.[287]

10.2 Alguns conceitos básicos

Meios de comunicação contribuem para a reprodução do racismo, pois desempenham um papel central na reprodução de conteúdo que as pessoas utilizam para construir processos de categorização que fundamentarão a generalização da percepção do outro. Eles criam os parâmetros a partir dos quais as pessoas aprendem a classificar os outros, o que não envolve apenas representações negativas, mas especialmente quem pode atuar de forma competente no espaço público, quem deve gozar de respeitabilidade social. A presença, quase exclusiva de pessoas brancas e especialmente de homens brancos heterossexuais em posições de poder e prestígio, cria padrões de representação baseado na pressuposição de que raça, gênero e sexualidade são critérios essenciais para o julgamento moral das pessoas, da organização das relações sociais, da operação das instituições sociais. Se pessoas brancas devem desempenhar posições de prestígio, pessoas negras devem necessariamente estar em uma posição de subordinação. Estamos diante de uma dinâmica na qual os indivíduos são ensinados a representar a sociedade em uma única direção, porque eles estão sempre expostos a uma mesma situação ao longo de todos os momentos da vida. Se pessoas de outras raças

---

287 *Cf.* BLUMER, Herbert. "Race prejudice as a sense of group position". *The Pacific Sociological Review*, vol. 1, nº 1, 1958, pp. 3-7; ADAMITIS, Elizabeth M. "Appearance matters: a proposal to prohibit appearance discrimination in employment". *Washington Law Review*, vol. 75, nº 1, 2000, pp. 195-224.

não possuem as mesmas qualidades de pessoas brancas, elas não merecem ter as mesmas oportunidades, elas não merecem a mesma respeitabilidade, muito menos a mesma solidariedade. A violência, a desvantagem, a pobreza estão justificadas, pois essas pessoas possuem características negativas; se elas possuem qualidades negativas eu não tenho motivos para ter o mesmo nível de solidariedade em relação a elas, nem manter relações sociais com elas em quaisquer espaços ou âmbitos de minha vida.[288]

Mas, de que forma o processo de categorização e generalização ocorre nessa instância específica da vida social? Meios de comunicação são empresas especializadas na produção de entretenimento; elas vendem mercadorias que precisam ser formatadas a partir de modos bem particulares, uma vez que elas são voltadas para segmentos sociais com poder de consumo. Em função do fato de que os donos dessas empresas são em grande parte pessoas brancas que almejam lucro criando programas para pessoas com poder de compra, esses programas serão voltados para brancos, uma vez que a estratificação racial também reflete disparidades de classe entre eles. Uma vez que o alvo dessas produções culturais são membros do grupo racial dominante, elas serão sempre representadas como protagonistas em todas as ocasiões. Pessoas brancas heterossexuais de classe média e de classe alta são representadas como a referência universal do que seja o humano e ainda de todos os elementos a partir dos quais julgamos o valor de indivíduos e grupos de indivíduos. Estamos, então, diante do que tem sido chamado de uma *política cultural da representação* por meio da qual as características de um grupo social específico se tornam um produto de consumo para todos os outros. Essas características culturais são apresentadas em um formato específico, de modo que os membros desse grupo possam

---

288 Cf. ALMEIDA, Maureci Moreira de. *Ideologia do branqueamento nas telenovelas brasileiras*. Jundiai: Paco Editorial, 2016; HUNT, Darnell. *Channeling blackness*: studies on televisions and race in America. Oxford: Oxford University Press, 2004, pp. 1-25.

se representar como expressão privilegiada de humanidade, o que os motiva a consumir e a integrar essas imagens culturais como modos de afirmação da identidade coletiva de um segmento que adquire um *status* universal. A formatação desses produtos culturais correlaciona, de forma direta, valores culturais a traços do grupo racial dominante: os protagonistas dessas produções são expressões das características estéticas, morais, intelectuais, físicas, sociais de pessoas brancas, o que reforça a identidade positiva dos membros desse grupo.[289]

Estamos, então, diante de um tipo muito específico de mercadoria: um produto cultural por meio do qual o sistema capitalista reproduz representações culturais que institucionalizam a identidade de um grupo racial específico como expressão das qualidades que todas as pessoas precisam ter para poder operar no meio social. O processo de racialização de mercadorias permite a associação entre elas e aspectos da identidade de pessoas brancas, o que passa a ser o padrão que pode ser vendido como um tipo de *status* – adquirido e mantido pelo consumo de uma grande variedade de produtos. Essa realidade está especialmente presente em produtos culturais de entretenimento de massa. Observamos também nesse domínio o protagonismo de pessoas brancas heterossexuais, embora nem todas elas possam representar plenamente o ideal humano que esses produtos procuram vender. É certo que o protagonismo do homem branco heterossexual de classe média está presente na maior parte das circunstâncias, mas há também histórias de pessoas que estão fora desse padrão por não agirem de acordo com os ideais morais que retratam a alta burguesia branca. Então, homens brancos pobres aparecem como dependentes químicos, mas que alcançam a redenção ao se livrarem desse problema e assumirem o papel de líder da família branca de classe média. Embora nem todas as pessoas brancas representem o ideal moral e racial, vendidos por essas mercadorias

---

289 SAHA, Anamik. *Race and the cultural industries*. Nova York: Wiley & Sons, 2018, pp. 17-25.

racializadas, pessoas de raça branca são, constantemente, vendidas como expressão do ideal moral universal a que todas as pessoas devem aspirar. Eles superam os obstáculos instituídos por si mesmos – o afastamento dos ideais morais da classe média branca – e se tornam representantes ideais do individualismo burguês: todos os obstáculos podem ser superados quando o indivíduo adere aos ideais estabelecidos pelos ideais patriarcais e capitalistas. O pai que não se interessa pela família, supera dificuldades e reconquista o amor da esposa e filhos ao demonstrar que pode ser o provedor.[290]

Mas a racialização de mercadorias, para o consumo em massa, implica a criação de outros grupos raciais como pessoas que possuem características opostas. A raça opera aqui como um tipo de símbolo que adquire significação em oposição a outros; a branquitude adquire esse *status* normativo por meio da diferenciação em relação a outras identidades raciais que não podem ter as mesmas características de pessoas brancas. Por esse motivo, membros de outros grupos raciais precisam aparecer de tal forma que não contrariem a percepção de que brancos devem estar em situação de protagonismo em todas as situações, o que exige uma representação sempre positiva de pessoas brancas e de imagens negativas de pessoas de outros grupos raciais. Assim, elas precisam aparecer de acordo com as representações correntes no meio social. Representações de membros de grupos raciais subalternizados entram dentro dessa lógica capitalista de uma maneira bem específica: a reprodução dos estereótipos raciais vigentes na sociedade. Como aspectos centrais da experiencia social estão associados a pessoas brancas, homens negros ou asiáticos não podem aparecer nessas mercadorias culturais como exemplos de masculinidade; mulheres negras ou indígenas não podem representar o ideal de feminilidade. Membros de grupos subalternizados não podem ser associados ao poder político ou econômico, muito menos desempenhar qualquer tipo de papel que demonstre serem

---

290 SAHA, Anamik. *Race and the cultural industries*. Nova York: Wiley & Sons, 2018, pp. 113-135.

mais inteligentes, mais corajosos ou mais fortes do que o homem branco. Observamos, portanto, que os meios de comunicação podem ser classificados como mecanismos privilegiados de construção de identidades raciais por meio de um processo que envolve associação de certos grupos raciais com características e funções culturais e sociais.[291]

Podemos, então, classificar os meios de comunicação como um espaço privilegiado de criação do que tem sido chamado de imagens de controle, representações de grupos sociais que determinam as formas como eles são vistos, imagens que determinam o que eles podem fazer, o que eles podem ser em função de supostas características que todos os membros daquele grupo possuem. Esse repertório é bastante limitado e sempre construído como oposição àquelas associadas a pessoas brancas; essas imagens de controle são racializadas e sexualizadas, uma vez que expressam traços de identidade de homens negros e de mulheres negras de maneira distinta. Como não poderia deixar de ser, elas indicam supostos defeitos morais presentes em todas as pessoas negras: ausência de autonomia individual, identidade racial sexualizada, baixo controle sobre impulsos sexuais, desinteresse por atividades intelectuais, agressividade incontida. Todas essas supostas características são construídas para reforçar a ideia da superioridade moral de brancos.[292]

---

291 HUNT, Darnell. "Making sense of blackness on television". *In*: HUNT, Darnell. (Coord.). *Channeling blackness*. Oxford: Oxford University Press, 2004, pp. 1-5; HALL, Stuart. *Essential essays*: Foundations of cultural studies. Durham: Duke University Press, 2018, pp. 257-267.

292 GOLASH-BOZA, Tanya Maria. *Race and racisms*: a critical approach. Nova York: Oxford University Press, 2021, pp. 157-161.

10.3 A construção de identidades raciais nos meios de comunicação

A representação de grupos raciais subalternizados nos meios de comunicação parece seguir uma lógica que associa estruturas econômicas e esquemas representacionais, responsáveis pela formação de imagens estáticas que reproduzem e conformam a ordem racial presente na nossa sociedade. As imagens e os textos sobre pessoas negras nos meios de comunicação brasileiros são exemplos de um processo que expressa a lógica de diferentes processos de dominação racial que surgiram ao longo do tempo. Observamos que pessoas brancas são representadas como sujeitos sociais, cuja identidade é sempre a representação dos valores que expressam os aspectos centrais da cultura ocidental; enquanto pessoas de outros grupos raciais são vistos como o oposto dessas referências culturais. Por serem produtos dirigidos a pessoas brancas, as produções culturais da indústria do entretenimento precisam representar os que pertencem a outros grupos raciais de forma muito específica. A noção de signo se mostra relevante para essa análise. Esse termo designa uma série de elementos que adquirem significações culturais específicas em função do contexto no qual são empregados, em função dos critérios de comparação utilizados para que ele adquira sentidos nas mais diversas situações. Se a branquitude aparece como um tipo de mercadoria que adquire sentido em função da associação de traços físicos, morais e culturais como expressão de valores estruturantes da cultura ocidental; a negritude precisa ser a expressão de algo que existe em oposição ao que a branquitude expressa. Percebemos, então, que, se a construção da branquitude ocorre em torno de ideais morais e estéticos construídos desde a cultura do renascimento, a negritude existe como uma oposição a esses valores.[293]

293 HALL, Stuart. *Essential essays*: Foundations of cultural studies. Durham: Duke University Press, 2018, pp. 257-262.

A contraposição entre representações da branquitude e da negritude surge em função de uma série de estratégias discursivas constantemente empregadas para reforçar a percepção da hierarquia natural entre essas duas identidades raciais. Ela se manifesta pela oposição entre o branco protagonista e o negro como coadjuvante, entre o branco como exemplo de bravura e o negro como covarde, entre a representação do branco como exemplo de beleza e do negro como expressão de feiura, entre o branco como pessoa inteligente e destemida e o negro como força bruta. Pessoas brancas são apresentadas como indivíduos que possuem uma história pessoal que expressa a vontade de superação. Porém, o caráter de coadjuvante torna desnecessária a apresentação da história de pessoas negras, pois elas existem para compor uma história que tem o branco como protagonista. O corpo do homem branco sempre aparece como expressão ideal da masculinidade, enquanto o corpo do homem negro opera apenas como um instrumento para que o homem branco possa afirmar seu domínio. A oposição entre branquitude e negritude desempenha o papel importante de institucionalizar a branquitude como um dado cultural, como ideais aos quais todas as pessoas devem aspirar. Se ser branco se torna uma forma de *status* essencialmente positiva por representar o que significa ser propriamente humano, ser negro se torna uma maneira inadequada de existência no mundo e um tipo de identidade que nunca poderá ser plenamente assimilada porque contraria o que pode ser visto como humano. Estamos, então, diante de um processo por meio do qual a identidade de um grupo se constitui a partir da afirmação da diferença do outro; uma identidade só pode possuir aspectos distintivos se construída como algo contraposto a outros tipos de identidade, o caso da branquitude em relação a todas as outras formas de identidade racial.[294]

---

294 *Cf.* ALAKIJA, Ana. "Mídia e identidade negra". *In*: BORGES, Robertos Carlos Silva; BORGES, Rosane (Coord.). *Mídia e racismo*. Brasília: Associação Brasileira de Pesquisadores Negros, 2012, pp. 108-152; GOLASH-BOZA, Tanya Maria. *Race and racisms*: a critical approach. Nova York: Oxford University Press, pp. 132-140.

A construção da identidade branca por meio da oposição com a identidade negra não pode ser vista apenas a partir da utilização dos personagens quase sempre estereotipados que representantes desses dois grupos ocupam em quase todos os produtos culturais. Esse processo ocorre também por meio da invisibilidade de membros de outros grupos raciais. Apesar da diversidade racial de grande parte das nações ocidentais, especialmente a brasileira, os meios de comunicação ainda apresentam produtos nos quais quase todos ou todos os personagens são brancos. O que vemos nas mídias é uma realidade idealizada na qual nações multirraciais são representadas como sociedades inteiramente brancas; pessoas de outras raças aparecem apenas como figurantes, sem qualquer tipo de protagonismo. Elas aparecem em situações bastante específicas, notoriamente como expressões do atraso, de criminalidade, de imoralidade ou de quaisquer outros aspectos negativos de que a sociedade, necessariamente pensada como branca, precisa se ver livre. Mas certos programas também são criados com o propósito de defender a noção de transcendência racial, situação na qual personagens brancos e negros aparecem em situações que procuram afirmar a noção de que o racismo não representa um problema na vida das pessoas. Personagens negros aparecem nesses programas e nunca são vítimas de racismo em sociedades com altos níveis de segregação racial; eles nunca questionam as formas de hierarquias raciais, mesmo porque elas nunca aparecem nesses programas. Algumas vezes, eles são vítimas de racismo, mas aparece o branco salvador para protestar contra a situação, situação que tem o propósito de demonstrar que pessoas brancas são comprometidas com a igualdade racial.[295]

Um aspecto especial deve chamar nossa atenção. A mídia é um dos principais meios de criação da reputação de grupos sociais.

---

295 *Cf.* HUNT, Darnell. "Making sense of blackness on television". *In*: HUNT, Darnell. (Coord.). *Channeling blackness*. Oxford: Oxford University Press, 2004, pp. 9-20; ARAÚJO, Joel Zito. "O negro na dramaturgia: um caso exemplar da decadência do mito da democracia racial brasileira". *Estudos Feministas*, vol. 16, nº 3, 2008, pp. 979-985.

É por meio dela que visões sobre as mais diversas coletividades são criadas e divulgadas, é por meio dela que as pessoas constroem representações coletivas sobre membros de um grupo, o que servirá como motivos de ação nas mais diversas situações. O protagonismo de homens brancos em filmes e séries faz com que eles sejam vistos como parceiros sexuais desejáveis enquanto homens de outras raças são percebidos como inadequados; se mulheres brancas são identificadas como ideal de branquitude, mulheres negras são sexualmente preteridas por não se enquadrarem nesse padrão; se homens brancos são destemidos e honestos, homens negros são apresentados como indolentes e criminosos. Essas dualidades – sempre presentes na mídia – têm consequências concretas na vida das pessoas, seja no espaço público, seja no espaço privado. Os estereótipos raciais, divulgados nos meios de comunicação, não são inofensivos. *Da mesma forma que todas as outras formas de representação do outro, eles se tornam referências para ações*. Isso significa que mulheres negras serão preteridas por homens negros e brancos, que empregadores não contratarão negros e negras porque eles acreditam que todos eles são indolentes, que policiais serão especialmente violentos com homens negros porque estão certos de que eles possuem tendência natural para a criminalidade. Pessoas brancas que nunca tiveram contato pessoal com negros estão convencidas de que eles são uma ameaça, que todos eles são agressores sexuais, que eles não gostam de trabalhar.[296]

As construções das identidades raciais de negros e brancos na sociedade brasileira desempenham uma função especialmente relevante: a defesa da assimilação racial como forma de regulação das relações raciais. Vimos acima que as novelas brasileiras são um exemplo desse processo. Embora a maioria delas não contenham nenhum personagem negro, algumas delas retratam pessoas negras

---

296 *Cf*. GOLASH-BOZA, Tanya Maria. *Race and racisms*: a critical approach. 3ª ed. Nova York: Oxford University Press, 2021, pp. 131-140; MENEZES, Kalyne. "Cidadania, racismo e mídia: a identidade do negro". *Comunicação & Informação*, vol. 16, nº 1, 2013, pp. 156-170.

com o objetivo específico de defender a retórica da democracia racial. Essas produções culturais desenvolvem uma retórica que tem dois propósitos: sugerir a superioridade moral dos brasileiros por causa da miscigenação, desqualificar as acusações de racismo elaboradas por movimentos sociais, preservar a imagem da população branca como um grupo comprometido com a igualdade racial. Essas novelas surgem exatamente em momentos nos quais avanços das demandas do movimento negro são atendidas pelos poderes públicos. Os meios de comunicação formaram o que parece ter sido uma ação coordenada contra a adoção de ações afirmativas nas universidades públicas, o que se repetiu no caso do debate sobre ações afirmativas em cargos públicos. Observamos, nos dois casos, a defesa dos mesmos argumentos: a impossibilidade de definir os beneficiários dessas medidas em função dos altos níveis de miscigenação racial e a existência delas como um processo de racialização da sociedade brasileira, uma tendência contrária à suposta irrelevância do racismo na nossa sociedade. Obviamente, esses argumentos são defendidos por redes de televisão cujas novelas e noticiários não têm nenhum ator ou repórteres negros.[297]

10.4 Repensando modos de representação de grupos raciais

De que forma os meios de comunicação podem contribuir para a formação de um sentimento de solidariedade cívica? Observamos, no início deste capítulo, que eles são a principal fonte de conhecimento do mundo para grande parte das pessoas. Mais do que isso, os diferentes tipos de mídia desempenham um papel central no processo de subjetivação dos indivíduos por meio de uma pluralidade de mecanismos. Embora muitas produções sejam ficções, elas são a

297 *Cf.* ARAÚJO, Joel Zito. *A Negação do Brasil*: o negro na telenovela brasileira. São Paulo: Editora Senac, 2000; SANTOS, Tiago Vinícius André dos. *Desigualdade racial midiática*: o direito à comunicação exercido e o direito à imagem violado. Belo Horizonte: Casa do Direito, 2018, pp. 168-180.

única maneira de representação que vários indivíduos têm de certos grupos sociais, especialmente minorias raciais. As informações sobre membros, os que pertencem a esses segmentos, tornam-se uma forma de percepção sobre o outro, o que motiva ações discriminatórias contra esses indivíduos. Por esse motivo, a mídia tem desempenhado um papel especialmente problemático: ela tem sido um empecilho na formação da solidariedade cívica. A constante propagação de imagens de controle, nesses veículos, impacta a forma como as pessoas são percebidas e tratadas na vida real; a construção de pessoas brancas como inteiramente distintas de pessoas negras promove a desconfiança e a segregação, fatores impeditivos da formação da empatia entre grupos raciais. Na verdade, essas imagens de controle estimulam muitas pessoas brancas a pensarem que negros merecem estar na situação na qual se encontram em função de características que lhes são inerentes e não por causa dos atos discriminatórios que os tornam um segmento social vulnerável. Mas é importante entender que atitudes racistas não decorrem apenas da internalização de falsas generalizações sobre minorias raciais: ele também é produto de expectativa criada pelos meios de comunicação que pessoas brancas sempre estarão em uma situação de protagonismo. A presença exclusiva destes indivíduos brancos em situações de protagonismo nos meios de comunicação faz que com muitos deles desenvolvam um sentimento de identificação com posições de poder e prestígio, o que torna quaisquer discussões sobre racismo um tema que não merece atenção social.

A eliminação dos estereótipos raciais nos meios de comunicação deve ser vista como uma agenda política prioritária. Algumas iniciativas podem contribuir de forma significativa para essa mudança. A primeira delas está relacionada com a promoção da diversidade racial dos profissionais que trabalham nessa área, principalmente entre aqueles que desempenham funções relacionadas com a produção dos conteúdos. Acompanhada de uma política de transformação da identidade institucional, essa medida permitirá que profissionais de grupos minoritários possam elaborar ou participar do processo de elaboração da construção da forma como seus membros são representados nas diversas produções culturais. Obviamente, não estou defendendo uma prática de encobrimento da realidade, mas sim a representação adequada da realidade, o que inclui o retrato do pluralismo existente dentro de todos os grupos raciais. Dessa forma, aqueles produtos, baseados na representação estereotipada de minorias raciais que procuram afirmar a superioridade branca, devem ser reelaborados ou eliminados. É importante demonstrar que membros de todos os grupos raciais são pessoas capazes de desempenhar quaisquer funções sociais de forma competente; é preciso eliminar roteiros que procuram sexualizar a identidade de minorias raciais, que procuram restringir suas opções ao que pessoas brancas acham adequadas para esses grupos.

Vimos, anteriormente, que estereótipos raciais – veiculados por produções culturais diversas – criam expectativas comportamentais em relação aos que pertencem a esses segmentos sociais. Assim, muitos indivíduos desenvolvem a percepção de que todas as mulheres negras são escandalosas, motivo pelo qual atrizes negras não são escaladas para papel de protagonismo porque não correspondem ao ideal de feminilidade. Essa é a mesma razão pela qual elas não são contratadas para cargos de comando na iniciativa privada porque empregadores brancos acreditam que elas provocaram conflitos entre os empregados. A presunção de que todos os homens negros são malandros impede que eles possam ascender a posições de comando, pois nossa sociedade não acredita que eles sejam sujeitos empreendedores ou que possam inspirar lealdade ou cooperação. Os meios de comunicação precisam representar a realidade social de forma adequada e isso significa, entre outras coisas, construir personagens negros que são pessoas de classe média ou de classe alta, que são profissionais liberais, que são líderes nas suas associações profissionais, que desempenham cargos políticos com a maior competência. A mídia pode contribuir para a construção de uma democracia solidária na medida em que elimina textos e personagens que reproduzem identidades descritivas, o que membros de um grupo supostamente são, e identidades prescritivas, os papéis que eles podem desempenhar na nossa sociedade.

Não podemos deixar de mencionar um fato importante. A diversidade racial tem um papel importante nesse processo, mas esses profissionais também precisam ser pessoas racialmente letradas ou precisam passar por um processo adequado de letramento. A vivência da opressão não torna a realidade transparente para as pessoas, motivo pelo qual elas precisam ser cuidadosamente escolhidas. Esse letramento racial se mostra necessário exatamente para que o processo de criação de produtos para a indústria do entretenimento espelhe de forma adequada a realidade social. Ele deve harmonizar o processo criativo com a representação verdadeira da realidade social; digo verdadeira, porque ele não deve ser apenas uma maneira de afirmar a suposta superioridade de pessoas brancas por meio da reprodução da noção de que apenas eles são atores sociais competentes. Por esse motivo, esse recrutamento deve observar o nível de reflexão dos candidatos sobre a questão racial, o modo como esse tema aparece nas suas atuações anteriores. Essas pessoas podem fazer parte de um comitê responsável pela revisão de todos os produtos culturais produzidos por uma emissora ou simplesmente podem estar entre os profissionais responsáveis pelo processo criativo. Esse processo de reflexão e revisão constante do que é veiculado nos meios de comunicação não deve ser restrito à forma como pessoas negras são representadas, mas a maneira como as relações raciais são interpretadas. É importante eliminar certas contradições como um retrato bastante adequado de personagens negros associado à defesa da assimilação racial como modelo ideal de regulação das relações entre grupos raciais. Esses profissionais também devem providenciar treinamento a fim de que seus colegas possam entender certos processos anteriormente discutidos tais como a raça aparece de forma codificada em discursos públicos, o papel que palavras e expressões desempenham na propagação de microagressões, a redução da discriminação racial a um problema de animosidade individual.

A representatividade também pode ser mencionada como um aspecto importante do letramento racial que deve ser promovido pelos meios de comunicação. Ver pessoas negras em posições de poder e prestígio é um dos mecanismos a partir dos quais membros de minorias podem construir uma identidade racial positiva. Esse pode ser um processo por meio do qual crianças negras podem estabelecer propósitos para as suas vidas, é uma forma a partir da qual elas podem aspirar por um futuro promissor. Ter acesso a representações positivas do grupo racial permite a construção de uma identidade racial integrada, contribui para que as pessoas não passem pelo processo de internalização do racismo, problema que fomenta a fragmentação não apenas da identidade individual, mas também da identidade coletiva de pessoas negras. A promoção da diversidade na mídia também se justifica por outro motivo. O racismo não se reproduz apenas pela divulgação de imagens estereotipadas, mas também pela completa invisibilidade social de minorias raciais. Esse é um problema que afeta especialmente brasileiros de origem asiática. Eles são uma comunidade centenária, desempenham as mais diversas funções no espaço público, mas eles não aparecem nos meios de comunicação brasileiros. Embora a influência de produções culturais de países asiáticos seja cada vez mais presente, membros desse segmento social são inteiramente invisibilizados na nossa sociedade, o que gera um tipo bem específico de manifestação racista: a percepção de que todos eles são estrangeiros.

A diversidade se mostra relevante porque é um mecanismo a partir do qual pessoas brancas podem desenvolver a percepção de que membros de outros grupos raciais podem atuar de forma competente nas diferentes esferas da vida social. Observar membros de outros grupos raciais em posições de poder e prestígio é uma forma de questionar os estereótipos raciais que moldaram o processo de socialização de homens brancos e de mulheres brancas no nosso país. Promover a diversidade racial também significa permitir maiores oportunidades de emprego para minorias, outro propósito especialmente importante para a superação dos ciclos de estratificação racial presente na nossa sociedade. A diversidade tem o potencial de promover maior integração entre indivíduos de grupos raciais distintos, o que cria também a possibilidade de cooperação profissional entre eles, processo que beneficia poucas pessoas negras devido à baixa presença delas nesses lugares. A promoção da diversidade e da representatividade contribuem então para a criação de uma sociedade na qual as pessoas estão habilitadas a estabelecer níveis maiores de empatia com pessoas de outros grupos raciais, uma vez que esses processos contribuem para a eliminação das noções de superioridade racial que anima o imaginário social de muitas pessoas brancas na sociedade brasileira.

A promoção da diversidade e da representatividade também deve ser defendida por outro motivo. Sabemos que a mídia tem cumprido um papel central no processo de legitimação da opressão racial na sociedade brasileira. Isso ocorre principalmente em função da legitimação do discurso de agentes públicos, no protagonismo dado aos que perpetuam o racismo e ao silenciamento de suas vítimas. As explicações oficiais de chacinas promovidas pelas nossas forças policiais nunca são questionadas; nossos meios de comunicação não identificam essas pessoas, não fazem uma investigação da vida delas, não entrevistam seus familiares e amigos, não procuram investigar posteriormente quais foram os impactos dos assassinatos promovidos por policiais nas vidas dos familiares que sobreviveram. Nossa mídia tradicional simplesmente reproduz o discurso oficial sem qualquer tipo de questionamento. Essa postura subserviente, ao que autoridades policiais dizem, demonstra à população negra que esses veículos de comunicação são complacentes com a violência dirigida ao povo negro. Esse problema se mostra ainda mais sério quando analisamos a popularidade de programas sensacionalistas que retratam episódios de violência *apenas* em áreas periféricas, uma política institucional que valida a violência estatal contra pessoas negras periféricas. Eles sugerem que apenas pessoas negras periféricas cometem crimes, que esse problema não ocorre em bairros brancos ou entre pessoas brancas. Esses programas são os principais responsáveis pela divulgação da ideia de que "bandido bom é bandido morto", frase cujo significado real é "negro bom é negro morto". Uma instituição comprometida com uma democracia solidária não pode continuar veiculando esse tipo de programa cujo objetivo fundamental é reproduzir estereótipos baseados na raça e na classe dos indivíduos.

Como acontece no campo da educação, a representação de pessoas negras, nos meios de comunicação, não pode ocorrer a partir das perspectivas de pessoas brancas comprometidas com a reprodução da narrativa da transcendência racial. Programas e personagens precisam ser também construídos a partir da perspectiva de pessoas negras; é preciso abandonar a noção de que pessoas brancas são capazes de falar por todos, especialmente quando estamos cientes de que elas frequentemente utilizam o poder institucional para reproduzir ideias que representam apenas seus interesses hegemônicos. Além da criação de comitês responsáveis pela revisão do conteúdo da programação, devemos também criar programas de treinamento para todos os escritores e diretores para que discursos tradicionalmente considerados inofensivos sejam identificados e eliminados dos programas. Isso se mostra relevante pois o processo de invisibilização de minorias raciais nos meios de comunicação é acompanhado também de um encobrimento da história negra, das conquistas negras, das referências intelectuais negras, de personagens históricos negros, das religiões de matriz africana. Todo esse processo desperta a percepção, em pessoas brancas, de que negros não são atores sociais competentes, de que eles nunca tiveram qualquer contribuição relevante para a sociedade brasileira. Nossas telenovelas têm sido um mecanismo por meio do qual a assimilação racial é defendida como parâmetro para a regulação das relações raciais na nossa sociedade. Essa estratégia discursiva reproduz cognições sociais, responsáveis pela noção de que não temos qualquer tipo de dívida social com pessoas negras, de que não temos conflitos de origem racial, de que formas sistemáticas de exclusão racial podem ser explicadas por diferenças de classe e não pelo racismo.[298]

---

298 ALVES, A. R. C. "A nova abordagem racial da telenovela brasileira: ruptura ou confirmação do mito da democracia racial". *Estudos de Sociologia*, vol. 1, nº 1, 2012.

CONCLUSÕES

Elaboramos, neste livro, propostas para a reconstrução da moralidade pública brasileira por meio da noção de letramento racial. Este projeto teve como base a constatação de que a solidariedade cívica é um pressuposto central do regime democrático, que ele se tornou um princípio central de nossa ordem constitucional, mas que a doutrina e a jurisprudência raramente ou nunca analisaram esse preceito a partir da noção de justiça racial. Nos propomos a desenvolver uma reflexão sobre a noção de solidariedade cívica a partir dos conceitos de solidariedade interracial e intrarracial porque o racismo seja talvez o principal obstáculo à construção de uma moralidade pública baseada na noção de solidariedade cívica. O racismo possui uma pluralidade de manifestações que contribuem para a reprodução de processos discriminatórios que impedem o reconhecimento do outro como alguém que possui igualdade moral, condição para o desenvolvimento de um sentimento de empatia. Esse sistema de dominação social cria obstáculos significativos para a operação adequada do regime democrático porque ele impede a aplicação dos mesmos procedimentos a todas as pessoas e a todos os grupos de pessoas que fazem parte de nossa comunidade política.

Nossa trajetória demonstrou a imensa relevância de situarmos a discussão sobre o tema deste livro dentro de um contexto mais amplo. As várias considerações sobre relações raciais nos permitiram entender como padrões de sociabilidade são instituídos ao longo da história, sendo que muitos de seus elementos continuam a fazer parte do imaginário social, mesmo quando o regime deixa de existir. Essa análise sociológica nos permitiu entender como a assimilação ainda molda a percepção individual e práticas institucionais na nossa sociedade, fato que impede a realização dos ides democráticos. O conceito de letramento racial surge, então, como um requisito para a transformação de nossa moralidade pública porque permite que agentes públicos e privados possam adquirir conhecimento dos fatores responsáveis pela reprodução de desigualdades entre grupos raciais. Mais do que identificar esses mecanismos geradores de estratificação racial, a noção de letramento racial proposta neste livro também implica a necessidade de ação para que a situação na qual nos encontramos seja superada. A eliminação de práticas discriminatórias requer uma ação coordenada entre pessoas negras e brancas em um esforço que permita a construção de lações de solidariedade entre todos. Procuramos demonstrar também que esse processo tem grande importância porque o racismo gera uma série de problemas sociais, tais como marginalização econômica, privação de direitos, desestruturação psíquica, colapso familiar, entre outras questões que impedem a integração social de grupos raciais subalternizados. Todos eles geram uma desconfiança no regime democrático porque as pessoas desenvolvem a percepção de que a democracia beneficia apenas membros do grupo racial dominante. O racismo, nas suas várias manifestações, compromete a construção da unidade social porque reproduz a noção de que apenas pessoas brancas são atores sociais competentes, motivo pelo qual oportunidades sociais devem estar concentradas nas mãos dessas pessoas. Essa mentalidade, bastante difundida na nossa sociedade, faz com que deixemos de investir no potencial de milhões de pessoas que podem contribuir para a construção de uma sociedade melhor.

A proposta de letramento racial, desenvolvida nesta obra, não se aplica apenas a pessoas brancas. Ela também está voltada a membros de todos os grupos raciais subalternizados porque muito das causas da situação de opressão, na qual vivem, são desconhecidas por eles. Além disso, muitas delas também incorporam discursos do grupo dominante para compreender o mundo e a si mesmas, o que cria dificuldades ainda maiores para a superação dos problemas que enfrentamos na nossa sociedade. Além disso, não podemos esquecer que o desenvolvimento da noção de solidariedade cívica também depende da criação de uma união entre membros de grupos raciais subalternizados para a emancipação de todos os segmentos da comunidade, especialmente daquelas pessoas que são afetadas por mais de um sistema de dominação, o caso de grande parte de todos os grupos raciais subalternizados que vivem nas sociedades ocidentais. Portanto, a criação de uma cultura pública, baseada na solidariedade, deve estar construída ao lado da luta pela integração de todos os segmentos sociais. A construção de uma sociedade genuinamente democrática depende da construção de alianças entre vários grupos sociais; a criação de meios de inclusão de grupos tradicionalmente discriminados significa um aprimoramento do regime democrático.

O conceito de letramento racial engloba conhecimento de mecanismos responsáveis pela criação e reprodução da estratificação racial, mas também ações transformadoras para que essa situação seja modificada. A criação de uma democracia solidária depende de ações coletivas que incluem pessoas de todas as raças e instituições públicas e privadas. Esse processo não se restringe a tomar conhecimento da incompatibilidade entre racismo e democracia, mas também medidas individuais e coletivas para que a solidariedade cívica seja desenvolvida entre os diversos grupos raciais. Um forte compromisso com a democracia permite o desenvolvimento de um forte senso de solidariedade interracial e intrarracial: os diversos grupos raciais devem construir soluções coletivas para os problemas enfrentados pelos vulneráveis e os vários segmentos presentes dentro de minorias também devem estar engajados na emancipação de todos eles. As escolas devem cumprir um papel central nesse processo devido à centralidade dessas instituições na socialização das pessoas. É o lugar no qual pessoas de todas as raças se encontram, é o lugar no qual elas podem desenvolver a empatia entre todas as pessoas a partir do conhecimento de princípios democráticos. A educação antirracista é uma educação para a democracia; enquanto não tivermos uma forte cultura democrática não conseguiremos eliminar as diversas práticas discriminatórias que impedem a integração de grupos raciais. Professores e professoras devem ter um papel central no desenvolvimento das habilidades intelectuais e cognitivas necessárias para que esse objetivo possa ser atingido. Modificações significativas também devem ocorrer na operação dos meios de comunicação. Eles desempenham um papel central na socialização das pessoas, na subjetivação dos indivíduos, motivo pelo qual eles não podem continuar reproduzindo estereótipos raciais que impedem a formação da empatia entre grupos raciais. A lógica capitalista de formatação de produtos culturais para legitimar disparidades sociais deve ser substituída por uma lógica baseada na promoção da igualdade moral entre todos os grupos raciais.

O conceito de letramento racial engloba, portanto, um tipo de gramática social e de medidas institucionais voltadas para a transformação de práticas sociais que criam obstáculos para o desenvolvimento da solidariedade cívica. Ele possui uma dimensão política porque procura promover transformações na lógica da operação das instituições democráticas; ele possui uma dimensão sociológica porque implica o conhecimento das formas como mecanismos sociais promovem disparidades sociais. Ele certamente contém uma dimensão moral, uma vez que estabelece imperativos éticos que todos os membros de uma comunidade democraticamente organizada devem seguir. Nossa proposta de letramento racial tem ainda um aspecto jurídico, uma vez que a solidariedade, seu pressuposto básico, é um princípio central de nossa ordem constitucional. Estamos, então, diante de um conceito cuja operação adequada depende da sua aplicação ao longo dessas diversas dimensões. A criação de uma democracia solidária é seu principal objetivo, a formação da solidariedade interracial e intrarracial são os meios de sua realização.

REFERÊNCIAS BIBLIOGRÁFICAS

ACHO, Emmanuel. *Uncomfortable conversations with a black man*. Nova York: Flatiron Books, 2020.

ACKERMAN, Bruce. *We the people*: the civil rights revolution. Cambridge: Harvard University Press, 2014.

ADAMITIS, Elizabeth M. "Appearance matters: a proposal to prohibit appearance discrimination in employment". *Washington Law Review*, vol. 75, nº 1, 2000.

ADDIS, Adeno. "On human diversity and the limits of toleration". *American Society for Political and Legal Philosophy*, vol. 39, 1997.

ADESKY, Jacques. *Racismos e antirracismos no Brasil*. Rio de Janeiro: Pallas, 2009.

ADORNO, Theodor. *Estudos sobre a personalidade autoritária*. São Paulo: Unesp, 2019.

AIDOO, Lamonte. *Slavery unseen*: sex, power, and violence in Brazilian history. Durham: Duke University Press, 2018.

AKOTIRENE, Carla. *Interseccionalidade*. São Paulo: Jandaíra, 2018.

ALAKIJA, Ana. "Mídia e identidade negra". *In*: BORGES, Robertos Carlos Silva; BORGES, Rosane (Coord.). *Mídia e racismo*. Brasília: Associação Brasileira de Pesquisadores Negros, 2012.

ALMEIDA, Maureci Moreira de. *Ideologia do branqueamento nas telenovelas brasileiras*. Jundiai: Paco Editorial, 2016.

ALPORT, Gordon W. *The nature of prejudice*. 2ª ed. Nova York: Basic Books, 1979.

ALTMAN, Neil; TIEMANN, Johanna. "Racism as manic defense". *In*: LEVINE, Michael P.; PATAKI, Tamas (Coord.). *Racism in mind*. Ithaca: Cornell University Press, 2004.

ALVES, A. R. C. "A nova abordagem racial da telenovela brasileira: ruptura ou confirmação do mito da democracia racial". *Estudos de Sociologia*, vol. 1, nº 1, 2012.

ANDERSON, Elijah. *Black in white space*: The enduring impact of color in everyday life. Chicago: Chicago University Press, 2022.

ANDREWS, George Reid. *Afro-Latin America, 1800-2000*. Oxford: Oxford University Press, 2004.

APPIAH, Kwane Anthony. "Racisms". *In*: GOLDBERG, David Theo (Coord.). *Anatomy of racism*. Minneapolis: University of Minnesota, 1990.

ARAIZA, William. *Animus*: A short introduction to bias in the law. Nova York: New York University Press, 2017.

ARAÚJO, Joel Zito. "O negro na dramaturgia: um caso exemplar da decadência do mito da democracia racial brasileira". *Estudos Feministas*, vol. 16, nº 3, 2008.

______. *A Negação do Brasil*: o negro na telenovela brasileira. São Paulo: Editora Senac, 2000.

ARENDT, Hannah. *A condição humana*. Rio de Janeiro: Forense Universitária, 2009.

ARROYO, Miguel. *Outros sujeitos, outras pedagogias*. Petrópolis: Vozes, 2014.

ARTHUR, John. *Race, equality, and the burdens of history*. Cambridge: Cambridge University Press, 2007.

ASHFORTH, Blake; HUMPREY, Ronald. "Emotional labor in service roles: the influence of identity". *The Academy of Management Review*, vol. 18, nº 1, 1993.

AZEVEDO, Celia Maria Marinho. "Cota racial e jargão policial na universidade: para onde vamos?" *Horizontes Antropológicos*, vol. 11, nº 23, 2005.

AZEVEDO, Thales. *Democracia racial*. Petrópolis: Vozes, 1975.

BAGENSTOS, Samuel R. "The structural turn and the limits of antidiscrimination law". *California Law Review*, vol. 94, 1996.

BALIBAR, Étienne; WALLERSTEIN, Immanuel. *Raça, nação, classe*: as identidades ambíguas. São Paulo: Boitempo, 2021.

BANTON, Michael. *Discrimination*. Bristol: Open University Press, 1994.

______. *Race relations*. Nova York: Basic Books, 1967.

______. *Racial theories*. 2ª ed. Cambridge: Cambridge University Press, 1994.

BARBOSA, Mafalda Miranda; ALVAREZ, Tomás Prieto. *O direito ao livre desenvolvimento da personalidade*. Coimbra: Gestlegal, 2018.

BARNDT, Joseph. *Understanding and dismantling racism*. Minneapolis: Fortress Press, 2007.

BELL, Derrick. "Learning the Three I's of America's Slave Heritage". *Chicago-Kent Law Review*, vol. 68, nº 3, 1993.

______. "Racial realism". *Connecticut Law Review*, vol. 24, nº 2, 1992.

BENNETT, Christine. *Comprehensive multicultural education*: theory and practice. 3ª ed. Boston: Allyn & Bacon, 1995.

BENTO, Cida. *O Pacto da branquitude*. São Paulo: Companhia das Letras, 2022.

BERGHE, Pierre L. van den. *Race and racism*: a comparative perspective. Nova York: Willey & Sons, 1978.

BERRY, Brewton; TISCHLER, Henry. *Race and ethnic relations*. 4ª ed. Boston: Houghton Mifflin Company, 1978.

BERTH, Joyce. *Empoderamento*. São Paulo: Jandaíra, 2018.

______. *Se a cidade fosse nossa*. Rio de Janeiro: Paz & Terra, 2023.

BETHENCOURT, Francisco. *Racismos*: das cruzadas ao século XX. São Paulo: Companhia das Letras, 2018.

BIDART CAMPOS, German J. *Las obligaciones en el derecho constitucional*. Buenos Aires: Ediar, 1987.

BLANTON, Hart; JACCARD, James. "Unconscious racism; A concept in pursuit of measure". *Annual Review of Sociology*, vol. 34, nº 2, 2008.

BLUM, Lawrence. *"I'm not a racist, but..." The moral quandary of race*. Ithaca: Cornell University Press, 2002.

BLUMER, Herbert. "Race prejudice as a sense of group position". *The Pacific Sociological Review*, vol. 1, nº 1, 1958.

BOBBIO, Norberto. *Igualdade e liberdade*. Petrópolis: Vozes, 1999.

BOLA, J. J. *Seja homem*: a masculinidade desmascarada. 2ª ed. São Paulo: Dublinense, 2020.

BONILLA-SILVA, Eduardo. "Rethinking racism: toward a structural interpretation". *American Sociological Review*, vol. 62, nº 3, 1997.

BORGES, Juliana. *Encarceramento em massa*. São Paulo: Jandaíra, 2018.

BOVERO, Michelangelo. "Democracia y derechos fundamentales". *Isonomía*, nº 16, abr. 2002.

BROOKS, Roy L. *The racial glass ceiling*: Subordination in American law and culture. New Haven: Yale University Press, 2017.

BROWN, Keffrelyn D. "Why we can't wait: advancing racial literacy and a critical sociocultural knowledge of race for teaching and curriculum". *Race, Gender & Class*, vol. 24, nº 1, 2017.

BROWN, Rupert. *Prejudice*: Its social psychology. 2ª ed. Nova York: Wiley-Blackwell, 2010.

BRUNKHORST, Hauke. *Solidarity*: from civic friendship to a global legal community. Cambridge: MIT Press, 2005.

BUENO, Winnie. *Por que você não acredita em mim*. São Paulo: Harper Collins, 2023.

BURKE, Peter J. "Identity, social status, and emotion". *In*: ROBINSON, Dawn; CLAY-WARNER, Jody. *Social structure and emotion*. Nova York: Academic Press, 2011.

BURROW, Anthony. "Racial discrimination and the stress process". *Journal of Personality and Social Psychology*, vol. 96, nº 6, 2009.

BUTLER, Kim D. *Freedoms given, freedoms won*: Afro-Brazilians in post-abolition São Paulo and Salvador. New Brunswick: Rutgers University Press, 2000.

CARASTATHIS, Anna. "Identity categories as potential coalitions". *Signs*, vol. 38, nº 4, 2013.

CARDOSO, Alenilton da Silva. "Princípio da solidariedade: a confirmação de um novo paradigma". *Revista Direito Mackenzie*, vol. 6, nº 1, 2012.

______. *Princípio da solidariedade*: o paradigma ético do Direito Contemporâneo. São Paulo: Juarez de Oliveira, 2010.

CARDOSO, Lourenço. "A branquitude acrítica revisitada e as críticas". *In*: MULLER, Tânia; CARDOSO, Lourenço (Coord.). *Branquitude*: estudos sobre a identidade branca no Brasil. São Paulo: Appris, 2017.

______. "Branquitude crítica e acrítica: a supremacia racial e o branco antirracista". *Revista Latinoamoerica de Estudios Sociales*, vol. 8, nº 1, 2010.

CARINE, Bárbara. *Como ser um educador antirracista*. São Paulo: Planeta, 2023.

CARMO, Cláudio Márcio. "Grupos minoritários, grupos vulneráveis e problema da intolerância". *Revista do Instituto de Estudos Brasileiros*, nº 64, 2016.

CARNEIRO, Sueli. *Dispositivo da racialidade*: a construção do outro como não ser como fundamento do ser. São Paulo: Zahar, 2022.

______. *Escritos de uma vida*. São Paulo: Jandaíra, 2019.

______. *Racismo e sexismo e desigualdade no Brasil*. São Paulo: Selo Negro, 2011.

CARR, Leslie G. *"Color-blind" racism*. Thousand Oaks: Sage, 1997.

CARRIL, Lourdes. *Quilombo, favela e periferia*: a longa busca da cidadania. São Paulo: Annablume, 2006.

CARTER, Robert; PIETERSE, Alex. *Measuring the effects of racism*. Nova York: Columbia University Press, 2020.

CARVALHO, José Jorge de. *Inclusão étnica e racial no Brasil*: a questão das cotas no ensino superior. São Paulo: Attar Editorial, 2006.

CARVALHO NETTO, Menelick. *Teoria da constituição e direito constitucional*: escritos selecionados. Belo Horizonte: Conhecimento Editora, 2021.

CASHIN, Sherryl. *White space, black hood*. Opportunity hoarding and segregation in the age of inequality. Boston: Beacon Press, 2021.

CAST, Alicia; STETS, Jan E.; BURKE, Peter J. "Does the self conform to the views of others?" *Social Psychology Quarterly*, vol. 62, nº 1, 1999.

CLARKE, Simon; GARNER, Steve. *White identities*: a critical sociological approach. Nova York: Pluto Press, 2010.

COATES, Rodney. *Covert racism*: theories, institutions, and experiences. Leiden: Brill, 2011.

COCHRAN, David Carroll. *The color of freedom*: Race and contemporary American liberalism. Nova York: State University of New York Press, 1999.

COLE, Kirsten; VERWAYNE, Diandra. "Becoming upended. Teaching and learning about race and racism with children and their families". *Young Children*, vol. 73, nº 2, 2018.

COLLINS, Patricia Hill. *Pensamento feminista negro*. São Paulo: Boitempo, 2019.

COOKE, Maeve. "Autenticity and autonomy: Taylor, Habermas, and the politics of recognition". *Political Theory*, vol. 25, nº 2, 1997.

COSTA, Alexandre Emboaba da. "The significance of post-racial ideology, black political struggle, and racial literacy for Brazilian anti-racist education policy". *Policy Futures in Education*, vol. 14, nº 3, 2016.

COX, Oliver Cromwell. *Race*: a study in social dinamics. Nova York: Monthly Review Press, 2000.

CRENSHAW, Kimberlé. "Demarginalizing the intersection of race and sex: a black feminist critique of antidiscrimination doctrine, feminist theory and antiracist politics". *University of Chicago Law Forum*, vol. 1989, nº 1, 1989.

D'ADESKY. Jacques. *Racismos e anti-racismos no Brasil*. Rio de Janeiro: Pallas, 2009.

DAVIS, Mark H. *Empathy*: a social psychological approach. Nova York: Westview, 1996.

DELGADO, Richard; STEFANCIC, Jean. *Critical race theory*: an introduction. Nova York: New York University Press, 2001.

______. *Teoria crítica da raça*: uma introdução. São Paulo: Contracorrente, 2021.

______. *Understanding Words that wound*. Belmont: Westview, 2004.

DESMOND, Matthew; EMIRBAYER, Mustafa. "What is racial domination?" *Du Bois Review*, vol. 6, nº 2, 2009.

______. *Racial domination, racial progress*: the sociology of race in America. Nova York: McGraw-Hill, 2009.

DEUS, Zélia Amador de. *Caminhos trilhados na luta antirracista*. Belo Horizonte: Autêntica, 2020.

DIANGELO, Robin. "What does it mean to be white? Developing racial literacy". *Counterparts*, vol. 398, 2012.

______. *White fragility*: why it's so hard for white people to talk about racism. Boston: Beacon Press, 2018.

DIMOULIS, Dimitri. *Direito de igualdade*: antidiscriminação, minorias sociais, remédios constitucionais. São Paulo: Almedina, 2021.

DIMOULIS, Dimitri; MARTINS, Leonardo. *Teoria geral dos direitos fundamentais*. São Paulo: Revista dos Tribunais, 2021.

DINIZ, Marcio Augusto de Vasconcelos. "Estado social e princípio da solidariedade". *Revista de Direitos e Garantias Fundamentais*, nº 3, 2008.

DOANE, Ashley. "What is racism? Racial discourse and racial politics". *Critical Sociology*, vol. 32, nº 2-3, 2006.

DOMINGUES, Petrônio. *A nova abolição*. São Paulo: Selo Negro Edições, 2008.

DONNELY, Jack. *The concept of human rights*. Londres: Croom Helm, 1985.

______. *Universal human rights in theory and practice*. Ithaca: Cornell University Press, 2013.

EAKIN, Marshall C. *Becoming Brazilians*: Race and national identity in twentieth-century Brazil. Cambridge: Cambridge University Press, 2017.

EBERHARDT, Jennife. *Biased*: Uncovering the hidden prejudice that shapes what we see, think, and do. Nova York: Viking, 2019.

EDDO-LODGE, Reni. *Why I'm no longer talking to white people about race*. Londres: Bloomsbury Circle, 2017.

ELY, John Hart. *Democracy and distrust*: a theory of judicial review. Cambridge: Harvard University Press, 1980.

ESSED, Philomena. *Understanding everyday racism*: an interdisciplinary theory. Nova York: Sage, 1991.

FANON, Frantz. *Pele negra, máscaras brancas*. São Paulo: Ubu, 2020.

FARIAS, José Fernando de Castro. *A origem do direito da solidariedade*. Rio de Janeiro: Renovar, 1998.

FEAGIN, Joe. *Systemic racism*: a theory of opression. Nova York: Routledge, 2006.

______. *The many costs of racism*. Nova York: Rowman & Littlefield, 2002.

FEAGIN, Joe; VERA, Hernán; BATUR, Pinar. *White racism*. 2ª ed. Nova York: Routledge, 2002.

FERREE, M. M. *et al.* "Four models of the public sphere in modern democracies". *Theory and Society*, vol. 31, nº 3, 2002.

FIGUEIREDO, Ângela; GROSFOGUEL, Ramón. "Racismo à brasileira ou racismo sem racistas: colonialidade do poder e a negação do racismo no espaço universitário". *Sociedade e Cultura*, vol. 12, nº 2, 2009.

FLAUZINA, Ana Luiza Pinheiro. *Corpo negro caído no chão*. São Paulo: Contraponto, 2008.

FLAGG, Barbara J. "'Was blind, but now I see': white race consciousness and the requirement of discriminatory intent". *Michigan Law Review*, vol. 91, nº 4, 1993.

FONSECA, Dagoberto José. *Você conhece aquela?* a piada, o riso e o racismo à brasileira. São Paulo: Selo Negro, 2012.

FRAISSE, Jean-Claude. *Philia*: la notion d'amitié dans la philosophie antique. Paris: Vrin, 1974.

FRASER, Nancy. "Recognition without ethics?" *Theory, Culture and Society*, vol. 18, nº 2-3, 2001.

FREDMAN, Sandra. *Discrimination law*. Oxford: Oxford University Press, 2011.

FREDRICKSON, George M. *Black liberation*: a comparative history of black ideologies int the United States and South Africa. Oxford: Oxford University Press, 1995.

______. *Racism, a short history*. Princeton: Princeton University Press, 2002.

FREEMAN, Alan. "Legitimizing discrimination through antidiscrimination law: a critical review of Supreme Court doctrine". *Minnesota Law Review*, vol. 62, nº 4, 1978.

FREIRE, Paulo. *A pedagogia do oprimido*. 6ª ed. Rio de Janeiro: Paz e Terra, 2018.

FREYRE, Gilberto. *Casa grande e senzala*. São Paulo: Global Editora, 2006.

FRIEDMAN, Robert. "Institutional racism: how to discriminate without really trying". *In*: PETTIGREW, Thomas. *Racial discrimination in the United States*. Nova York: Harper & Row, 1975.

FRY, Peter *et al.* (Coord.). *Divisões perigosas*. Rio de Janeiro: Civilização Brasileira, 2007.

FRY, Peter. “Politics, nationality, and the meanings of ‘race’ in Brazil”. *Daedalus*, vol. 129, nº 2, 2000.

GAMA, Luiz. *Obras completas*: democracia. São Paulo: Hedra, 2021.

GEWIRTH, Alan. *The Community of rights*. Chicago: University of Chicago Press, 1996.

GIDDENS, Anthony. *Sociology*. 2ª ed. Cambridge: Polity Press, 1993.

GIROUX, Henry. “Spectacles of race and pedagogies of denial: anti-black racist pedagogy under the reign of neoliberalism”. *Communication Education*, vol. 52, nº 3-4, 2003.

GOLASH-BOZA, Tanya Maria. *Race and racisms*: a critical approach. Nova York: Oxford University Press, 2021.

GOLDBERG, David Theo. *Anatomy of racism*. Minneapolis: University of Minnesota Press, 1990.

______. *The racial state*. Nova York: Willey-Blacwell, 2001.

GOMES, Nilma Lino *et al*. “Racismo institucional e contratação de professores nas universidades brasileiras”. *Educação e Sociologia*, vol. 42, nº 1, 2021.

GOMES, Nilma Lino. *O movimento negro educador*: saberes construídos nas lutas por emancipação. Petrópolis: Vozes, 2017.

GONZALEZ, Lélia. *Por um feminismo afro-latino-americano*. São Paulo: Zahar, 2020.

GORDON, Lewis R. *Fear of black consciousness*. Nova York: Farrar, Straus and Giroux, 2022.

GRAY, Herman. *Watching race*: Television and the struggle for blackness. Minneapolis: University of Minnesota Press, 1995.

GRAY, Tim. *Freedom*. Atlantic Highlands: Humanities Press International, 1991.

GREEN, Tristin. “A structural approach as antidiscrimination mandate: locating employer wrong”. *Vanderbilt Law Review*, vol. 60, nº 3, 2007.

______. “Racial emotion in the workplace”. *Southern California Law Review*, vol. 86, 2013.

GUIMARÃES, Antônio Sérgio Alfredo. *Classes, raça e democracia*. São Paulo: Editora 34, 2002.

______. *Modernidades negras*: a formação racial brasileira, 1930-1970. São Paulo: Editora 34, 2021.

GUINIER, Lani. "From racial liberalism to racial literacy: Brown v. Board of Education and the interest-divergence dilemma". *The Journal of American History*, vol. 91, nº 1, 2004.

GUTMAN, Amy. *Identity in democracy*. Princeton: Princeton University Press, 2004.

HABERMAS, Jurgen. *A inclusão do outro*: estudos de Teoria política. São Paulo: Unesp, 2018.

HALL, Stuart. *Essential essays*: Foundations of cultural studies. Durham: Duke University Press, 2018.

HAN, Byung-Chul. *Psicopolítica*: o neoliberalismo e as novas técnicas de poder. Belo Horizonte: Ayinê, 2018.

HANCHARD, Michael. *Party/politics*: horizons in black political thought. Oxford: Oxford University Press, 2006.

HANEY LOPEZ, Ian F. "The social construction of race: some observations on illusion, fabrication, and choice". *Harvard Civil Rights, Civil Law Review*, vol. 29, nº 1, 1994.

HANNAFORD, Ivan. *Race*: the history of an idea in the west. Baltimore: Johns Hopkins University Press, 1996.

HASENBALG, Carlos. *Discriminação e desigualdades raciais no Brasil.* Belo Horizonte: Editora da UFMG, 2005.

HOETINK, H. *Slavery and race relations in the Americas*. Nova York: Harper, 1973.

HOFBAUER, Andreas. *História de branqueamento ou o negro em questão*. São Paulo: FAPESP, 2009.

HOHLE, Randolph. *Racism in the neoliberal era*: a meta history of elite power. Nova York: Routledge, 2017.

HONNETH, Axel. *A luta por reconhecimento*: a gramática dos conflitos sociais. São Paulo: Editora 34, 2009.

______. *O direito da liberdade*. São Paulo: Martins Fontes, 2015.

______. "Recognition and justice: outline of a plural theory of justice". *Acta Sociologica*, vol. 47, nº 4, 2004.

HOOKS, bell. *Ensinando a transgredir*: a educação como prática da liberdade. São Paulo: Martins Fontes, 2020.

______. *A gente é da hora*: homens negros e masculinidade. São Paulo: Elefante, 2022.

HORSMAN, Reginald. *Race and manifest destiny*: the origins of American racial anglo-saxonism. Cambridge: Harvard University Press, 1981.

HUNT, Darnell. "Making sense of blackness on television". *In*: ______. (Coord.). *Channeling blackness*. Oxford: Oxford University Press, 2004.

______. *Channeling blackness*: studies on televisions and race in America. Oxford: Oxford University Press, 2004.

HUTCHINSON, Darren Lenard. "Ignoring the sexualization of race: heteronormativity, critical race theory and anti-racist politics". *Buffalo Law Review*, vol. 47, nº 1, 1999.

IANNI, Octavio. *Raças e classes sociais no Brasil*. Rio de Janeiro: Civilização Brasileira, 1972.

JACKSON JR, John P.; WEIDMAN, Nadine M. *Race, racism and science*: Social Impact and interaction. New Brunswick: Rutgers University Press, 2006.

JAEGER, Werner. *Paideia, a formação do homem grego*. São Paulo: Martins Fontes, 2013.

JENKINS, Richard. *Social identity*. 3ª ed. Nova York: Routledge, 1996.

JENSEN, Robert. *The heart of whiteness*: Confronting race, racism, and privilege. São Francisco: City Lights, 2005.

JESUS, Carolina Maria de. *Quarto de despejo*. São Paulo: Ática, 2021.

KAÇULA, Tadeu. *A imprensa negra na década de 1930*: a Frente Negra e o jornal A Voz da Raça. São Paulo: Liber Arts, 2023.

KAILIN, Julie. *Antirracist education*: from theory to practice. Lanham: Rowman & Littlefield, 2002.

KANG, Jerry. "Trojan horses of race". *Harvard Law Review*, vol. 118, nº 7, 2004.

KAUFMAN, Cynthia. *Ideas for action:* Relevant theory for radical change. 2ª ed. Okland: PM Press, 2016.

KELLEY, Robin. *Freedom dreams*: the black radical imagination. Boston: Beacon Press, 2002.

KENDI, Ibram X. *How to be an antiracist*. Nova York: One World, 2019.

______. *How to raise an antiracist*. Nova York: One World Books, 2022.

______. *Stamped from the beginning*: the definitive history of racist ideas in America. Nova York: Nation Books, 2016.

KING JR., Martin Luther. *A testament of hope*. Nova York: HarperOne, 2003.

KIM, Janine Young. "Racial emotions and the feeling of equality". *University of Colorado Law Review*, vol. 87, nº 1, 2016.

KING, LaGarrett Jarriel. "Teaching black history as a racial literacy project". *Race, Ethnicity and education*, vol. 19, nº 6, 2016.

KITANO, Harry H. L. *Race relations*. 5ª ed. Upper Saddle River: Prentice Hall, 1997.

KIVEL, Paul. *Uprooting racism*: how white people can work for racial justice. 3ª ed. Gabriola Island: New Society Publishers, 2017.

KOVEL, Joel. *White racism*: a psychohistory. Nova York: Columbia University Press, 1984.

KRIEGER, Linda Hamilton. "The content of our categories: a cognitive bias approach to discrimination and equal employment opportunity". *Stanford Law Review*, vol. 47, nº 6, 1994.

LEONG, Nancy. "Racial capitalism". *Harvard Law Review*, vol. 126, nº 8, 2013.

LIPPERT-RASMUSSEN, Kasper. *Born free and equal?* a philosophical inquiry into the nature of discrimination. Oxford: Oxford University Press, 2014.

LOGAN, Rayford. *What the negro wants*. Notre Dame: University of Notre Dame Press, 1944.

LORDE, Audre. *Sou sua irmã*. São Paulo: Ubu, 2020.

LOURY, Glenn. *The anatomy of racial inequality*. Cambridge: Harvard University Press, 2003.

LYNCH, Kathleen; BAKER, John; LYONS, Maureen. *Igualdad afectiva*: amor, cuidados e injusticia. Madrid: Ediciones Morata, 2014.

MAGGIE, Yvonne. "Políticas de cotas e o vestibular da UNB ou a marca que cria sociedades divididas". *Horizontes Antropológicos*, vol. 11, nº 23, 2005.

MALIK, Kenan. *The meaning of race*: Race, history, and culture in western society. Nova York: New York University Press, 1996.

MANZANEDO, Marcos. "La amistad en la ética nicomaquea de Aristóteles". *Studium: Revista de Filosofia y Teologia*, Madrid, vol. 17, nº 1, 1977.

MARGER, Martin N. *Race and Ethnic relations*: American and global perspectives. Belmont: Wadsworth, 2012.

MARTINOT, Steve. *The rule of racialization*. Class, identity, governance. Philadelphia: Temple University Press, 2003.

MASSEY, Douglas S. *Categorically unequal*: the American stratification system. Nova York: Russel Sage Foundation, 2007.

McCOLGAN, Aileen. *Discrimination law*: texts, cases and materials. Oxford: Oxford University Press, 2005.

MEMMI, Albert. *Retrato do colonizado precedido do retrato do colonizador.* Rio de Janeiro: Civilização Brasileira, 2007.

MENAKEN, Resmaa. *My grandmother's hands*: Racialized trauma and the pathway to mending our hearts and bodies. Las Vegas: Central Recovery Press, 2017.

MENEZES, Kalyne. "Cidadania, racismo e mídia: a identidade do negro". *Comunicação & Informação*, vol. 16, nº 1, 2013.

MILES, Robert; BROWN, Malcolm. *Racism*. 2ª ed. Nova York: Routledge, 2003.

MILLS, Charles. "White supremacy as sociopolitical system: a philosophical perspective". *In*: DOANE, Ashley; BONILLA-SILVA, Eduardo. *White out*: the continuing significance of racism. Nova York: Taylor & Francis, 2003.

MILLS, Charles. *O contrato racial*. São Paulo: Zahar, 2023.

MIRANDA, Jorge Hilton de Assis. "Branquitude invisível: Pessoas brancas e a não percepção dos privilégios: verdade ou hipocrisia". *In*: MULLER, Tânia M. P.; CARDOSO, Lourenço (Coord.). *Branquitude*: estudos sobre a identidade branca no Brasil. Curitiba: Appris, 2017.

MIROWSKY, John; ROSS, Catherine. *Social causes of psychological distress*. 2ª ed. Hawthorne: Aldine de Gruyter, 2003.

MOREIRA, Adilson José. "Cidadania racial". *Quaestio Iuris*, vol. 10, nº 2, 2017.

______. "Direito, poder, ideologia: discurso jurídico como narrativa racial". *Direito e Práxis*, vol. 8, nº 2, 2017.

______. *O que é discriminação?* Belo Horizonte: Letramento, 2017.

______. *Pensando como um negro*: ensaio de hermenêutica jurídica. São Paulo: Contracorrente, 2019.

______. *Racismo recreativo*. São Paulo: Jandaíra, 2019.

______. *Tratado de Direito Antidiscriminatório*. São Paulo: Contracorrente, 2020.

MOREIRA, Adilson José; OLIVEIRA, Philippe de; CORBO, Wallace. *Manual de educação jurídica antirracista*: Direito, justiça, e transformação social. São Paulo: Contracorrente, 2022.

MOUFFE, Chantal. *The return of the political*. Nova York: Sage, 2020.

MOURA, Clóvis. *Brasil*: as raízes do protesto negro. São Paulo: Dandara, 2023.

MOYA, Thais Santos; SILVÉRIO, Valter Roberto. "Ação afirmativa e raça no Brasil contemporâneo: um debate sobre a definição simbólica da nação". *Sociedade e Cultura*, vol. 12, nº 2, 2009.

MUNANGA, Kabengele. *Negritude*: usos e sentidos. 4ª ed. Belo Horizonte: Autêntica, 2019.

NABAIS, José Casalta. "Algumas considerações sobre a solidariedade e a cidadania". *Boletim da Faculdade de Direito de Coimbra*, vol. 75, 1999.

NASCIMENTO, Abdias. *O genocídio do negro brasileiro*: processo de um racismo mascarado. São Paulo: Perspectiva, 2016.

______. *O quilombismo*: documentos para uma militância pan-africanista. São Paulo: Perspectiva, 2019.

NASCIMENTO, Beatriz. *O negro visto por ele mesmo*. São Paulo: Ubu, 2023.

______. *Uma história feita por mãos negras*. São Paulo: Zahar, 2021.

NASCIMENTO, Elisa Larkin. *O sortilégio da cor*: identidade, raça e gênero no Brasil. Rio de Janeiro: Selo Negro, 2003.

NAVASCONI, Paulo Vitor Palma. *Vida, adoecimento e suicídio*: racismo na produção do conhecimento sobre jovens negros/as LGBTTIS. Belo Horizonte: Letramento, 2019.

NOGUEIRA, Sidnei. *Intolerância religiosa*. São Paulo: Jandaíra, 2020.

NOVAIS, Jorge Reis. *A dignidade da pessoa humana*: dignidade e inconstitucionalidade. Coimbra: Almedina, 2019.

______. *Princípios estruturantes de Estado de Direito*. Coimbra: Almedina, 2019.

OLIVEIRA, Denis de. *Racismo estrutural*: uma perspectiva histórico-crítica. Rio de Janeiro: Dandara, 2021.

OLUO, Ijeoma. *Mediocre*: The dangerous legacy of white male America. Nova York: Seal Press, 2021.

OMI, Michael; WINANT, Howard. *Racial formation in the United States*. 3ª ed. Nova York: Routledge, 2014.

ONEIL, Cathy. *Algoritmos de destruição em massa*. São Paulo: Editora Rua do Sabão, 2021.

OPPENHEIM, Felix E. *Dimensions of freedom*: an analysis. Nova York: Saint Martin Press, 1961.

OWEN, David S. "Towards a critical theory of whiteness". *Philosophy & Social Criticism*, vol. 33, 2007.

PALMA, Rogério. *Racismo e Liberdade*: relações inter-raciais e a construção da subcidadania negra. São Paulo: Alameda, 2021.

PASSOS, Rachel Gouveira. *Na mira do fuzil*: a saúde mental das mulheres negras em questão. São Paulo: Hucitec, 2023.

PAULA, Marilene de; HERINGER, Rosana. *Caminhos convergentes*: Estado e sociedade na superação das desigualdades raciais no Brasil. Rio de Janeiro: Action Aid, 2009.

PEREZ LUNO, Antonio Enrique. *Dimensiones de la igualdad*. 2ª ed. Madrid: Dykinson, 2007.

PETTIGREW, Thomas. "Prejudice". *In*: PETIGREW, Thomas *et al*. (Coord.). *Prejudice*. Cambridge: Harvard University Press, 1982.

PINTO, Fabiana; DECOTHÉ, Marcelle; COSTA, Luna. *A violência política contra as mulheres negras*. Rio de Janeiro: Instituto Marielle Franco, 2020.

PRICE-DENNIS; Detra; SEALE-RUIZ, Yolanda. "Advancing racial literacy in teacher education: Activism for equity in digital spaces". *Teachers College Press*, 2021.

PROENZA-COATES, Christina. *American founders*: How people of African descent established freedom in the new world. Montgomery: NewSouth Books, 2019.

RAMOS, Chiara; VAZ, Lívia Sant'Anna. *A justiça é uma mulher negra*. Belo Horizonte: Letramento, 2022.

RAWLS, John. "The idea of public reason revisited". *University of Chicago Law Review*, vol. 64, nº 3, 1997.

______. *Justiça como equidade*: uma reformulação. São Paulo: Martins Fontes, 2003.

______. *Politcal liberalism*. Nova York: Columbia University Press, 2002.

REALE, Giovanni. *História da filosofia antiga*: das origens a Sócrates. São Paulo: Loyola, 1993.

RIBEIRO, Djamila. *Lugar de fala*. São Paulo: Jandaíra, 2018.

______. *Pequeno manual antirracista*. São Paulo: Companhia das Letras, 2019.

RIESENBERG, Peter. *Citizenship in the western tradition*: Plato to Rosseau. Chappel Hill: University of North Carolina Press, 1992.

RIOS, Flávia; MILANEZI, Jaciane. "From cordial to structural racism". *In*: REITER, Bernd; ANTÓN SACHEZ, John (Coord.). *Routledge handbook of Afro-Latin American Studies*. Nova York: Routledge, 2022.

ROCHA, Renan; TORRENTÉ, Mônica; COELHO, Maria Thereza. *Saúde mental e racismo à brasileira*. Salvador: Devires, 2021.

RODOTÁ, Stefano. *El derecho a tener derechos*. Madrid: Editorial Trotta, 2012.

ROMM, Norma R. A. *New racism*: revisiting researcher accountabilities. Nova York: Springer, 2010.

ROTHMAYR, Daria. "Racial cartels". *Michigan Journal of Race and Law*, vol. 15, nº 1, 2010.

SAAD, Layla. F. *Eu e a supremacia branca*: como reconhecer seu privilégio, combater o racismo e mudar o mundo. Rio de Janeiro: Rocco, 2020.

SAHA, Anamik. *Race and the cultural industries*. Cambridge: Polity Press, 2018.

SALES JÚNIOR, Ronaldo Laurentino. *Raça e justiça*: o mito da democracia racial e o racismo institucional no fluxo de justiça. Recife: Editora Massangana, 2009.

SANTOS, Boaventura de Sousa. *Reconhecer para libertar*: os caminhos do cosmopolitismo multicultural. Rio de Janeiro: Civilização Brasileira, 2003.

SANTOS, Gislene Aparecida dos. *A invenção do ser negro*: um percurso das ideias que naturalizaram a inferioridade dos negros. São Paulo: Educ/FAPESP, 2002.

SANTOS, Joel Rufino dos. *Saber do negro*. Rio de Janeiro: Pallas, 2015.

SANTOS, Maria Angélica. *E eu não sou uma jurista negra?* Belo Horizonte: Letramento, 2023.

SANTOS, Tiago Vinicius André dos. *Desigualdade racial midiática:* o direito à comunicação exercido e o direito à imagem violado. Belo Horizonte: Casa do Direito, 2018.

SANTOS, Ynaê Lopes dos. *Racismo brasileiro*: uma história da formação do país. São Paulo: Todavia, 2022.

SARLET, Ingo Wolfgang. *A eficácia dos direitos fundamentais*. 12ª ed. Porto Alegre: Livraria do Advogado, 2015.

SCHEFFLER, Samuel. "What is Egalitarianism?" *Philosophy and Public Affairs*, vol. 31, nº 1, 2003.

SCHEMMEL, Christian. "Why relational egalitarians should care about distributions". *Social Theory and Practice*, vol. 37, nº 3, 2011.

SCHUCMAN, Lia Vainer (Coord.). *Branquitude*: diálogos sobre racismo e antirracismo. São Paulo: Fósforo, 2023.

SCHUCMAN, Lia Vainer. *Entre o encardido, o branco e o branquíssimo*: branquitude, hierarquia e poder na cidade de São Paulo. São Paulo: Annablume, 2014.

SCHWARCZ, Lilia Moritz. *Sobre o autoritarismo brasileiro*. São Paulo: Companhia das Letras, 2019.

SHAPIRO, Mario. *The hidden costs of being African American*. Oxford: Oxford University Press, 2005.

SHELBY, Tommie. *We who are dark*: the philosophical foundations of black solidarity. Cambridge: Harvard University Press, 2005.

SIDANIUS, Jim; PRATTO, Felicia. *Social dominance*. Cambridge: Cambridge University Press, 1999.

SILVA, Ana Cristina Monteira de Andrade. "Princípio constitucional da solidariedade". *Revista CEJ*, vol. 20, nº 68, 2016.

SILVA, Denis Ferreira da. "Facts of blackness: Brazil is not quite the United States… and racial politics in Brazil". *Social Identities*, vol. 4, nº 2, 1998.

SILVA, Jorge Pereira. *Deveres do Estado de proteção dos direitos fundamentais*. Lisboa: Universidade Católica de Lisboa, 2015.

SILVA, Martiniano José da. *Racismo à brasileira*: raízes históricas. São Paulo: Anita Garibaldi, 2009.

SKIDMORE, Thomas. *Black into white*: race and nationality in Brazilian thought. Durham: Duke University Press, 1993.

SOUZA, Neusa Santos. *Tornar-se negro*. São Paulo: Zahar, 2021.

STEINBERG, Stephen. *Race relations*: a critique. Stanford: Stanford University Press, 2007.

STOVALL, Tyler. *White freedom*: the racial history of an idea. Princeton: Princeton University Press, 2021.

TAYLOR, Charles. *Argumentos filosóficos*. São Paulo: Loyola, 2000.

TEIXEIRA, Juliana. *Trabalho doméstico*. São Paulo: Jandaíra, 2021.

TELLES, Edward. *Racismo à brasileira*: uma nova perspectiva sociológica. Rio de Janeiro: Relume-Dumará, 2003.

THEODORO, Mário. *A sociedade desigual*: racismo e branquitude na formação do Brasil. São Paulo: Zahar, 2022.

TOLENTINO, Luana. *Outra educação é possível*: feminismo, antirracismo e inclusão em sala de aula. Belo Horizonte: Mazza Edições, 2018.

______. *Sobrevivendo ao racismo*: Memórias, cartas e o cotidiano da discriminação no Brasil. Belo Horizonte: Papulus 7 Mares, 2023.

TREVISAN, João Silvério. *Devassos no paraíso*: a homossexualidade no Brasil, da colônia à atualidade. 4ª ed. Rio de Janeiro: Objetiva, 2018.

TRAWALTER, Sophie; HOFFMAN, Kelly. “Got pain? Racial bias in the perception of pain”. *Social and Personality Psychology Compass*, vol. 9, nº 3, 2015.

TRINDADE, Luiz Valério. *Discurso de ódio nas redes sociais*. São Paulo: Jandaíra, 2022.

TURE, Kwane; HAMILTON, Charles. *Black power*: a política da libertação nos Estados Unidos. São Paulo: Jandaíra, 2021.

TUSSMAN, Joseph; TENBROEK, Jacobus. “The equal protection of the laws”. California Law Review, vol. 37, nº 3, 1949.

VAN DIJK, Teun Andreas. *Elite discourse and racism*. Londres: Sage, 1993.

______. "Critical discourse analysis". In: TANNEN, Deborah (Coord.). *The handbook of discourse analysis*. Nova York: Wiley, 2015.

______. "Discourse and the denial of racism". *Discourse and Society*, vol. 3, nº 1, 1992.

______. *Discurso antirracista no Brasil*: da abolição às ações afirmativas. São Paulo: Contexto, 2021.

______. *Racism and discourse in Spain and Latin America*. Amsterdan: John Benjamins Publishing Company, 2005.

VERWAYNE, Diandra. "Becoming upended. Teaching and learning about race and racism with children and their families". *Young Children*, vol. 73, nº 2, 2018.

VAZ, Lívia Sant'Ana. *Cotas raciais*. São Paulo: Jandaíra, 2022.

______. "Justiça Racial". *In*: RIOS, Flávia (Coord.). *Dicionário das Relações Étnico-Raciais*. São Paulo: Perspectiva, 2023.

WEITEN, Wayne. *Introdução à psicologia*: temas e variações. São Paulo: Cenage Learning, 2016.

WELLMAN, David. *Portraits of white racism*. 2ª ed. Cambridge: Cambridge University Press, 1993.

WESTPHAL, Vera Herweg. "Diferentes matizes da ideia de solidariedade". *Revista Katálysis*, vol. 11, nº 1, 2008.

WHITLEY, Bernard; KITE, Mary. *The psychology of prejudice and discrimination*. Belmont: Wadsworth, 2010.

WIEVIORKA, Michel. *The arena of racism*. Londres: Sage, 1996.

WILKERSON, Isabel. *Casta*: as origens do nosso mal-estar. São Paulo: Zahar, 2021.

______. *Caste*: the origins of our discontents. Nova York: Random House, 2020.

WILLIAMS, Ian. *Disorientation*: Being black in the world. Nova York: Europa Editions, 2021.

WILLIAMS, Terrie N. *Black pain*. It just looks like we're not hurting. Nova York: Scribner, 2008.

WILSON, William Justus. *Power, racism, and privilegie*: race relations in theoretical and sociohistorical perspectives. Nova York: Macmillan Publishing Co, 1973.

WINTERS, Mary-Frances. *Black fatigue*: How racism erodes the mind, body, and spirit. Oakland: Berrett-Koelher, 2020.

YOUNG, Iris Marion. *Justice and the politics of difference*. Princeton: Princeton University Press, 2011.

NOTAS

A Editora Contracorrente se preocupa com todos os detalhes de suas obras! Aos curiosos, informamos que este livro foi impresso no mês de novembro de 2025, em papel Pólen Soft Natural 80g/m².